北京大學《儒藏》編纂與研究中心　編

《儒藏》精華編選刊

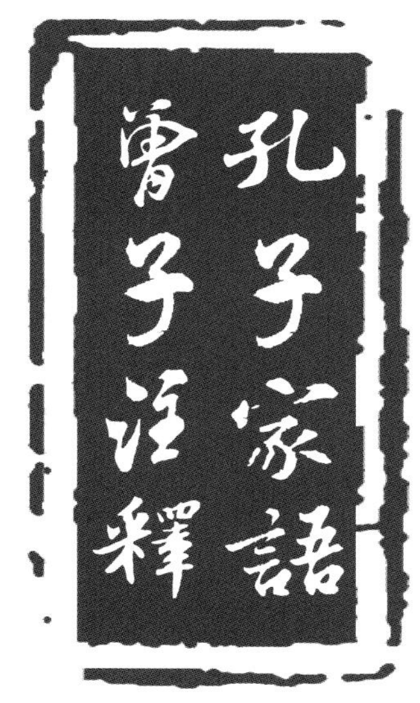

孔子家語　曾子注釋

〔三國·魏〕王肅　注
張樹業　王秀江　校點
〔清〕阮元　撰
王菊英　趙建功　校點

北京大學出版社
PEKING UNIVERSITY PRESS

圖書在版編目 (CIP) 數據

孔子家語　曾子注釋 / （三国）王肅注；（清）阮元撰；北京大學《儒藏》編纂與研究中心編. —北京：北京大學出版社，2023.10
（《儒藏》精華編選刊）
ISBN 978-7-301-34427-9

Ⅰ. ①孔… Ⅱ. ①王… ②阮… ③北… Ⅲ. ①《孔子家語》-注釋 ②《曾子》-注釋 Ⅳ. ① B222.02

中國國家版本館 CIP 數據核字 (2023) 第 176391 號

書　　名　孔子家語　曾子注釋
KONGZI JIAYU　ZENGZI ZHUSHI
著作責任者　〔三国・魏〕王肅　注
張樹業　王秀江　校點
〔清〕阮元　撰
王菊英　趙建功　校點
北京大學《儒藏》編纂與研究中心　編
策劃統籌　馬辛民
責任編輯　王　應
標準書號　ISBN 978-7-301-34427-9
出版發行　北京大學出版社
地　　址　北京市海淀區成府路 205 號　100871
網　　址　http://www.pup.cn　新浪微博：@ 北京大學出版社
電子郵箱　編輯部 dj@pup.cn　總編室 zpup@pup.cn
電　　話　郵購部 010-62752015　發行部 010-62750672
編輯部 010-62756449
印 刷 者　三河市北燕印裝有限公司
經 銷 者　新華書店
650 毫米 ×980 毫米　16 開本　23.5 印張　231 千字
2023 年 10 月第 1 版　2024 年 5 月第 2 次印刷
定　　價　70.00 元

目録

孔子家語

曾子注釋

孔子家語

〔三国·魏〕王肅 注
張樹業 王秀江 校點

校點説明

《孔子家語》一書，舊題孔安國《後序》謂其皆爲孔子之世，公卿士大夫及七十二弟子之所諮訪交相對問之語，乃諸弟子集録所聞而成，與《論語》、《孝經》並行。此説或出於後人附會，然《家語》淵源有自，則屬信而有徵。《漢書·藝文志》首著録之，云凡二十七卷，則漢世固已有之。

今世所傳《家語》，不必爲漢時之舊本。顔師古注《漢書》，謂《藝文志》所録二十七卷本《孔子家語》「非今所有《家語》」，其説當有所據。案今本《孔子家語》凡十卷四十四篇，傳自三國魏王肅，肅自謂得之於孔子二十二世孫孔猛，因見書中議論與己説相合，遂爲之注以貽世云云。後世多疑今本《孔子家語》並所載孔安國《後序》及孔衍奏疏，皆出王肅僞撰。張心澂《僞書通考》載各家辯説甚備，可參。然僞書云者，非謂其全出肅手、向壁虚構而成。特以其掇拾傳記，抄撮割裂，非復古傳《家語》原貌耳。考今本《家語》各篇所記，文字之體格風神固不一，而其論議之義理旨趣亦各異，疑皆爲戰國及秦漢諸子依託之言，固不可執以考孔子生平之實際，更不宜持以論孔門學術之旨歸。且王肅注文，又多攻駁鄭玄之語，前人謂其大違注體，自發其作僞之覆，或然。但古本《家語》久佚，真相已不可考。今本《家語》雖或出於僞撰，亦未必不包含古本文字於中。錢馥云：「肅傳是書時，二十七卷具在也。若判然不同，則肅之書必不能行，即行矣，二十七卷者不至於泯没也。惟增多十七篇，而二十七卷即在其中，故此傳而古本則逸耳。」孔穎達《禮記正義》引馬昭説云：「《家語》王肅所增加，非鄭所見。」曰「增加」，則非全爲杜撰。沈欽韓謂：「肅惟取婚姻、喪祭、郊禘、廟祧與鄭不同者，羼入《家語》，以矯誣聖人。其他固已有之，未可竟謂肅所造也。」其説或是。《四庫全書總目》亦稱：「特其流傳已久，且遺文軼事，往往多見於其中，故自唐以來，知其僞而不能廢也。」今本《家語》，亦自有其價值，不必以其僞而棄之。

自河北定縣八角廊漢簡《儒家者言》及安徽阜陽雙古堆漢墓竹簡出土，學界又有據此以證《家語》非僞者。今本《家語》本不必全僞，斷簡殘篇，亦不足以證今本全真。即古本《家語》，亦未必不爲漢儒掇拾周秦之雜説而成。揀别取材，固有待於學者之識鑒。若執書中黄老刑名陰陽縱横之説，而皆以爲孔門正實之論，恐亦所謂信古而泥，謬以千里者也。

元明以降，今本《孔子家語》傳本系統頗紛亂。有離注單行之所謂「通行本」，多刻爲四卷。有後人新注本，蓋自元王廣謀發其端，明清兩朝，代有作手。而王肅注本反淹晦尠行於世。如四庫館臣所言：「其書至明代，傳本頗稀。故何孟春所注《家語》，自云未見王肅本。王鏊《震澤長語》亦稱《家語》今本爲近世妄庸所删削，惟有王肅注者，今本所無多具焉。則亦僅見之也。」則王肅注本，信爲考論《家語》之津要。王肅注本傳世者，除敦煌所出唐寫本殘卷外，以明嘉靖三十三年（一五五四）黄周賢等覆宋刊本爲最早。此本後爲《四部叢刊》及上海古籍出版社《諸子百家叢書》影印收録。又有明末毛氏汲古閣本，乃毛晉以二宋本合校刊成。《四庫全書》所收《孔子家語》，即以之爲底本。又有清代貴池劉世珩影刻宋蜀大字本，世稱玉海堂本。三本各有所長，皆爲後世所重。

本次校點《孔子家語》，即以黄氏覆宋刊本爲底本，以劉氏玉海堂本與文淵閣《四庫全書》本參校。嘗察民國迄今，各類新刊新注本《孔子家語》甚多，而鮮有致力於文獻校訂整理者，王肅注則十之九爲人所刊落廢棄，誠爲可惜。蓋肅注雖或雜私心臆見，要亦足爲一家之言。於辨章學術，不爲無補。又各本王注文字頗有出入，今則參核異同，於底本之訛、脱、衍、倒，皆依例悉爲校訂。王注多闕誤不可通者，亦不敢强作解人，惟冀博雅君子有以是正之。《孔子家語》舊有孔安國《後序》，覆宋本不見載，今亦據四庫本所載刊於篇末爲附録以備查考。俾使學界得一較精善之《家語》王注版本，以爲研究之臂助，是所望焉。

校點者　張樹業　王秀江

孔子家語序❶

王　氏❷

鄭氏學行五十載矣。自肅成童，始志于學，而學鄭氏學矣。然尋文責實，考其上下義理，不安違錯者多，是以奪而易之。然世未明其款情，而謂其苟駮前師以見異於前人。❸乃慨然而嘆曰：「予豈好難哉？❹予不得已也。聖人之門，方壅不通；孔氏之路，枳棘充焉。豈得不開而辟之哉？若無由之者，亦非予之罪也。」是以撰《經禮》申明其義，及朝論制度，皆據所見而言。孔子二十二世孫有孔猛者，家有其先人之書。昔相從學，頃還家，方取已

❶「孔子家語序」，四庫本作「家語序」。

❷「王氏」，玉海堂本作「王肅撰」。四庫本無此類字樣，而於序末有「王肅序」三字。

❸「而」，原誤作「不」，今據玉海堂本、四庫本改。

❹「予」，四庫本無此字。

來。❶與予所論，有若重規疊矩。昔仲尼曰：❷「文王既没，文不在兹乎？天之將喪斯文也，後死者不得與於斯文也。天之未喪斯文也，匡人其如予何？」言天喪斯文，故令己傳斯文於天也。❸今或者天未欲亂斯文，故令從予學，而予從猛得斯論，以明相與孔氏之無違也。斯皆聖人實事之論，而恐其將絶，故特爲解，以貽好事之君子。《語》云：「牢曰：『子云：「吾不試，故藝。」』」談者不知爲誰，多妄爲之説。《孔子家語》弟子有琴張，一名牢，字子開、子張，❹衛人也。宗魯死，將往吊，孔子止焉。《春秋外傳》曰：「昔堯臨民以五。」説者曰：「堯五載一巡狩。」五載一巡狩，不得稱臨民以五也。《經》曰「五載一巡狩」，此乃説舜之文，非説堯。孔子説論五帝，各道其異事。於舜云：「巡狩天下，五載一始。」則堯之巡狩年數未明。周十二歲一巡，寧可言周臨民十二乎？❺孔子曰：「堯以土德王

❶「已」，玉海堂本作「以」。古二字通。
❷「尼」，原誤作「由」，今據玉海堂本、四庫本改。
❸「也」，玉海堂本、四庫本作「下」。
❹「子張」，玉海堂本、四庫本作「亦字張」。
❺「十」上，玉海堂本、四庫本有「以」字。

天下，❶而尚黃。」❷黃，土德。五，土之數。故曰「臨民以五」，此其義也。

❶ 「土」，原誤作「火」，今據玉海堂本、四庫本改。

❷ 「而」下，玉海堂本、四庫本有「色」字。

孔子家語卷第一[1]

王肅注[2]

相魯第一

孔子初仕，爲中都宰，中都，魯邑。[3]制爲養生送死之節：長幼異食，如《禮》年五十異食也。[4]强弱異任，任，謂力作之事。各從所任，不用弱也。男女別塗。路無拾遺，器不雕僞。無文飾雕畫，不

---

❶「孔子家語卷第一」，玉海堂本同，四庫本作「家語卷一」。以下諸本各卷卷目體例仿此，不再一一出校。

❷「王肅」上，四庫本有「魏」字。後仿此，不再一一出校。

❸「邑」下，玉海堂本有「名」字。

❹此處注文，玉海堂本作：「如《禮》，五十異糧，六十至九十，食各以漸加異也。」案，覆宋本、玉海堂本、四庫本所載王肅注文頗有異同，而情形非一。今爲例於下：凡校本注文與底本注文全然不同者，校記作：「此處注文，某本作：『某某。』」凡底本無注而校本有注者，校記作：「『某』下，某本有注曰：『某某。』」凡校本注文出現位置與底本不同者，校記作：「此處注文，某本在『某』下。」

許僞。❶ 爲四寸之棺，五寸之椁，以木爲椁。❷ 因丘陵爲墳，不封不聚土以起墳者也。不樹。不樹松柏。❸ 行之一年，而西方之諸侯則焉。魯國在東，故西方諸侯皆法則。❹ 定公謂孔子曰：「學子此法以治魯國，何如？」孔子對曰：「雖天下可乎！何但魯國而已哉？」於是二年定公以爲司空。乃别五土之性，五土：❺ 一曰山林，二曰川澤，三曰丘陵，四曰墳衍，五曰原隰。而物各得其所生之宜，所生之物，各得其宜。❻ 咸得厥所。先時，季氏葬昭公于墓道之南。季平子逐昭公，死于乾侯。平子别而葬之，貶之不令近先公也。孔子溝而合諸墓焉，謂季桓子曰：「貶君以彰己罪，非禮也。桓子，平子之子。❼ 今合之，所以揜夫子之不臣。」由司空爲魯大司寇。設法而不用，無姦民。

---

❶ 此處注文，玉海堂本作：「不彫僞，無文飾，不詐僞。已上養生之節。」四庫本作：「彫畫無文飾，不詐僞。」

❷ 「椁」，玉海堂本作「之」。

❸ 此處注文，玉海堂本作：「不植松柏。以上送死之節。」

❹ 「法則」，玉海堂本作「則之」。

❺ 「土」下，原衍「之性」二字，今據玉海堂本删。

❻ 「各得其宜」，玉海堂本作「各宜其性」。

❼ 此處注文，玉海堂本在上文「季桓子曰」下。

定公與齊侯會于夾谷，孔子攝相事，曰：「臣聞有文事者必有武備，有武事者必有文備。古者諸侯並出疆，❶必具官以從，請具左右司馬。」定公從之。至會所，爲壇位，❷土階三等，以遇禮相見。會遇之禮，禮之簡略者也。揖讓而登，獻酢既畢，齊使萊人以兵鼓譟，❸劫定公。萊人，齊人東夷。❹雷鼓曰譟。孔子歷階而進，以公退，曰：「士！以兵之。吾兩君爲好，裔夷之俘，敢以兵亂之，裔，邊裔。夷，夷狄。俘，軍所獲虜也。言此三者何敢以兵亂兩君之好也。非齊君所以命諸侯也。裔不謀夏，夷不亂華，華夏，中國之名。俘不干盟，兵不偪好。於神爲不祥，❺於德爲僁義，❻於人爲失禮，君必不然。」齊侯心怍，麾而避之。有頃，齊奏宮中之樂，俳優侏

❶「並」，四庫本無此字。

❷「位」，玉海堂本無此字。

❸「萊人」下，玉海堂本有注曰：「哀公六年，齊滅萊。」「譟」下，玉海堂本有注曰：「譟，子紺切。」案，反切注音雖起於漢末，以此法注釋古籍實較晚起。本書底本及二校本所載王肅注文，大量使用反切注音，疑係後人補益，竄入本注。本次校點，底本注文原有之反切注音皆予保留，校本之異同不復出校。

❹「齊人」，玉海堂本作「齊之」。

❺「神」下，玉海堂本有注曰：「盟誓之神。」

❻「僁」下，玉海堂本有注曰：「僁，愆同。」

儒戲於前。孔子趨進，歷階而上，不盡一等，曰：「匹夫熒侮諸侯者，❶罪應誅。請右司馬速刑焉。」❷於是斬侏儒，手足異處。齊侯懼，有慚色。將盟，齊人加載書曰：「齊師出境，而不以兵車三百乘從我者，有如此盟。」孔子使兹無還對曰：❸魯大夫也。「而不返我汶陽之田，❹吾以供命者亦如之。」齊侯將設享禮，孔子謂梁丘據曰：「齊魯之故，❺吾子何不聞焉？梁丘據舊聞齊魯之故事。事既成矣，而又享之，是勤執事。且犧象不出門，作犧牛及象於其背爲罇。❻嘉樂不野合。享而既具，是棄禮；若其不具，是用秕稗。秕，穀之不成者。稗，草之似穀者。❼用秕稗，君辱；棄禮，名惡。子盍圖之？夫享所以昭德也。不昭，不如其已。」乃不果享。齊侯歸，責其群臣曰：「魯以君子道輔其君，而子獨以夷狄道教寡人，使得罪。」於是乃歸所侵

---

❶ 「熒」下，王海堂本有注曰：「熒，聞而惑也。」

❷ 「速」下，王海堂本、四庫本有「加」字。

❸ 「還」下，王海堂本有注曰：「魯大夫名。」

❹ 「田」下，王海堂本有注曰：「齊有汶陽田，本魯界。」

❺ 「故」下，王海堂本有注曰：「故，舊典也。」

❻ 此處注文，王海堂本作：「犧象，罇名。」

❼ 「似穀者」下，王海堂本有「言享不備禮也」六字。

魯之四邑及汶陽之田。四邑，郵、讙、龜、陰也。❶洙有汶陽之田，❷本魯界。

孔子言於定公曰：「家不藏甲，卿大夫稱家。甲，鎧也。邑無百雉之城，高丈長丈曰堵。三堵曰雉。古之制也。今三家過制，❸請皆損之。」乃使季氏宰仲由隳三都。❹叔孫不得意於季氏，❺因費宰公山弗擾，率費人以襲魯。❻孔子以公與季孫、叔孫、孟孫入于費氏之宫，❼登

---

❶「陰」下，四庫本有「之地」二字。

❷「洙有」，四庫本無此二字。「洙有汶陽之田，本魯界」，玉海堂本作：「汶陽在魯界。案《春秋傳》及《史記》，郵、讙、龜陰爲三邑，今讙亭、龜山及郵皆在汶北，豈併汶而言之乎？」

❸「制」下，玉海堂本有注曰：「三家，魯大夫，皆桓公之後。孟孫懿子何忌，慶父後。叔孫州仇，叔牙後。季孫斯，季友後。」

❹「都」下，玉海堂本有注曰：「三都，費、郈、成也，季孫、叔孫、孟孫之邑。時叔孫州仇先隳郈。」

❺「叔孫」下，玉海堂本有注曰：「輒以庶子故。」

❻「魯」下，玉海堂本有注曰：「季孫斯將隳費，費宰公山弗擾與叔孫輒帥費人以襲魯。」

❼「叔孫、孟孫」，玉海堂本作「仲孫、叔孫」。「費氏」，四庫本作「季氏」。「公」下，玉海堂本有注曰：「定公。」「季孫」下，注曰：「斯。」「叔孫」下，注曰：「仇州。」「孟孫」下，注曰：「孟襄子弟何忌。」

武子之臺。❶費人攻之，及臺側。❷孔子命申句須、樂頎勒士衆下伐之，費人北，❸遂隳三都之城。强公室，弱私家，尊君卑臣，政化大行。❹

初，魯之販羊有沈猶氏者，常朝飲其羊以詐市人。❺有公慎氏者，妻淫不制。有慎潰氏，奢侈踰法。魯之鬻六畜者，飾之以儲價。及孔子之爲政也，則沈猶氏不敢朝飲其羊，公慎氏出其妻，慎潰氏越境而徙。三月，則鬻牛馬者不儲價，賣羊豚者不加飾。❻男女行者別其塗。道不拾遺。男尚忠信，女尚貞順。四方客至於邑，不求有司，有司常供其職，客不求而有司存焉。❼皆如歸焉。言如歸家，無所之也。❽

---

❶「臺」下，玉海堂本有注曰：「季孫宿所築臺。」

❷「及」下，玉海堂本有注曰：「公之。」

❸「北」下，玉海堂本有注曰：「敗諸姑篾，二子■■，乃隳費。」

❹「行」下，玉海堂本有注曰：「按《春秋傳》，將隳成，公斂處父謂孟孫曰：『成，孟氏之保障也。隳成，齊人必至於北門。無成，是無孟氏也。子僞不知，我將不隳。』公圍成，弗克。」

❺「羊」下，玉海堂本有注曰：「飽之。」「詐」下，玉海堂本有注曰：「欺也。」

❻「羊」，玉海堂本、四庫本作「羔」。

❼「存」，玉海堂本無此字，四庫本作「在」。

❽「之」，玉海堂本無此字，四庫本作「乏」。

始誅第二

孔子爲魯司寇，攝行相事，有喜色。仲由問曰：「由聞君子禍至不懼，福至不喜。今夫子得位而喜，何也？」孔子曰：「然，有是言也。不曰『樂以貴下人』乎？」於是朝政七日而誅亂政大夫少正卯，❶戮之于兩觀之下，兩觀，闕名。尸於朝三日。子貢進曰：「夫少正卯，魯之聞人也。今夫子爲政而始誅之，或者爲失乎？」孔子曰：「居，吾語汝以其故。天下有大惡者五，而竊盜不與焉。一曰心逆而險，二曰行僻而堅，三曰言僞而辯，四曰記醜而博，醜，謂非義。五曰順非而澤。此五者有一於人，則不免君子之誅，而少正卯皆兼有之：其居處足以撮徒成黨，❷撮，聚。其談説足以飾褎熒衆，❸其强禦足以反是獨立。此乃人之姦雄者也，不

---

❶「朝」，四庫本作「爲」。「政」下，玉海堂本有注曰：「聽朝政。」「正」下，有注曰：「官。」「卯」下有注曰：「名。」

❷「撮」，玉海堂本作「掫」，注曰：「掫，聚也。」

❸「熒」，四庫本作「熒」，玉海堂本作「瑩」，注曰：「惑也。」

可以不除。夫殷湯誅尹諧，❶文王誅潘正，❷周公誅管蔡，太公誅華士，士之爲人虛僞，亦聚黨也。而韓非謂華士耕而後食，❸鑿井而飲。信其如此，而太公誅之，豈所以謂太公者哉？管仲誅付乙，❹子産誅史何，❺是此七子皆異世而同誅者，❻以七子異世而同惡，故不可赦也。《詩》云：『憂心悄悄，愠于群小。』小人成群，斯足憂矣。」

孔子爲魯大司寇，有父子訟者，夫子同狴執之，❼狴，獄牢也。三月不别。❽其父請止，夫子赦之焉。季孫聞之，不悦，曰：「司寇欺余。曩告余曰：『國家必先以孝。』余今戮一不孝以教民孝，不亦可乎？而又赦，何哉？」冉有以告孔子，子喟然歎曰：❾「嗚呼！上失其道

❶「諧」下，玉海堂本有注曰：「一作蠋沐。」
❷「文王」下，玉海堂本有注曰：「一作太公。」「正」下，有注曰：「一作潘阯。」
❸「而韓非」至「者哉」，玉海堂本無。
❹「付乙」下，玉海堂本有注曰：「一作附里。」
❺「史何」下，玉海堂本有注曰：「一作鄧析。」
❻「是」，玉海堂本、四庫本作「凡」。
❼「狴」，玉海堂本作「狴」。注曰：「狴，獄牢也。狴犴，胡犬也，善守，故以名獄。」
❽「别」下，玉海堂本有注曰：「謂辯决其子罪。」
❾「子」，玉海堂本作「孔子」。

而殺其下，非理也。不教以孝而聽其獄，是殺不辜。三軍大敗，不可斬也；獄犴不治，不可刑也。何者？上教之不行，罪不在民故也。夫慢令謹誅，❶賊也；徵斂無時，暴也；不試責成，虐也。政無此三者，❷然後刑可即也。《書》云：『義刑義殺，勿庸以即汝心，惟曰未有慎事。』言必教而後刑也。庸，❸用也。即，就也。刑教皆當以義，勿用以就汝心之所安。當謹之自謂未有順事。且陳道德以服之，以無刑殺而後爲順，是先教而後刑也。既陳道德以先服之，❹而猶不可，尚賢以勸之。又不可，即廢之。❺又不可，而後以威憚之。若是三年，而百姓正矣。其有邪民不從化者，然後待之以刑，則民咸知罪矣。《詩》云：『天子是毗，俾民不迷。』毗，輔也。俾，使也。言師尹當毗輔天子，使民不迷。是以威厲而不試，刑錯而不用。今世則不然，亂其教，繁其刑，使民迷惑而陷焉。又從而制之，故刑彌繁而盜不勝也。夫三尺之限，❻空車不能登者，

---

❶「誅」，四庫本作「昧」。「謹」下，玉海堂本有注曰：「嚴也。」

❷「政」，玉海堂本作「故」。

❸「庸」至「順事」，玉海堂本作：「言刑殺皆當以義，勿用以就汝心之所安，又當猶自謂未有使人可順守之事。」

❹「既」，玉海堂本無此字。

❺「之」下，玉海堂本有注曰：「《荀子》作『廢不能以單之』。單，盡也，謂黜削也。」

❻「限」下，玉海堂本有注曰：「一作岸。」

何哉？ 峻故也。百仞之山，重載陟焉，何哉？ 陵遲故也。陵遲，猶陂池也。❶ 今世俗之陵遲久矣，雖有刑法，民能勿踰乎？」

王言解第三

孔子閒居，❷曾參侍。孔子曰：「參乎，今之君子，唯士與大夫之言可聞也，至於君子之言者希也。於乎！ 吾以王言之，其不出户牖而化天下。」曾子起，下席而對曰：「敢問何謂王之言？」❸孔子不應。曾子曰：「侍夫子之閒也難，❹是以敢問。」孔子又不應。曾子肅然而懼，摳衣而退，負席而立。❺ 有頃，孔子歎息，顧謂曾子曰：「參，汝可語明王之道與？」曾子曰：「非敢以爲足也，請因所聞而學焉。」子曰：「居，吾語汝。夫道者，所以明德也；德

---

❶「池」，玉海堂本作「陀」。

❷「孔」，原誤作「曾」，今據玉海堂本、四庫本改。

❸「之」，玉海堂本、四庫本作「者」。

❹「難」下，原衍「對」字，今據玉海堂本删。又，「難」下，玉海堂本有注曰：「《大戴禮》作：『得夫子之閒也難。』」

❺「負」下，玉海堂本有注曰：「負，倚也。」

者，所以尊道也。是以非德，道不尊；非道，德不明。雖有國之良馬，不以其道服乘之，不可以取道里。❶雖有博地衆民，不以其道治之，不可以致霸王。是故昔者明王内修七教，外行三至。七教修，然後可以守；三至行，然後可以征。明王之道，其守也，則必折衝千里之外；其征也，❷則必還師衽席之上。故曰：『内修七教而上不勞，外行三至而財不費。』此之謂明王之道也。」曾子曰：「不勞不費之謂明王，可得聞乎？」孔子曰：「昔者帝舜左禹而右皋陶，不下席而天下治。夫如此，何上之勞乎？政之不平，❸君之患也；令之不行，臣之罪也。若乃十一而稅，用民之力，歲不過三日，入山澤以其時而無征，關譏市鄽皆不收賦，譏，呵也。譏異服，識異言，❹及市鄽皆不賦稅，古之法也。此則生財之路，而明王節之，何財之費乎？」

曾子曰：「敢問何謂七教？」孔子曰：「上敬老，則下益孝；上尊齒，則下益悌；上樂施，則下益寬；上親賢，則下擇友；上好德，則下不隱；上惡貪，❺則下耻争；上廉讓，則下耻節。此

---

❶「取」，原脱，今據玉海堂本、四庫本補。玉海堂本並有注曰：「取，趣也。」

❷「也」，原脱，今據玉海堂本、四庫本補。

❸「平」，玉海堂本、四庫本作「中」。

❹「識」，玉海堂本無此字。

❺「貪」，原誤作「貧」，今據玉海堂本、四庫本改。

之謂七教。七教者，治民之本也。政教定，則本正也。凡上者，民之表也，表正則何物不正？是故人君先立仁於己，然後大夫忠而士信，民敦而俗璞，❶璞，慤愿貌。男慤而女貞。六者，教之致也。布諸天下四方而不怨，❷納諸尋常之室而不塞。❸等之以禮，❹立之以義，行之以順，則民之棄惡如湯之灌雪焉。」曾子曰：「道則至矣，弟子不足以明之。」孔子曰：「參以爲姑止乎？又有焉。昔者明王之治民也，法必裂地以封之，分屬以理之，然後賢民無所隱，暴民無所伏。使有司日省而時考之，進用賢良，退貶不肖，然則賢者悦而不肖者懼。❺哀鰥寡，養孤獨，恤貧窮，誘孝悌，選才能。此七者修，則四海之内無刑民矣。上之親下也，如手足之於腹心矣；❻下之親上也，如幼子之於慈母矣。上下相親如此，故令則從，施則行，民懷其德，近者悦服，遠者來附，政之致也。夫布指知寸，布手知尺，舒肘知尋，斯不遠

---

❶「而」，原脱，今據四庫本補。「璞」，王海堂本、四庫本作「樸」。下注文同。

❷「怨」，王海堂本作「窕」，注曰：「薄也。」

❸「塞」下，王海堂本有注曰：「窒也。」

❹「之」下，王海堂本有注曰：「等之，齊之也。」

❺「然」，王海堂本、四庫本無此字。

❻「矣」，原脱，今據四庫本補。

之則也。周制三百步爲里，千步爲井，三井而埒，❶埒三而矩，此説里數，不可以言井。井自方里之名，疑此誤。❷五十里而都，封百里而有國。乃爲福積資求焉，❸恤行者有亡。❹是以蠻夷諸夏，雖衣冠不同，言語不合，莫不來賓。故曰：無市而民不乏，無刑而民不亂。田獵罩弋，罩，掩網。❺弋，繳射。非以盈宮室也。❻徵斂百姓，非以盈府庫也。❼慘怛以補不足，禮節以損有餘。多信而寡貌，其禮可守，其言可覆，其迹可履。如飢而食，如渴而飲，民之信之，如寒暑之必驗。故視遠若邇，非道邇也，見明德也。是故兵革不動而威，用利不施而親，萬民懷其惠。❽此之謂明王之守折衝千里之外者也。」曾子曰：「敢問何謂三至？」孔子曰：「至禮不讓而天下治，至賞不費而天下士悦，至樂無聲而天下民和。明王篤行三至，故天下之

---

❶「埒」下，玉海堂本有注曰：「封道曰埒。《淮南子》曰：『道有行埒。』又堤也。」

❷「此」，玉海堂本無此字。

❸「福積資求」，玉海堂本作「稸積資聚」。

❹「者」下，四庫本有「之」字。

❺「掩網」，玉海堂本作「魚籠」。

❻「室」下，玉海堂本有注曰：「爲祭與養也。」

❼「也」下，玉海堂本有注曰：「備人倫，養君子。」

❽「萬民懷其惠」，玉海堂本無此句。

君可得而知，天下之士可得而臣，天下之民可得而用。」曾子曰：「敢問此義何謂？」孔子曰：「古者明王必盡知天下良士之名。❶既知其名，又知其實，❷又知其數及其所在焉，❸然後因天下之爵以尊之，此之謂至禮不讓而天下治。因天下之禄以富天下之士，此之謂至賞不費而天下之士悅。如此，則天下之民名譽興焉。此之謂至樂無聲而天下之民和。故曰：所謂天下之至仁者，❹能合天下之至親也。所謂天下之至明者，❺能舉天下之至賢者也。❻此三者咸通，然後可以征。是故仁者莫大乎愛人，智者莫大乎知賢，賢政者莫大乎官

---

❶ 「名」下，玉海堂本有注曰：「如《周禮》，大司徒教萬民而賓興，卿大夫考其禮藝，獻賢能于王，王受而登之天府是也。」

❷ 「實」下，玉海堂本有注曰：「案《周禮》『卿論其秀士，升之司徒，而大樂正、大司馬以次辯論其官材，進其士之賢者，以告于王，而定其論』是也。」

❸ 「數」下，玉海堂本有注曰：「如列侯郡守，二千石各擇其吏民之賢者，歲舉二人。又如郡國口二萬以上，歲舉二人。口自二萬以至百萬所舉，自一人以至五人各有差是也。」「焉」下，注曰：「列侯、郡守各以其卿。」

❹ 「至」，玉海堂本無此字。

❺ 「至」，玉海堂本無此字。

❻ 「也」下，玉海堂本有注曰：「疑有闕。」

能。有土之君，修此三者，則四海之内供命而已矣。夫明王之所征，必道之所廢者也，是故誅其君而改其政，弔其民而不奪其財。故明王之政，猶時雨之降，降至則民悦矣。是故行施彌博，得親彌衆，此之謂還師衽席之上。」言安安而無憂。❶

大婚解第四

孔子侍坐於哀公，公問曰：❷「敢問人道孰爲大？」孔子愀然作色而對曰：❸「君及此言也，百姓之惠也，固臣敢無辭而對：❹人道政爲大。夫政者，正也。君爲正，則百姓從而正矣。君之所爲，百姓之所從。君不爲正，百姓何所從乎？」公曰：「敢問爲政如之何？」孔子對曰：「夫婦别，男女親，君臣信。三者正，則庶物從之。」❺公曰：「寡人雖無能也，願知所以

❶「安安」，四庫本作「安然」。
❷「問」，玉海堂本無此字。
❸「愀」下，玉海堂本有注曰：「變色貌。」
❹「固」下，玉海堂本有注曰：「與後『寡人實固』之『固』同，陋也。」
❺「物」下，玉海堂本有注曰：「物，猶事也。」

行三者之道，可得聞乎？」孔子對曰：「古之政，❶愛人爲大。所以治愛人，禮爲大。所以治禮，敬爲大。敬之至矣，大婚爲大。❷大婚至矣，冕而親迎。❸親迎者，❹敬之也。❺是故君子興敬爲親。捨敬，則是遺親也。弗親弗敬，弗尊也。愛與敬，其政之本與？」公曰：「寡人願有言也，然冕而親迎，不已重乎？」孔子愀然作色而對曰：「合二姓之好，以繼先聖之後，以爲天下宗廟社稷之主，❻君何謂已重焉？」魯，周公之後，得郊天，故言以爲天下之主也。公曰：「寡人實固，鄙陋。❼不固，安得聞此言乎？寡人欲問，不能爲辭，請少進。」❽孔子曰：「天地不合，萬物不生。大婚，萬世之嗣也，君何謂已重焉？」孔子遂言曰：「内以治宗廟之禮，足

---

❶ 「之」下，王海堂本有「爲」字。

❷ 下「大」字下，王海堂本有注曰：「禮以敬爲至，敬以昏爲至。」

❸ 「冕」上，王海堂本有「大昏既至」四字。

❹ 「親迎」，四庫本無此二字。

❺ 「也」下，王海堂本有注曰：「雖天子諸侯，皆冕而親迎。」

❻ 「主」下，王海堂本有注曰：「此自天子諸侯言之也，主以長子言，故下曰『萬世之嗣』也。」

❼ 「鄙陋」，王海堂本作：「固，猶鄙也，謂以冕而親迎爲已重也。」

❽ 「進」下，王海堂本有注曰：「一下有『教』字。」

以配天地之神；言宗廟天地神之次。[1]出以治直言之禮，足以立上下之敬。[2]夫婦正，則始可以治正言禮矣。[3]身正，然後可以正人者也。[4]物耻則足以振之，耻事不知禮，足以振救之。[5]國耻則足以興之。[6]耻國不知禮，[7]足以興起者也。[8]故爲政先乎禮，禮其政之本與？」孔子遂言曰：「昔三代明王必敬妻子也，[9]蓋有道焉。妻也者，親之主也；[10]子也者，親之後也，[11]敢不敬與？是故君子無不敬。敬也者，敬身爲大。身也者，親之支也，敢不敬與？不敬其身，是傷其

---

❶「言」，玉海堂本作「爲」。

❷「足」，原脱，今據玉海堂本、四庫本補。

❸「始」，四庫本作「固」。「禮矣」，玉海堂本作「之禮」。

❹「後」，原脱，今據玉海堂本、四庫本補。

❺「救」，玉海堂本、四庫本作「教」。

❻「則」，原脱，今據玉海堂本補。

❼「禮」，原脱，今據玉海堂本補。

❽「者也」，玉海堂本作「之」。

❾「昔」，玉海堂本無此字。

❿「也」下，玉海堂本有注曰：「冕而親迎，爲親主於内也。」

⓫「也」下，玉海堂本有注曰：「冠於阼階，爲親傳其後也。」

親。傷其親，是傷其本也。❶傷其本，則支從之而亡。三者百姓之象也。言百姓之所法而行。身以及身，子以及子，妃以及妃。君以修此三者，❷則大化愾乎天下矣，❸愾，❹滿。昔太王之道也。太王出亦姜女，❺入亦姜女。國無鰥民。愛其身以及人之身，愛其子以及人之子，故曰太王之道。如此，國家順矣。」公曰：「敢問何謂敬身？」孔子對曰：「君子過言則民作辭，過行則民作則。❻言不過辭，動不過則，百姓恭敬以從命。若是，則可謂能敬其身，則能成其親矣。」❼公曰：「何謂成其親？」孔子對曰：「君子者也，人之成名也。百姓與名，謂之君子，❽則是成其親爲君而爲其子也。」孔子遂言曰：「爲政而不能愛人，❾則不能成其身。不能成其身，則不

---

❶「其」，原脱，今據玉海堂本補。

❷「以」，玉海堂本作「能」。

❸「愾」下，玉海堂本有注曰：「至也。又及也。」

❹「愾」，原誤作「氣」，今據四庫本改。

❺「亦」，玉海堂本作「以」。

❻下「則」字下，玉海堂本有注曰：「言行雖過，民猶從之也。」

❼「則」上，玉海堂本、四庫本有「敬其身」三字。

❽「子」下，玉海堂本有注曰：「猶言與之以君子之名也。」

❾「爲」，原誤作「愛」，今據玉海堂本改。

能安其土。不能安其土，則不能樂天。天，道也。❶不能樂天，❷則不成其身。」公曰：「敢問何能成身？」❸孔子對曰：「夫其行己不過乎物，謂之成身。不過乎物，❹合天道也。」❺公曰：「君子何貴乎天道也？」孔子曰：「貴其不已也。如日月東西相從而不已也，是天道也；不閉而能久，不閉常通而能久，❻言無極。是天道也；無爲而物成，是天道也；已成而明之，❼是天道也。」公曰：「寡人且愚冥，言惷愚冥暗也。幸煩子之於心。」❽欲煩孔子議識其心所能行也。孔子蹴然避席而對曰：❾「仁人不過乎物，孝子不過乎親。是故仁人之事親也如事

---

❶「天道也」，玉海堂本作：「安土樂天，《易》中盡性之事。隨處皆安，而無一息不仁，安土也。既知天命而又樂天理，樂天也。」

❷「不能樂天則不成其身」，原脱，今據玉海堂本、四庫本補。

❸「何」下，玉海堂本有「謂」字。

❹「物」，原脱，今據玉海堂本補。

❺「也」下，玉海堂本有注曰：「合物理之當然。」

❻「閉」下，玉海堂本有「故」字。

❼「之」下，玉海堂本有注曰：「無爲雖若難名，有成功則昭著也。」

❽「子之於心」，玉海堂本作「子志之心也」。

❾「蹴」下，玉海堂本有注曰：「不自安貌。」

天，事天如事親。此謂孝子成身。」公曰：「寡人既聞如此言，無如後罪何？」❶孔子對曰：「君之及此言，❷是臣之福也。」

儒行解第五

孔子在衛，冉求言於季孫曰：「國有聖人而不能用，欲以求治，是猶却步而欲求及前人，不可得已。今孔子在衛，衛將用之，❸己有才而以資鄰國，❹難以言智也。請以重幣迎之。」❺季孫以告哀公，公從之。❻孔子既至舍，哀公館焉。就孔子舍。公自阼階，孔子賓階，升堂立侍。公曰：「夫子之服，其儒服與？」孔子對曰：「丘少居魯，衣逢掖之衣。深衣之褒大也。長居

---

❶「何」下，玉海堂本有注曰：「言寡過之難也。」

❷「之」，原誤作「子」，今據玉海堂本、四庫本改。

❸「衛」，玉海堂本無此字。

❹「己」下，玉海堂本有注曰：「己，己國也。」

❺「迎」，玉海堂本作「延」，四庫本作「求」。

❻「之」下，玉海堂本有注曰：「事在哀公十一年，孔子年六十八矣。」

宋，冠章甫之冠。❶ 丘聞之，君子之學也博，其服以鄉。隨其鄉也。丘未知其爲儒服也。」❷公曰：「敢問儒行。」孔子曰：「略言之，則不能終其物。❸ 悉數之，則留，更僕未可以對。」❹留，久也。僕，太僕。君燕朝，則正位掌儐相。更衣之爲久將倦，❺使之相代者也。哀公命席，孔子侍坐，曰：「儒有席上之珍以待聘，席上之珍，能敷陳先王之道以爲政治。❻ 夙夜强學以待問，懷忠信以待舉，力行以待取。力行仁義道德以待人取。❼ 其自立有如此者。儒有衣冠中，動作順，❽其大

❶「冠」下，玉海堂本有注曰：「緇布爲之，禮冠也。」

❷「也」下，玉海堂本有注曰：「言非所重。」

❸「物」下，玉海堂本有注曰：「物，猶事也。」

❹「更」，原脱，今據玉海堂本、四庫本補。

❺「更衣之爲」，四庫本作「更之者爲」，玉海堂「更爲之」。

❻此處注文，玉海堂本作：「席，籍也，資也。能籍先王之道以資政治也。」

❼此處注文，玉海堂本作：「忠信則可任，力行則可使，皆我自力以有待而不求焉。」

❽「順」，玉海堂本作「慎」。

讓如慢，慢，簡略也。❶ 小讓如僞。❷ 大則如威，小則如媿。❸ 難進而易退，粥粥若無能也。其容貌有如此者。儒有居處齊難，❹齊莊可畏難也。❺ 其起坐恭敬，言必誠信，行必忠正。❻ 道塗不爭險易之利，冬夏不爭陰陽之和。❼ 愛其死以有待也，養其身以有爲也。❽ 其備預有如此者。儒有不寶金玉，而忠信以爲寶；不祈土地，❾而仁義以爲土地；不求多積，多文以爲富。難得而易禄也，易禄而難畜也。非時不見，不亦難得乎？非義不合，不亦難畜乎？先勞而後禄，不亦易禄乎？其近人情有如此者。儒有委之以財貨而不貪，淹之以樂好而

---

❶ 此處注文，玉海堂本作：「所以自抗，故如慢而不敬。」

❷ 「僞」下，玉海堂本有注曰：「所以致曲，故如僞而不誠。」

❸ 「媿」下，玉海堂本有注曰：「大小以容貌言。大則有所不可犯，小則有所不敢爲。」

❹ 「齊」下，玉海堂本有注曰：「古文也。」

❺ 此處注文，玉海堂本作：「慎重意。」

❻ 「忠正」，玉海堂本作「中正」，下，有注曰：「敬也。」

❼ 「和」下，玉海堂本有注曰：「恕也。」

❽ 「也」下，玉海堂本有注曰：「不爭近小以害遠大。」

❾ 「祈」下，玉海堂本有注曰：「祈，求也。」

不淫，劫之以衆而不懼，阻之以兵而不懾。❶阻，難也。以兵爲之難。❷見利不虧其義，見死不更其守。鷙蟲攫搏不程其勇，引重鼎不程其力。❸往者不悔，❹來者不豫。❺過言不再，不再過言。流言不極。流言相毁，不窮極也。❻不斷其威，常嚴莊也。不習其謀。不豫習其謀慮。❼其特立有如此者。儒有可親而不可刼，❽可近而不可迫，可殺而不可辱。其居處不過，❾其飲食不溽，❿其過失可微辯而不可面數也。⓫其剛毅有如此者。儒有忠信以爲甲胄，禮義以爲

❶「阻」，四庫本作「沮」。下注同。其下，玉海堂本有注曰：「難也。」

❷此處注文，玉海堂本無。

❸「鷙蟲」至「其力」，原脱，今據玉海堂本補。「勇」下，玉海堂本有注曰：「鷙，猛擊也。蟲，疑即毛蟲、羽蟲之蟲。攫，左手握也。搏，索持也。程，限量也。」「力」下，有注曰：「喻勇足以犯難，力足以任重也。」

❹「悔」下，玉海堂本有注曰：「行必當理，故不悔也。」

❺「豫」下，玉海堂本有注曰：「知足以應變，故不預。」

❻「不窮極也」，玉海堂本作「知足以止之，詎可窮乎？」

❼此處注文，玉海堂本作：「物來順應。」

❽「刼」下，玉海堂本有注曰：「强取也。」

❾「過」下，玉海堂本有注曰：「《記》作『淫』，侈溢也。」

❿「溽」下，玉海堂本有注曰：「溽，濃厚也。」

⓫「也」下，玉海堂本有注曰：「《疏》曰：『此句似尚氣好勝之言，於理未合。』」

干櫓。干，楯也。櫓，大戟。戴仁而行，抱德而處。❶雖有暴政，不更其所。其自立有如此者。儒有一畝之宫，環堵之室，方丈曰堵。一堵言其小者也。蓽門圭窬，❷蓽門，荆竹織門也。❸圭窬，穿墻爲之，❹如圭也。蓬户甕牖。以編蓬爲户，破甕爲牖也。易衣而出，更相易衣而後可以出。❺并日而食。并一日之粮以爲一食也。上答之，❻不敢以疑；君用之，不敢疑貳事君也。❼上不答之，不敢以諂。❽其爲士有如此者。❾儒有今人以居，古人以昚。稽同。今世行之，後世以爲楷。法

---

❶「德」，玉海堂本作「義」。

❷「蓽」，玉海堂本、四庫本作「篳」。注文中「蓽」字，二本同作「篳」。

❸「荆竹織門也」，玉海堂本作「編荆竹爲門也」。

❹「之」，玉海堂本作「窬」。

❺「衣」下，四庫本有「衣」字。「以」，玉海堂本無此字。

❻「答」，玉海堂本作「荅」，有注曰：「荅，合也。」下「答」字同。

❼此處注文，玉海堂本作：「道合則信而就之，不逆詐也。」

❽「諂」下，玉海堂本有注曰：「不合則去，不患失也。」

❾「爲士」，玉海堂本作「仕」。

也。若不逢世，上所不受，❶下所不推。詭諂之民，❷有比黨而危之者，❸身可危也，其志不可奪也。雖危，起居猶竟信其志，乃不忘百姓之病也。起居，猶動静也。竟，終也。言身雖危，動静猶終身不忘百姓。❹其憂思有如此者。儒有博學而不窮，❺篤行而不倦，❻幽居而不淫，❼上通而不困。❽禮必以和，優游以法。❾慕賢而容衆，毁方而瓦合。去己之大圭角，下與衆人小合。❿其寬裕有如此者。儒有内稱不避親，外舉不避怨。程功積事，不求厚禄。程，猶效也。言功效

❶「受」，玉海堂本作「援」。
❷「詭」，四庫本作「讒」。
❸「者」，原脱，今據玉海堂本補。
❹此處注文，玉海堂本作：「身雖危而不行其志，道雖塞而不忘其民。」
❺「窮」下，玉海堂本有注曰：「知新故不窮。」
❻「倦」下，玉海堂本有注曰：「可久故不倦。」
❼「淫」下，玉海堂本有注曰：「窮不失義也。」
❽「困」下，玉海堂本有注曰：「達不離道也。」
❾「游」下，玉海堂本有注曰：「和也。」「法」下，有注曰：「有節也。」
❿此處注文，玉海堂本作：「陶瓦者毁其圓則方，合其方復圓，和而有辯也。」

而已，不求厚禄也。❶ 推賢達能，不望其報。❷ 君得其志，民賴其德。苟利國家，不求富貴。其舉賢援能有如此者。儒有澡身浴德，常自潔淨其身，❸沐浴於德行也。❹ 陳言而伏，陳言於君，不望其報。❺ 静言而正之，而上下不知也。❻ 默而翹之，又不急爲也。言事君清静，因事而止之，則君不知。默而翹發之，不急爲，所以爲不爲。❼ 不臨深而爲高，不加少而爲多。言不因勢位自矜莊。世治不輕，世亂不沮。不自輕，不自沮。❽ 同己不與，異己不非。❾ 其特立獨行有如此者。儒有

❶ 此處注文，玉海堂本作：「上不求報於君。」

❷ 「報」下，玉海堂本有注曰：「下不責報於人。」

❸ 「自」，原誤作「目」，今據四庫本改。

❹ 此處注文，玉海堂本作：「致其潔清，以先其心也。」

❺ 此處注文，玉海堂本作：「入告其君，不揚於外。」

❻ 「下」，玉海堂本無此字。

❼ 此處注文，玉海堂本作：「以清静事君，因事而正之，則君不知。默發之，所以爲不爲也。」

❽ 「不自沮」，四庫本作「志不沮」。

❾ 「非」下，玉海堂本有注曰：「達而必以其道，窮而必行其志。不以同己而與，不以異己而非。」

上不臣天子，下不事諸侯。慎静尚寬，底厲廉隅。❶ 强毅以與人，博學以知服。❷ 近文章。❸ 雖以分國，視之如錙銖，視之輕如錙銖。八兩爲錙。❹ 弗肯臣仕。其規爲有如此者。儒有合志同方，營道同術，並立則樂，❺相下不厭，❻久别則聞流言不信。❼ 義同而進，❽不同而退。❾ 其交有如此者。❿ 夫温良者，仁之本也；慎敬者，仁之地也；寬裕者，仁之作也；動作。⓫ 遜接者，仁之能也；禮節者，仁之貌也；言談者，仁之文也；歌樂者，仁之和也；分散者，仁之

❶ 「底厲」，玉海堂本作「砥礪」。
❷ 「服」下，玉海堂本有注曰：「服，力行也。」
❸ 「近文章」，原脱。今據玉海堂本補。「章」下，玉海堂本有注曰：「雖近文，不勝質。」
❹ 此處注文，玉海堂本作：「十絫爲銖，八兩爲錙，言輕也。」
❺ 「立」下，玉海堂本有注曰：「位相等也。」
❻ 「下」下，玉海堂本有注曰：「位相讓也。」「厭」下，有注曰：「與齊等也。」
❼ 「信」下，玉海堂本有注曰：「《記》有『其行本方立義』六字，明其所以不信之義。」
❽ 「進」下，玉海堂本有注曰：「《記》將『義』字屬上。」
❾ 「退」下，玉海堂本有注曰：「同謂與友也。」
❿ 「交」下，玉海堂本有注曰：「《記》有『友』字。」
⓫ 此處注文，玉海堂本作：「作，爲也。」

施也。❶儒皆兼此而有之，❷猶且不敢言仁也。其尊讓有如此者。儒有不隕穫於貧賤，隕穫，憂悶不安之貌。❸不充詘於富貴，充詘，踊躍參擾之貌。❹不溷君王，不累長上，不閔有司，❺故曰儒。溷，辱。閔，疾。言不爲君長所辱病。儒者，中和之名。❻今人之名儒也忘，❼常以儒相詬疾。」詬，辱。❽哀公既得聞此言也，言加信，行加敬，曰：「終殁吾世，弗敢復以儒爲戲矣。」

問禮第六

哀公問於孔子曰：「大禮何如？子之言禮，何其尊也？」❾孔子對曰：「丘也鄙人，不足

---

❶「也」下，王海堂本有注曰：「儒行之八者，既歷數以告哀公，而終之以仁。仁者，百行之原也。」
❷「此」，王海堂本無此字。「之」下，王海堂本有注曰：「一兼下有此事。」
❸此處注文，王海堂本作：「隕穫，墜剸也。一説憂悶不安之貌。」
❹此處注文，王海堂本作：「充詘，驕吝也。一説踊躍參擾之貌。」
❺「司」下，王海堂本有注曰：「溷，辱也。累，罣礙也。閔，傷也。言不受於君長有司也。」
❻此處注文，王海堂本作：「儒者，有道術之名。」
❼「忘」，王海堂本、四庫本作「妄」。王海堂本有注曰：「句。」
❽此處注文，王海堂本作：「詬，疑作謑，毁也。疾，惡也。妄竊儒名，故爲人之所毁惡也。」
❾「尊」下，王海堂本有注曰：「尊，猶重也。」

以知大禮也。」公曰：「吾子言焉。」孔子曰：「丘聞之，民之所以生者，禮爲大。非禮則無以節事天地之神焉，[1]非禮則無以辯君臣上下長幼之位焉，非禮則無以别男女父子兄弟婚姻親族疏數之交焉。是故君子此之爲尊敬。[2]然後以其所能，教順百姓，[3]不廢其會節。所能，謂禮也。會，謂男女之會。節，謂親疏之節也。[4]既有成事，[5]而後治其文章黼黻，[6]以别尊卑上下之等。其順之也，[7]而後言其喪祭之紀，[8]宗廟之序。品其犧牲，設其豕腊，[9]修其歲時，以

---

[1]「神」下，玉海堂本有注曰：「祭以事天地之神，皆以禮爲儀節。神兼百神言。」

[2]「此之爲」，玉海堂本作「以此爲之」，四庫本作「此爲之」。「此」下，玉海堂本有注曰：「此，指禮也。」「敬」下，有注曰：「尊敬，謂大也。」

[3]「百姓」下，玉海堂本有注曰：「《易》曰：禮非强世，所謂順也。」

[4]此處注文，玉海堂本作：「此總前言。會謂理之所聚而不可遺處，節謂分之所限而不可過處也。」

[5]「事」下，玉海堂本有注曰：「成事謂諏日筮吉，而事可成也。」

[6]「其」下，玉海堂本有「雕鏤」二字。「鏤」下，有注曰：「祭器。」「黼黻」下，有注曰：「祭服。」

[7]「也」下，玉海堂本有注曰：「順，謂人無違心也。」

[8]「言」下，玉海堂本有注曰：「猶明也。」

[9]「腊」下，玉海堂本有注曰：「乾肉曰腊。」

敬其祭祀。別其親疏，序其昭穆，而後宗族會醼，❶即安其居，以綴恩義。卑其宮室，節其服御，車不雕璣，器不彤鏤，❷食不二味，心不淫志，❸以與萬民同利。❹古之明王行禮也如此。」公曰：「今之君子胡莫之行也？」孔子對曰：「今之君子，好利無厭，淫行不倦，荒怠慢遊，固民是盡，❺以遂其心，以怨其政，以忤其衆，❻以伐有道。求得當欲，不以其所。言苟求得當其情欲而已。虐殺刑誅，不以其治。夫昔之用民者由前，用上所言。今之用民者由後，用下所言。是即今之君子莫能爲禮也。」

言偃問曰：「夫子之極言禮也，可得而聞乎？」孔子言：「我欲觀夏道，❼是故之杞，❽夏

---

❶「醼」，玉海堂本作「宴」。有注曰：「一作醼。」

❷「彤」，玉海堂本作「彫」，四庫本作「刻」。「彫」下，玉海堂本有注曰：「一作刻。」

❸「志」下，玉海堂本有注曰：「疑作慝。」

❹「萬」，四庫本無此字。

❺「固」下，玉海堂本有注曰：「如固獲之固，力取也。」

❻「以」，原脱，今據玉海堂本、四庫本補。

❼「道」，原脱，今據玉海堂本、四庫本補。

❽「之」下，玉海堂本有注曰：「適也。」

后封於杞也。而不足徵也，徵，成。❶吾得夏時焉。於四時之正，正夏數，得天心中。❷我欲觀殷道，是故之宋，殷后封宋。而不足徵也，吾得乾坤焉。乾，天。坤，地。得天地陰陽之書也。❸乾坤之義，夏時之等，❹吾以此觀之。夫禮初也，❺始於飲食。太古之時，燔黍擘豚，古未有釜甑，釋米擗肉，❻加於燒石之上而食之。❼污罇抔飲，❽蕢桴土鼓，❾鑿地爲罇，以手飲之也。猶可以致敬鬼

---

❶ 此處注文，玉海堂本作：「徵，證也。」

❷ 「心」，四庫本作「之」。此處注文，玉海堂本作：「於十二月之正，正夏數，得天心之中。或謂即《夏小正》之屬。《小正》，夏之書名也。」

❸ 此處注文，玉海堂本作：「得天地陰陽之書，即《易》也。商易曰『歸藏』，《歸藏》首坤次乾故也。」

❹ 「等」下，玉海堂本有注曰：「例也。」

❺ 「也」下，玉海堂本有注曰：「《記》作『禮之初』。」

❻ 「釋」，四庫本作「燔」。

❼ 此處注文，玉海堂本作：「古未有釜甑，以米肉加于燒石之上，熟而食之。」

❽ 「抔」，原誤作「杯」，今據玉海堂本、四庫本改。「飲」下，玉海堂本有注曰：「鑿地爲罇，掬手而飲。」

❾ 「桴」下，玉海堂本有注曰：「蕢，艸。桴，椎也。」

神。神饗德，❶不求備物也。及其死也，升屋而號，告曰：❷『高，❸某復。』❹然後飲腥苴熟，❺始死，含以珠貝。將葬，苞苴以遣，奠以送之。形體則降，魂氣則上，是謂天望而地藏也。魂氣升而在天，形體藏而在地。❻故生者南鄉，死者北首，皆從其初也。昔之王者，未有宮室，冬則居營窟，夏則居橧巢。❼掘地而居，謂之營窟。有柴謂橧，在樹曰巢。未有火化，食草木之實，鳥獸之肉，飲其血，茹其毛。❽未有絲麻，衣其羽皮。後聖有作，然後修火之利，範金，❾冶金爲

---

❶「神饗德」，王海堂本作「享其德」。

❷「告」，王海堂本無此字。

❸「高」下，王海堂本有注曰：「高作皋，引聲之言。」

❹「某」下，王海堂本有注曰：「死者之名。」

❺「後」下，王海堂本有注曰：「既不復，然後以下乃行死事。」「飲」，四庫本作「飯」。

❻此處注文，王海堂本作：「氣上，故望天而招。體降，故穴地而藏。」

❼「橧」，原誤作「橹」，今據王海堂本、四庫本改。注同。

❽「毛」下，王海堂本有注曰：「毛未盡而食曰茹。」

❾「範」，四庫本作「冶」。

器，❶用刑範也。❷合土，合和以作瓦物。❸以爲宫室户牖。❹以炮以燔，毛曰炮，❺加火曰燔也。❻以亨以炙，煮之曰亨，炮之曰炙。❼以爲醴酪。醴，醴酒。酪，漿酢。❽治其絲麻，以爲布帛，以養生送死，以事鬼神。故玄酒在室，玄酒，水也。言尚古在略近。醴醆在户，醴，瓷齊也。五齊，二曰醴齊，三曰瓷齊。粢醍在堂，粢醍，❾澄齊。澄酒在下。澄，清。漏其酒也。❿陳其犧牲，備其鼎俎，列

❶「治」，原誤作「治」，今據玉海堂本、四庫本改。

❷此處注文，玉海堂本作：「用刑範冶金爲器也。」

❸此處注文，玉海堂本作：「和合泥土爲陶器也。」

❹「爲」下，玉海堂本有「臺榭」二字。

❺「毛」下，玉海堂本有「炙」字。

❻「加」，玉海堂本作「燔」。

❼此處注文，玉海堂本作：「沈而煮之釜曰亨，貫而置之火曰炙。」

❽「漿酢」，玉海堂本作「酪漿」。

❾「粢」，原誤作「深」，今據四庫本改。

❿此處注文，玉海堂本作：「案禮，辯酒之五齊：一曰泛齊，二曰醴齊，三曰盎齊，四曰醍齊，五曰沈齊。室内在北，太古用水，故尊尚之。户在室稍南，堂在室外，下則堂下矣。去古漸遠，故五者各以等降。設之玄酒，即泛齊。醆，即盎齊。澄，即沈齊。」

其琴瑟、管磬、鐘鼓，以降上神，❶上神，天神。❷與其先祖，以正君臣，以篤父子，以睦兄弟，以齊上下，夫婦有所。是謂承天之祜。❸作其祝號，犧牲、玉帛，祝辭皆異爲之號也。❹玄酒以祭，薦其血毛，腥其俎，❺熟其殽。言雖有所熟，猶有所腥，腥本不忘古也。❻越席以坐，❼蒯蒲席也。疏布以羃，❽羃，覆酒巾也，質，故用疏也。❾衣其浣帛，練染以爲祭服。❿醴醆以獻，薦其燔炙。君

❶「以」上，玉海堂本有「以其祝嘏」四字，「降」下，有「其」字。

❷「天神」，四庫本作「天也」。

❸「祐」，玉海堂本、四庫本作「祜」。其下，玉海堂本有注曰：「言行禮如此，則神格而鬼享矣。」

❹此處注文，玉海堂本作：「按禮，祝號有六：神、鬼、祇、牲、齍、幣也，皆美其辭以告神也。」

❺「俎」下，玉海堂本有注曰：「此三者，法上古禮也。」

❻此處注文，玉海堂本作：「雖有所熟，猶有所腥，不忘古也。至下『合亯』則無復腥矣。」

❼「越」，玉海堂本作「趏」，有注曰：「趏、越同，蒯蒲席也。」

❽「羃」，玉海堂本作「罩」。

❾此處注文，玉海堂本作：「當作幂，覆酒布也。質，故用疏罩。」

❿「練」，玉海堂本作「湅」。

與夫人交獻，以嘉魂魄，嘉，善樂也。然後退而合亨，❶合其亨熟之禮，❷無復腥也。❸體其犬豕牛羊，體，解其牲體而薦之。實其簠簋、受黍稷之器也。籩豆、鉶羹，竹曰籩。木曰豆。鉶，所以盛羹也。❹祝以孝告，祝通孝子語於先祖。❺嘏以慈告，嘏傳先祖語於孝子。❻是爲大祥。祥，善。❼此禮之大成也。」

五儀解第七

哀公問於孔子曰：「寡人欲論魯國之士，與之爲治，敢問如何取之？」孔子對曰：「生今

---

❶「然」上，玉海堂本有「是謂合莫」一句，下，有注曰：「契合於冥漠之中也。此以上至『熟其殽』，法中古禮也。」

❷「禮」，玉海堂本作「體」。

❸「腥」，原誤作「醒」，今據玉海堂本、四庫本改。

❹此處注文，玉海堂本作：「簠簋，《詩傳》作『瓦器』，以盛黍稷。籩，竹器。豆，木器，以盛菓核、俎醢。鉶，銅器，如鼎，和羹之器也。」

❺「祝」，玉海堂本作「以」。

❻「嘏」，玉海堂本作「以」。

❼此處注文，玉海堂本作：「祥，善也。『合亨』以下，此當世之禮也。」

之世，志古之道；居今之俗，服古之服。舍此而爲非者，不亦鮮乎？」曰：「然則章甫約履、紳帶縉笏者，❶皆賢人也？」紳，大帶。縉，插也。笏，所以執書思對命。❷孔子曰：「不必然也。丘之所言，非此之謂也。夫端衣玄裳，冕而乘軒者，則志不在於食焄；端衣玄裳，齋服也。❸軒，軒車。焄，辛菜也。斬衰菅菲，❹杖而歠粥者，則志不在於酒肉。生今之世，志古之道；居今之俗，服古之服。謂此類也。」❺公曰：「善哉！盡此而已乎？」孔子曰：「人有五儀：有庸人，有士人，有君子，有賢人，有聖人。審此五者，則治道畢矣。」公曰：「敢問何如斯可謂之庸人？」孔子曰：「所謂庸人者，心不存慎終之規，口不吐訓格之言，格，法。❻不擇賢以託其身，不力行以自定。見小闇大，而不知所務。從物如流，不知其

---

❶「縉」，玉海堂本、四庫本作「搢」。

❷此處注文，玉海堂本作：「章甫，冠名。約，履頭之飾也。紳，大帶。搢，插也。笏，所執以書思對命者。」

❸「齋」，玉海堂本作「齊」。古二字通。

❹「菅」，原誤作「管」，今據玉海堂本、四庫本改。「菲」下，玉海堂本有注曰：「菲，菅，喪草履名。一作扉。夏曰扉，周曰履。」

❺「也」下，玉海堂本有注曰：「言服其服，則制其心也。」

❻此處注文，玉海堂本在句中「訓格」二字下。

所執。❶ 此則庸人也。」公曰：「何謂士人？」孔子曰：「所謂士人者，心有所定，計有所守。雖不能盡道術之本，必有率也；率，猶行也。雖不能備百善之美，必有處也。❷ 是故知不務多，必審其所知；言不務多，必審其所謂；所務者，謂言之要也。行不務多，必審其所由。❸ 智既知之，言既道之，得其要也。行既由之，則若性命之形骸之，❹不可易也。❺ 富貴不足以益，貧賤不足以損。此則士人也。」公曰：「何謂君子？」孔子曰：「所謂君子者，言必忠信而心不怨，怨，咎。❻ 仁義在身而色無伐，無伐善之色也。思慮通明而辭不專。❼ 篤行信道，自强不息，油然若將可越，而終不可及者。此則君子也。」油然，不進之貌也。越，過也。❽ 公曰：「何謂

---

❶ 「執」下，玉海堂本有注曰：「《荀》有『五鑿爲正，心從而壞』。言五竅之正爲物所誘也。」

❷ 「也」下，玉海堂本有注曰：「處，猶守也。」

❸ 「由」下，玉海堂本有注曰：「言所務者，皆必得其要也。」

❹ 「性命之」下，四庫本有「於」字。

❺ 「易」下，玉海堂本有注曰：「言若性之所命、形之所賦之不移。」

❻ 此處注文，玉海堂本作：「怨，咎也。《荀》作『德』，言不自以爲德。」

❼ 「專」下，玉海堂本有注曰：「不專，不尚言也。」

❽ 此處注文，玉海堂本作：「油然，不進之貌。一作猶，舒遲也。不及，謂從之末由也。」

賢人？」孔子曰：「所謂賢人者，德不踰閑，閑，法。❶行中規繩。言足以法於天下而不傷於身，言滿天下，無口過也。道足以化於百姓而不傷於本。本亦身。❷富則天下無宛財，宛，積也。古字亦或作此，故或誤不着草矣。❸施則天下不病貧。❹此則賢者也。」公曰：「何謂聖人？」孔子曰：「所謂聖者，德合於天地，變通無方，窮萬事之終始，協庶品之自然，敷其大道，而遂成情性。❺明並日月，化行若神。下民不知其德，覩者不識其鄰。此謂聖人也。」鄰，以喻界畔也。❻公曰：「善哉！非子之賢，則寡人不得聞此言也。雖然，寡人生於深宮之内，長於婦人之手，未嘗知哀，未嘗知憂，未嘗知勞，未嘗知懼，未嘗知危。恐不足以行五儀之教，若何？」孔子對曰：「如君之言，已知之矣，則丘亦無所聞焉。」君如此言，已爲知之，故無所復言，謙

---

❶「法」，玉海堂本作「闌也」。

❷此處注文，玉海堂本作：「本，亦身也。《荀》作『行中規繩而不傷於本，言足法於天下而不傷於身』。」

❸此處注文，玉海堂本作：「宛，古作苑，私積也。德惠而天下化之，不獨富也。」

❹「貧」下，玉海堂本有注曰：「德普而天下賴之，不獨貧也。」

❺「性」下，玉海堂本有注曰：「謂萬物之情性。」

❻「界畔」，四庫本作「畔界」。此處注文，玉海堂本在上文「不識其鄰」下。

以誘進哀公矣。❶ 公曰:「非吾子,寡人無以啓其心,吾子言也。」❷孔子曰:「君子入廟如右,❸登自阼階,仰視榱桷,俯察机筵,❹其器皆存,而不覩其人。君以此思哀,則哀可知矣。昧爽夙興,正其衣冠。爽,明也。昧明,始明也。夙,早。興,起。❺ 平旦視朝,慮其危難。一物失理,亂亡之端。君以此思憂,則憂可知矣。日出聽政,至于中冥,中,日中。冥,昳中。❻ 諸侯子孫,往來爲賓,行禮揖讓,慎其威儀。君以此思勞,則勞亦可知矣。緬然長思,❼出於四門,周章遠望,❽覩亡國之墟,必將有數焉。言亡國故墟非但一。❾ 君以此思懼,則懼可知矣。夫君者,舟也。庶人者,水也。水所以載舟,亦所以覆舟。君以此思危,則危可知矣。君既明此五者,

---

❶ 此處注文,玉海堂本作:「謂君如此言,則爲已知之矣,故吾無復所言矣,謙己以誘進乎哀公也。」
❷ 「也」下,玉海堂本有注曰:「『也』,疑作『之』。」
❸ 「子」,玉海堂本無此字,「如」下,有注曰:「一作『而』。」
❹ 「机」,玉海堂本作「機」,注曰:「機、几同。」四庫本作「几」。
❺ 此處注文,玉海堂本作:「昧爽,始明也。夙興,早起也。」
❻ 此處注文,玉海堂本作:「中,日中也。冥,昳中也。日昃曰昳。」
❼ 「緬」下,玉海堂本有注曰:「綢繆反覆之貌。」
❽ 「章」下,玉海堂本有注曰:「征營之貌。」「望」,玉海堂本作「視」,下有注曰:「一作望。」
❾ 「非但一」,玉海堂本作「不止於一也」。

又少留意於五儀之事，則於政治，何有失矣？」

哀公問於孔子曰：「請問取人之法。」孔子對曰：「事任於官，言各當以其所能之事任於官。❶無取捷捷，無取鉗鉗，鉗鉗，妄對不謹誠。無取啍啍。啍啍，多言。❷捷捷，貪也。捷捷而不已食，所以爲貪也。❸鉗鉗，亂也。啍啍，誕也。誕，欺詐也。故弓調而後求勁焉，馬服而後求良焉，士必慤而後求智能者焉。不慤而多能，譬之豺狼，不可邇。」言人無智者，雖不慤信，❹不能爲大惡。不慤信而有智，❺然後乃可畏也。

哀公問於孔子曰：「寡人欲吾國小而能守，大則攻，❻其道如何？」孔子對曰：「使君朝

❶ 此處注文，玉海堂本作：「官，所司也。言各當以其所能之事任之也。」
❷ 此處注文，玉海堂本作：「捷，敏疾也。鉗，妄對不誠也。啍，多言也。」
❸ 此處注文，玉海堂本作：「捷捷不已，所以爲貪。」
❹ 「不」，原誤作「性」，今據玉海堂本改。
❺ 「智」下，玉海堂本有「能」字。
❻ 「攻」下，玉海堂本有注曰：「守，自守也。攻，攻人也。」

廷有禮，上下相親，❶天下百姓皆君之民，將誰攻之？❷ 苟爲此道，民畔如歸。❸ 皆君之讎也，將與誰守？」❹公曰：「善哉！」於是廢山澤之禁，❺弛關市之税，以惠百姓。

哀公問於孔子曰：「吾聞君子不博，有之乎？」孔子曰：「有之。」公曰：「何爲？」對曰：「爲其有二乘。」❻公曰：「有二乘則何爲不博？」子曰：「爲其兼行惡道也。」此具博三十六道也。❼哀公懼焉。有閒，復問曰：「若是乎君之惡惡道至甚也？」❽孔子曰：「君子之惡惡道不甚，則好善道亦不甚。好善道不甚，則百姓之親上亦不甚。《詩》云：『未見君子，憂心惙惙。❾ 亦既

---

❶ 「相」，玉海堂本、四庫本作「和」。

❷ 「之」下，玉海堂本有注曰：「一説，公意小欲能守，如大國則我攻何？ 故荅云然，言各當以其所能之事任之也。」

❸ 「畔」下，玉海堂本有注曰：「畔，與叛同。」「歸」下，有注曰：「各有所歸。」

❹ 「守」上，玉海堂本有「其」字。

❺ 「山澤」，四庫本作「澤梁」。

❻ 「有」，原脱，今據玉海堂本、四庫本及下文補。「乘」下，玉海堂本有注曰：「一曰物，雙曰椉。」

❼ 此處注文，玉海堂本作：「博有三十六道。」

❽ 「君之」，玉海堂本作「君子之」，四庫本作「君子」。

❾ 下「惙」字下，玉海堂本有注曰：「惙，憂也。」

見止，亦既覯止，我心則悅。』詩之好善道甚也如此。」公曰：「美哉！夫君子成人之善，不成人之惡。微吾子言焉，吾弗之聞也。」

哀公問於孔子曰：「夫國家之存亡禍福，信有天命，非唯人也。」公曰：「善！吾子之言，❶豈有其事乎？」孔子曰：「存亡禍福，皆己而已。天災地妖，不能加也。」公曰：「善！」孔子曰：「昔者殷王帝辛之世，帝紂。有雀生大鳥於城隅焉。占之，曰：『凡以小生大，則國家必王而名必昌。』❷於是帝辛介雀之德，介，助也。以雀之德爲助也。不修國政，亢暴無極。朝臣莫救，外寇乃至，殷國以亡。此即以己逆天時，詭福反爲禍者也。❸又其先世殷王太戊之時，道缺法圮，以致天蘖，桑穀于朝，❹七日大拱，占之者曰：『桑穀野木而不合生朝，意者國亡乎？』太戊恐駭，❺側身修行，思先王之政，明養民之道。三年之後，遠方慕義，重譯至者，十有六國。此即以己逆天時，得禍爲福者也。故天災地妖，所以儆人主者也；寤夢徵恠，所以儆人臣者

❶「之言」，玉海堂本作「言之」。
❷下「必」字，玉海堂本作「益」。
❸「也」下，玉海堂本有注曰：「此逆天祥而暴致之也。」
❹「穀」下，玉海堂本有注曰：「並生也。」
❺「太」，原作「大」，爲與上文統一，據玉海堂本、四庫本改。

也。儆，戒。災妖不勝善政，寤夢不勝善行。能知此者，至治之極也。唯明王達此。」公曰：「寡人不鄙固此，亦不得聞君子之教也。」❶

哀公問於孔子曰：「智者壽乎？仁者壽乎？」孔子對曰：「然。人有三死而非其命也，行己自取也。❷夫寢處不時，飲食不節，逸勞過度者，疾共殺之；居下位而上干其君，❸嗜慾無厭而求不止者，刑共殺之；以少犯衆，以弱侮强，忿怒不類，動不量力者，兵共殺之。此三者，死非命也，人自取之。若夫智士仁人，將身有節，將，行。❹動静以義，喜怒以時，無害其性，雖得壽焉，不亦可乎？」❺

❶ 「也」下，玉海堂本有注曰：「鄙固，即前篇『實固』之意。」

❷ 「行」，玉海堂本無此字。

❸ 「君」下，玉海堂本有注曰：「《外傳》作『好干上』。」

❹ 此處注文，玉海堂本在上句「將」字下。

❺ 「可」，玉海堂本、四庫本作「宜」。

孔子家語卷第二

致思第八

孔子北遊於農山，❶子路、子貢、顔淵侍側。孔子四望，喟然而嘆曰：「於斯致思，無所不至矣。言思無所不至。二三子各言爾志，吾將擇焉。」子路進曰：「由願得白羽若月，赤羽若日，鍾鼓之音上震於天，旍旗繽紛下蟠于地。蟠，委。由當一隊而敵之，必也攘地千里，攘，却。搴旗執聝。搴，取也，取敵之旍旗。聝，截耳也，❷以效獲也。唯由能之。使二子者從我焉。」夫子曰：「勇哉！」子貢復進曰：「賜願使齊、楚合戰於漭瀁之野，漭瀁，廣大之貌。❸兩壘相望，

❶「山」下，玉海堂本有注曰：「山在魯地，一作景戌。」

❷「截耳也」，玉海堂本作「截敵之耳」。

❸「貌」，原誤作「類」，今據玉海堂本改。

塵埃相接，挺刃交兵。賜著縞衣白冠，兵凶事，故白冠服也。❶陳説其間，推論利害，釋國之患。❷唯賜能之，使夫二子者從我焉。」夫子曰：「辯哉！」顏回退而不對。孔子曰：「回，來，汝奚獨無願乎？」顏回對曰：「文武之事，則二子者既言之矣，回何云焉？」孔子曰：❸「雖然，各言爾志也，小子言之。」對曰：「回聞薰蕕不同器而藏，薰，香。蕕，臭。堯桀不共國而治，以其類異也。回願得明王聖主輔相之，敷其五教，敷，布也。五教，父義、母慈、兄友、弟恭、子孝也。導之以禮樂，使民城郭不修，溝池不越，言無踰越溝池。鑄劒戟以爲農器，放牛馬於原藪，地廣平曰原，❹澤無水曰藪也。室家無離曠之思，千歲無戰鬬之患。則由無所施其勇而賜無所用其辯矣。」夫子凜然曰：❺「美哉德也！」子路抗手而對曰：❻「夫子何選焉？」孔子曰：「不傷財，不害民，不繁詞，則顏氏之子有矣。」

---

❶ 此處注文，玉海堂本作：「兵事尚白。」

❷ 「釋」下，四庫本有「二」字。

❸ 「孔子曰」，四庫本無此三字。

❹ 「地」，原脱，今據玉海堂本補。

❺ 「曰」上，玉海堂本有「而對」二字。

❻ 「抗」下，玉海堂本有注曰：「抗，舉手也。」「對」，玉海堂本作「問」。

魯有儉嗇者，瓦鬲煮食，❶瓦釜。食之，自謂其美，盛之土型之器，❷瓦甂。以進孔子。孔子受之，歡然而悦，❸如受大牢之饋。牛、羊、豕。饋，餽也。❹子路曰：「瓦甂，陋器也。煮食，薄膳也。夫子何喜之如此乎？」子曰：「夫好諫者思其君，食美者念其親。❺吾非以饌具之爲厚，以其食厚而我思焉。」

孔子之楚，而有漁者而獻魚焉，孔子不受。漁者曰：「天暑市遠，無所鬻也。思慮棄之糞壤，不如獻之君子，故敢以進焉。」於是夫子再拜受之，使弟子掃地，將以享祭。門人曰：「彼將棄之，而夫子以祭之，何也？」孔子曰：「吾聞諸：惜其腐餘而欲以務施者，❻仁人之偶也。❼惡有受仁人之饋而無祭者乎？」

季羔爲衛之士師，獄官。刖人之足。俄而衛有蒯聵之亂，初，衛靈公太子蒯聵得罪出奔晉。

---

❶「鬲」下，玉海堂本有注曰：「鬲，曲脚鼎也。」

❷「型」下，玉海堂本有注曰：「型，瓦甂，小盆也。」「之器」，玉海堂本無此二字。

❸「歡然」，玉海堂本無此二字。

❹此處注文，玉海堂本作：「饋，與餽同。」「餽」，四庫本作「遺」。

❺「念」，玉海堂本作「思」，有注曰：「一作念。」

❻「腐」，玉海堂本作「務」。「餘」下，有注曰：「餘、飪同。」

❼「偶」下，玉海堂本有注曰：「偶，匹也。」

靈公卒，立其子輒，蒯聵自晉襲衛。時子羔、子路並仕於衛也。❶季羔逃之，走郭門，刖者守門焉，謂季羔曰：「彼有缺。」季羔曰：「君子不踰。」又曰：「彼有竇。」季羔曰：「君子不隧。」隧，從竇出。又曰：「於此有室。」季羔乃入焉。既而追者罷，季羔將去，謂刖者：❷「吾不能虧主之法而親刖子之足矣。今吾在難，此正子之報怨之時，而逃我者三，何故哉？」刖者曰：「斷足，固我之罪，無可奈何。曩者君治臣以法令，先人後臣，欲臣之免也，臣知。獄決罪定，臨當論刑，君愀然不樂，❸見君顔色，臣又知之。君豈私臣哉？天生君子，其道固然。此臣之所以悦君也。」❹孔子聞之，曰：「善哉爲吏！其用法一也，思仁恕則樹德，加嚴暴則樹怨。公以行之，其子羔乎！」

孔子曰：「季孫之賜我粟千鍾也，而交益親；得季孫千鍾之粟以施與衆，而交益親。❺自南宮敬叔之乘我車也，而道加行。孔子欲見老聃而西觀周，敬叔言於魯君，給孔子車馬，問禮於老子。

---

❶「仕」，原誤作「位」，今據玉海堂本、四庫本改。

❷「者」下，玉海堂本有「曰」字。

❸「愀」下，玉海堂本有注曰：「愀，變色貌。」

❹「悦」，玉海堂本作「説」，注曰：「一作『脱』。」

❺此處注文，玉海堂本作：「季平子用孔子，由委吏至司空。千鍾，禄也。」

孔子歷觀郊廟，自周而還，弟子四方來習也。❶故道雖貴，必有時而後重，有勢而後行。微夫二子之貺財，則丘之道殆將廢矣。」

孔子曰：「王者有似乎春秋。正其本而萬物皆正。文王以王季爲父，以太任爲母，以太姒爲妃，以武王周公爲子，以太顛、閎夭爲臣，其本美矣。武王正其身以正其國，正其國以正天下。伐無道，刑有罪，一動而天下正，其事成矣。春秋致其時而萬物皆及，❷王者致其道而萬民皆治。周公載己行化，載亦行矣。言行己以行化，其身正，不令而行也。而天下順之，其誠至矣。」

曾子曰：「人是國也，❸言信於群臣，而留可也；行忠於卿大夫，則仕可也；澤施於百姓，則富可也。」孔子曰：「參之言此，可謂善安身矣。」

子路爲蒲宰，爲水備，與其民修溝瀆。❹以民之勞煩苦也，人與之一簞食、簞，笥。一壺

---

❶ 「習」，王海堂本作「學」。

❷ 「時」下，王海堂本有注曰：「致，推極也。春秋，以二始舉四時也。」

❸ 「是」，王海堂本作「其」，有注曰：「一作是。」

❹ 「其」，王海堂本無此字。「瀆」，王海堂本作「洫」。

漿。孔子聞之，使子貢止之。子路忿然不悦，❶往見孔子，曰：「由也以暴雨將至，恐有水災，故與民修溝洫以備之。而民多匱餓者，❷是以簞食壺漿而與之。夫子使賜止之，是夫子止由之行仁也。夫子以仁教而禁其行，由不受也。」孔子曰：「汝以民爲餓也，何不白於君，發倉廩以賑之？而私以爾食饋之，是汝明君之無惠而見己之德美矣。汝速已則可，不則汝之見罪必矣。」❸

子路問於孔子曰：「管仲之爲人何如？」子曰：「仁也。」得仁道也。子路曰：「昔管仲説襄公，公不受，是不辯也；欲立公子糾而不能，是不智也；齊襄立無常。❹鮑叔牙曰：「君使民慢，亂將作矣。」奉公子小白出奔莒。公孫無知殺襄公。管夷吾、召忽奉公子糾奔魯。齊人殺無知。魯伐齊納子糾，小白自莒先入，是爲桓公。公乃殺子糾，❺召忽死之也。家殘於齊而無憂色，是不慈也；桎梏

❶ 「然」，原脱，今據玉海堂本、四庫本補。

❷ 「匱」下，玉海堂本有注曰：「乏也。」

❸ 「不」下，玉海堂本有注曰：「俯，太府作簡。」「見」下，有注曰：「一作受。」「則」上，四庫本有「已」字。

❹ 「齊襄立無常」，玉海堂本作「按：齊襄公立無常。無常度也」。四庫本作「齊襄公立無知」。

❺ 「公」，玉海堂本、四庫本無此字。

而居檻車，無慙心，是無醜也；言無耻惡之心。❶事所射之君，❷是不貞也；召忽死之，管仲不死，是不忠也。仁人之道，固若是乎？」孔子曰：「管仲説襄公，襄公不受，公之闇也；欲立子糾而不能，不遇時也；家殘於齊而無憂色，是知權命也；桎梏而無慙心，自裁審也；事所射之君，通於變也；不死子糾，量輕重也。夫子糾未成君，管仲未成臣。管仲才度義。管仲不死束縛而立功名，未可非也。召忽雖死，過與取仁，❸未足多也。」

孔子適齊，中路聞哭者之聲，其音甚哀。孔子謂其僕曰：「此哭哀則哀矣，然非喪者之哀矣。」❹驅而前，少進，見有異人焉，擁鐮帶素，❺哭者不哀。❻孔子下車，追而問曰：「子何人也？」對曰：「吾，丘吾子也。」曰：「子今非喪之所，奚哭之悲也？」丘吾子曰：「吾有三失，晚而自覺，悔之何及！」曰：「三失可得聞乎？願子告吾，無隱也。」丘吾子曰：「吾少時

---

❶ 此處注文，玉海堂本作：「言不耻惡。」

❷ 「君」下，玉海堂本有注曰：「初，魯聞無知死，發兵送公子糾入齊，而使管仲别將兵遮莒道，以拒公子小白。管仲射小白，中帶鉤。」

❸ 「與」，玉海堂本作「於」。

❹ 「矣」，玉海堂本作「也」，有注曰：「『也』，一作『矣』。」

❺ 「鐮」下，玉海堂本有注曰：「鐮，鍥也。刈鉤也。」「素」，玉海堂本、四庫本作「索」。

❻ 「者」，玉海堂本作「音」。

好學，周遍天下。後還，喪吾親，是一失也。長事齊君，君驕奢失士，臣節不遂，是二失也。吾平生厚交，而今皆離絶，是三失也。夫樹欲静而風不停，子欲養而親不待。往而不來者，年也；不可再見者，親也。請從此辭。」遂投水而死。孔子曰：「小子識之，斯足爲戒矣。」自是弟子辭歸養親者十有三。

孔子謂伯魚曰：「鯉乎！吾聞可以與人終日不倦者，其唯學焉。其容體不足觀也，其勇力不足憚也，其先祖不足稱也，其族姓不足道也，終而有大名以顯聞四方、流聲後裔者，豈非學之効也？故君子不可以不學，其容不可以不飭。不飭無類，無類失親，類宜爲貌。不在飭，❶故無貌，不得言不飭無類也。禮貌矜莊，然後親愛可久，故曰無類失親也。失親不忠，情不相親，則無忠誠。❷不忠失禮，禮以忠信爲本。失禮不立。非禮則無以立。❸夫遠而有光者，飭也；近而愈明者，學也。譬之汙池，水潦注焉，雚葦生焉，❹雖或以觀之，孰知其源乎？」源，泉源也。

❶ 「不在飭」，玉海堂本作「惟不飭」。

❷ 此處注文，玉海堂本作：「情不相親，則心無忠誠也。」四庫本作：「情不知親，則無誠。」

❸ 此處注文，玉海堂本作：「不學禮則無以立也。」

❹ 「雚」，玉海堂本作「萑」。下文同。有注曰：「細葦也，蒯也。」

水潦注於池而生藿葦，❶觀者誰知其非源泉乎？以言學者雖從外人，及其用之，人誰知其非從此出也者乎？

子路見於孔子曰：「負重涉遠，不擇地而休；家貧親老，不擇祿而仕。昔者由也事二親之時，常食藜藿之實，爲親負米百里之外。親歿之後，南遊於楚，從車百乘，積粟萬鍾，累茵而坐，列鼎而食。願欲食藜藿，爲親負米，不可復得也。枯魚銜索，幾何不蠹？❷二親之壽，忽若過隙。」孔子曰：「由也事親，可謂生事盡力，死事盡思者也。」

孔子之郯，郯，國名也。少昊之後，吾之本縣也。❸郯子達禮，孔子故往諮問焉。遭程子於塗，傾蓋而語傾蓋，駐車。❹終日，甚相親，顧謂子路曰：「取束帛以贈先生。」❺贈，送。❻子路屑然對曰：❼「由聞之，士不中間見，女嫁無媒，君子不以交，禮也。」中間，謂紹介也。❽有間，又顧謂

❶「潦」，玉海堂本無此字。「池」，玉海堂本作「地」。

❷「蠹」下，玉海堂本有注曰：「言不可復生也。」

❸「吾之本縣也」，玉海堂本作「魯之郯縣也」，四庫本作「所封之國也」。

❹此處注文，玉海堂本在上文「蓋」字下。

❺「帛」下，玉海堂本有注曰：「五匹曰束。」

❻此處注文，玉海堂本作：「贈，送遺也。」

❼「然」下，玉海堂本有注曰：「屑然，恭貌。」

❽「紹」，原誤作「始」，今據玉海堂本、四庫本改。此處注文，玉海堂本在上文「士不中間見」下。

子路。子路又對如初。孔子曰：「由，《詩》不云乎：『有美一人，清揚宛兮。邂逅相遇，❶適我願兮。』清揚，眉目之間也。宛然，美也。幽期而會令願也。今程子，天下賢士也。於斯不贈，則終身弗能見也。小子行之。」

孔子自衛反魯，息駕于河梁而觀焉。❷河水無梁。《莊周書》説孔子於閭梁，❸言事者通渭水爲河也。有懸水三十仞，八尺曰仞，懸二十四丈者也。圜流九十里，圜流，迴流也，水深急則然。❹魚鱉不能導，❺黿鼉不能居。導，❻行。有一丈夫，方將厲之，厲，渡。❼孔子使人並涯止之曰：❽

❶「遇」下，玉海堂本有注曰：「清，視清明。揚，眉上廣。宛，美也。不期而會曰邂逅也。」

❷「梁」下，玉海堂本有注曰：「河水有石絶處曰梁，非謂河有梁也。」

❸「閭」，四庫本作「吕」。

❹「迴流」，四庫本作「回水」。此處注文，玉海堂本作：「水深急則其流回圜。」

❺「導」，玉海堂本作「道」，注曰：「行也。」

❻「導」，原誤作「道」，今據四庫本改。

❼此處注文，玉海堂本作：「以衣涉水曰厲。又度也。」

❽「並」下，玉海堂本有注曰：「近也。」

「此懸水三十仞，圜流九十里，魚鱉黿鼉不能居也，意者難可濟也。」丈夫不以措意，❶遂渡而出。❷孔子問之，曰：「子巧乎？❸有道術乎？所以能入而出者，何也？」丈夫對曰：「始吾之入也，先以忠信。及吾之出也，又從以忠信。忠信措吾軀於波流，❹而吾不敢以用私，所以能入而復出也。」孔子謂弟子曰：「二三子識之，水且猶可以忠信成身親之，❺而況於人乎？」

孔子將行，雨而無蓋。門人曰：「商也有之。」子夏名也。❻孔子曰：「商之爲人也，甚悋於財。❼悋，嗇甚也。吾聞與人交，推其長者，違其短者，故能久也。」

楚王渡江，❽江中有物，大如斗，圓而赤，直觸王舟。舟人取之，王大怪之，遍問群臣，莫

---

❶「意」下，玉海堂本有注曰：「措一字兩義，此著也，後置也。」

❷「渡」，玉海堂本作「度」。

❸「子」，四庫本無此字。「巧」，原脱，今據玉海堂本、四庫本補。

❹「忠信」，玉海堂本無此二字。

❺「成身」下，玉海堂本有注曰：「成身，成其身也。」

❻「也」，玉海堂本作「商」。

❼「悋」下，玉海堂本有注曰：「吝同。」

❽「楚」下，四庫本有「昭」字。

之能識。王使使聘于魯，問於孔子。子曰：「此所謂萍實者也，萍，水草也。可剖而食之，吉祥也。唯霸者爲能獲焉。」使者反，王遂食之，大美。久之，使來，以告魯大夫。大夫因子游問曰：「夫子何以知其然乎？」曰：「吾昔之鄭，過乎陳之野，聞童謡曰：『楚王渡江得萍實，大如斗，赤如日，剖而食之甜如蜜。』此是楚王之應也。吾是以知之。」

子貢問於孔子曰：「死者有知乎？將無知乎？」子曰：「吾欲言死之有知，將恐孝子順孫妨生以送死。吾欲言死之無知，將恐不孝之子棄其親而不葬。賜不欲知死者有知與無知，❶非今之急，後自知之。」

子貢問治民於孔子，子曰：「懔懔焉若持腐索之扞馬。」懔懔，戒懼之貌。❷扞馬，突馬。子貢曰：「何其畏也？」孔子曰：「夫通達御皆人也，❸以道導之，則吾畜也。不以道導之，則吾讎也。❹如之何其無畏也？」

---

❶「不」，玉海堂本無此字。

❷「戒懼之貌」，玉海堂本作「危懼貌」。

❸「達」下，玉海堂本有「之」字。「御」下，玉海堂本有注曰：「一作屬。」「御」下，四庫本有「之」字。

❹「吾」，玉海堂本無此字。

魯國之法，贖人臣妾于諸侯者，❶皆取金於府。子貢贖之，❷辭而不取金。孔子聞之，曰：「賜失之矣。夫聖人之舉事也，可以移風易俗，而教導可以施之於百姓，非獨適身之行也。今魯國富者寡而貧者衆，贖人受金，則爲不廉，則何以相贖乎？自今以後，魯人不復贖人於諸侯。」❸

子路治蒲，請見於孔子，❹曰：「由願受教於夫子。」子曰：「蒲其何如？」對曰：「邑多壯士，又難治也。」子曰：「然，吾語爾：恭而敬，可以攝勇；寬而正，可以懷強；愛而恕，可以容困；言愛恕者能容困窮。温而斷，可以抑姦。如此而加之，則正不難矣。」❺

三恕第九

孔子曰：「君子有三恕：有君不能事，有臣而求其使，非恕也；有親不能孝，有子而求

---

❶「贖」上，玉海堂本有「魯人有」三字。「人」，玉海堂本無此字。

❷「子貢贖之，辭而不取金」，玉海堂本作「子貢贖人于諸侯而還其金」。

❸「侯」下，玉海堂本有注曰：「贖，貿貨也。」

❹「請」，玉海堂本無此字。

❺「正」下，玉海堂本有注曰：「正，治也。」

其報，非恕也；有兄不能敬，有弟而求其順，非恕也。士能明於三恕之本，則可謂端身矣。」

孔子曰：「君子有三思，不可不察也：少而不學，長無能也；老而不教，死莫之思也；有而不施，窮莫之救也。故君子少思其長則務學，老思其死則務教，有思其窮則務施。」

伯常騫問於孔子曰：「騫固周國之賤吏也，不自以不肖，將北面以事君子。敢問正道宜行，不容於世；正道宜行而出，莫之能貴，故行之則不容於世。❶隱道宜行，然亦不忍。世亂則隱道爲行，然亦不忍爲隱事。❷今欲身亦不窮，❸道亦不隱，爲之有道乎？」孔子曰：「善哉子之問也！自丘之聞，未有若吾子所問辯且說也。辯當其理，得其說矣。丘嘗聞君子之言道矣，聽者無察，則道不入；言聽者不明察，道則不能入也。❹奇偉不稽，則道不信。稽，考也。聽道者不能考校奇偉，則道不見信。此言苟非其人，道不虛行。❺又嘗聞君子之言事矣，制無度量，則事不成；

❶ 「不容於世」，玉海堂本作「有所不容」。

❷ 此處注文，玉海堂本作：「世亂則隱，然以道爲行者，亦不忍爲隱事。」

❸ 「窮」下，玉海堂本有注曰：「謂能容也。」

❹ 此處注文，玉海堂本作：「聽者不明察，則其道不能入。」

❺ 此處注文，玉海堂本作：「聽者不能考校其奇偉不群，則道不見信。言苟非其人，道不虛行。」

其政曉察，則民不保。保，安也。政大曉，了分察，則民不安矣。❶ 又嘗聞君子之言志矣，剛折者不終，剛則折矣，不終其性命矣。徑易者則數傷，徑，輕也。志輕則數傷於義矣。浩倨者則不親，浩倨，簡略不恭。❷ 如是則不親矣。❸ 就利者則無不弊。言好利者不可久也。❹ 又嘗聞養世之君子矣，從輕勿爲先，從重勿爲後，赴憂患，從勞苦，輕者宜爲後，重者宜爲先，養世者也。❺ 見像而勿强，像，法也。見法而已，不以强世也。陳道而勿怫。怫，詭也。陳道而已，不與世相詭違也。此四者，丘之所聞也。」

孔子觀於魯桓公之廟，有欹器焉。欹，傾。❻ 夫子問於守廟者，曰：「此謂何器？」對曰：「此蓋爲宥坐之器。」❼孔子曰：「吾聞宥坐之器，虛則欹，中則正，滿則覆。明君以爲至誠，故常置之於坐側。」顧謂弟子曰：「試注水焉。」乃注之水。中則正，滿則覆。夫子喟然歎

---

❶ 「不」下，王海堂本有「能」字。

❷ 「恭」下，王海堂本有「之貌」二字。

❸ 「則」下，王海堂本有「人」字。

❹ 「不可久也」，王海堂本作「必不可久」。

❺ 「養世者也」，王海堂本作「不適己自便也」。

❻ 此處注文，王海堂本作：「欹，傾昃也。」

❼ 「宥」下，王海堂本有注曰：「宥，一作右，與宥同。勸也，皇帝有勸戒之器。」

曰：「嗚呼！夫物惡有滿而不覆哉！」子路進曰：「敢問持滿有道乎？」子曰：「聰明睿智，守之以愚；功被天下，守之以讓；勇力振世，守之以怯；❶富有四海，守之以謙。此所謂損之又損之之道也。」

孔子觀於東流之水，子貢問曰：「君子所見大水必觀焉，何也？」孔子對曰：❷「以其不息，且遍與諸生而不爲也，❸夫水似乎德：❹遍與諸生者，物得水而後生。水不與生，而又不德也。其流也，則卑下倨邑必修其理，❺此似義；❻浩浩乎無屈盡之期，此似道；流行赴百仞之嵠而不懼，此似勇；至量必平之，此似法；盛而不求概，❼此似正；綽約微達，❽此似察；發源

❶「怯」，四庫本作「法」。

❷「對」，四庫本無此字。

❸「生」下，玉海堂本有注曰：「諸生，謂萬物也。」「也」下，有注曰：「物得水而後生，水不與能，而又不德。」

❹「水」下，玉海堂本有「有」字。

❺「邑」，玉海堂本作「拘」。「修」，玉海堂本、四庫本作「循」。「理」下，玉海堂本有注曰：「卑，一作埤，補也。倨，一作裾，方也。拘，鉤同，曲也。言水益卑而或方、曲，必循其理也。」

❻「此」，原脱，今據玉海堂本、四庫本補。

❼「概」下，玉海堂本有注曰：「概，平斛木也，言水盈而不概自平也。」

❽「約」下，玉海堂本有注曰：「綽，作婥，柔弱也。」

必東，此似志；以出以入，萬物就以化絜，❶此似善化也。水之德有若此，是故君子見必觀焉。」

子貢觀於魯廟之北堂，出而問於孔子曰：「向也賜觀於太廟之堂，未既輟，還瞻北蓋，皆斷焉。輟，止。觀北面之蓋。斷，絶也。❷ 彼將有説耶？匠過之也？」❸孔子曰：「太廟之堂，官致良工之匠，❹匠致良材，盡其功巧，蓋貴久矣，❺尚有説也。」尚猶必也。言必有説。

孔子曰：「吾有所耻，❻有所鄙，有所殆：❼夫幼而不能强學，老而無以教，吾耻之；去其鄉，事君而達，卒遇故人，曾無舊言，吾鄙之；事君而達，得志於君。❽ 而見故人曾無舊言，是棄其平

---

❶ 「以」，玉海堂本作「此」。「絜」下，有注曰：「絜，與潔同。《易》曰：『言萬物之潔齊也。』潔齊，謂物之洗潔而盡出也。」

❷ 此處注文，玉海堂本作：「既，盡也。輟，止也。蓋，扇户也。觀北面之蓋皆斷也。」

❸ 「過之」，玉海堂本作「之過」。

❹ 「官」，原誤作「宫」，今據玉海堂本、四庫本改。

❺ 「矣」下，玉海堂本有注曰：「貴文也。《荀子》曰：『因鄺節文也』。」

❻ 「耻」，原誤作「齒」，今據玉海堂本、四庫本改。

❼ 「殆」下，玉海堂本有注曰：「殆，危也。」

❽ 「於君」，玉海堂本無此二字。

生之舊交，❶而無進之之心者乎。與小人處而不能親賢，吾殆之。」殆，危也。夫疏賢而近小人，是危亡之道也。

子路見於孔子，孔子曰：「智者若何？仁者若何？」子路對曰：「智者使人知己，仁者使人愛己。」子曰：「可謂士矣。」子路出，子貢入，問亦如之。子貢對曰：「智者知人，仁者愛人。」子曰：「可謂士矣。」子貢出，顔回入，問亦如之。對曰：「智者自知，仁者自愛。」子曰：「可謂士君子矣。」

子貢問於孔子曰：「子從父命，孝乎！❷臣從君命，貞乎！奚疑焉？」孔子曰：「鄙哉賜！汝不識也。昔者明王萬乘之國，有争臣七人，則主無過舉；天子有三公四輔，主諫争以救其過失也。❸四輔：前曰疑，後曰丞，左曰輔，右曰弼也。千乘之國，有争臣五人，則社稷不危也；諸侯有三卿，股肱之臣有内外者也，故有五人焉。❹百乘之家，有争臣三人，大夫之臣有室老、家相、邑

---

❶ 「平生之舊交」，玉海堂本作「素交」。

❷ 「乎」，原脱，今據玉海堂本補。

❸ 「失也」，玉海堂本無此二字。

❹ 此處注文，玉海堂本作：「諸侯有卿及内外股肱之臣，凡五人。」

宰，❶凡三人。能以義諫諍。則禄位不替；父有争子，不陷無禮；士有争友，不行不義。士雖有臣，既微且陋，不能以義匡其君，❷故須朋友之諫争於己，然後不義之事不得行之者也。❸故子從父命，奚詎爲孝？❹臣從君命，奚詎爲貞？夫能審其所從，當詳審所宜從與不。❺之謂孝，之謂貞矣。」

子路盛服見於孔子，子曰：「由，是倨倨者何也？❻夫江始出於岷山，其源可以濫觴。觴可以盛酒，言其微。❼及其至于江津，不舫舟，不避風，則不可以涉，非唯下流水多耶？❽今爾衣服既盛，顏色充盈，天下且孰肯以非告汝乎？」子路趨而出，改服而入，蓋自若也。子

---

❶「大夫之臣有」，玉海堂本作「大夫有」，四庫本作「大夫有臣」。

❷「君」，玉海堂本作「主」。

❸「然後不義之事不得行之者也」，玉海堂本作「然後不行不義之事也」。

❹「孝」下，玉海堂本有注曰：「詎，猶豈也。」

❺此處注文，玉海堂本作：「詳審其所從之宜與不宜。」

❻「倨倨」下，玉海堂本有注曰：「倨，與裾同，言其服盛而氣傲也。」

❼此處注文，玉海堂本作：「案《韓詩外傳》爲『不足濫觴』，言其微也。」

❽「耶」下，玉海堂本有注曰：「下流水多故使人畏。服盛氣盈則衆畏之。」

曰：「由，志之，吾告汝：奮於言者華，自矜奮於言者，❶華而無實。奮於行者伐。自矜奮行者，是自伐。❷ 夫色智而有能者，❸小人也。故君子知之曰智，言之要也；不能曰不能，行之至也。言要則智，行至則仁。既仁且智，惡不足哉？」

子路問於孔子曰：「有人於此，披褐而懷玉，何如？」褐，毛布衣。❹ 子曰：「國無道，隱之可也。國有道，則袞冕而執玉。」袞冕，文衣盛飾。

好生第十

魯哀公問於孔子曰：「昔者舜冠何冠乎？」孔子不對。公曰：「寡人有問於子而子無言，何也？」對曰：「以君之問不先其大者，故方思所以爲對。」公曰：「其大何乎？」孔子曰：「舜之爲君也，其政好生而惡殺，其任授賢而替不肖，德若天地而静虚，化若四時而變

---

❶ 「奮」，玉海堂本無此字。

❷ 此處注文，玉海堂本作：「矜於行者，自伐其功。」

❸ 「者」下，玉海堂本有注曰：「知見於色，自有其能。」

❹ 此處注文，玉海堂本作：「褐，賤者服。」

物。是以四海承風，暢於異類，異類，四方之夷狄也。鳳翔麟至，鳥獸馴德，馴，順。❶ 無他也，好生故也。❷ 君舍此道而冠冕是問，是以緩對。」

孔子讀史，至楚復陳，陳夏徵舒殺其君，楚莊王討之，因陳取之。❸ 而申叔時諫，莊王從之，還復陳。喟然歎曰：「賢哉楚王！輕千乘之國而重一言之信。匪申叔之信，不能達其義；匪莊王之賢，不能受其訓。」

孔子常自筮其卦，得賁焉，愀然有不平之狀。子張進曰：「師聞卜者得賁卦，吉也。而夫子之色有不平，何也？」孔子對曰：「以其離耶。在《周易》，山下有火謂之賁，離下艮上，❹ 離爲火，艮爲山。❺ 非正色之卦也。夫質也，黑白宜正焉。❻ 今得賁，非吾兆也。❼ 賁，飾。❽ 吾

---

❶ 「順」下，玉海堂本有「習也」二字。

❷ 「也」下，玉海堂本有注曰：「知人無害之之心也。」

❸ 「因陳取之」，玉海堂本作「因縣陳而取之」。

❹ 「離下艮上」，原誤作「離上艮下」，今據四庫本改。

❺ 此處注文，玉海堂本作：「離下艮上爲賁。」

❻ 「黑白宜正焉」，四庫本作「白宜正白，黑宜正黑」。

❼ 「兆」，四庫本作「吉」。

❽ 此處注文，玉海堂本作：「以其飾也。」

聞丹漆不文，白玉不雕，何也？質有餘，不受飾故也。」

孔子曰：「吾於《甘棠》，見宗廟之敬甚矣。邵伯聽訟於甘棠，❶愛其樹，作《甘棠》之詩也。❷思其人，必愛其樹；尊其人，必敬其位。道也。」

子路戎服見於孔子，拔劍而舞之，曰：「古之君子以劍自衛乎？」❸孔子曰：「古之君子，忠以爲質，仁以爲衛，不出環堵之室而知千里之外。有不善則以忠化之，侵暴則以仁固之，何持劍乎？」❹子路曰：「由乃今聞此言，請攝齊以受教。」齊，裳下緝也。受教者攝齊升堂。

楚王出遊，❺亡弓。❻左右請求之，王曰：「止。楚王失弓，楚人得之，又何求之？」孔子聞之：「惜乎其不大也。不曰人遺弓人得之而已，何必楚也？」王，恭王。弓，烏嘷之良弓。

孔子爲魯司寇，斷獄訟，皆進衆議者而問之曰：「子以爲奚若？」「某以爲何若？」皆曰

---

❶「邵」，四庫本作「召」。

❷此處注文，玉海堂本作：「邵伯聽獄于棠樹之下，民作《甘棠》之詩。」

❸「以」上，玉海堂本有「固」字。

❹「持」，玉海堂本作「待」。

❺「楚」下，玉海堂本、四庫本有「恭」字。

❻「亡弓」，玉海堂本、四庫本作「亡烏嘷之弓」。「弓」下，玉海堂本、四庫本有注曰：「良弓之名。」

云云。如是，然後夫子曰：「當從某子幾是。」近也。重獄事，故與衆議之。

孔子問漆雕憑曰：「子事臧文仲、武仲及孺子容，此三大夫孰賢？」對曰：「臧氏家有守龜焉，名曰蔡。文仲三年而爲一兆，武仲三年而爲二兆，孺子容三年而爲三兆。憑從此之見。若問三人之賢與不賢，所未敢識也。」孔子曰：「君子哉，漆雕氏之子！其言人之美也，隱而顯；言人之過也，微而著。智而不能及，明而不能見，孰克如此？」克，能也，而，宜爲如也。

魯公索氏先落反。將祭而亡其牲。孔子聞之，曰：「公索氏不及二年將亡。」後一年而亡，門人問曰：「昔公索氏亡其祭牲，而夫子曰不及二年必亡，❶今過朞而亡，夫子何以知其然？」孔子曰：❷「夫祭者，孝子所以自盡於其親。將祭而亡其牲，則其餘所亡者多矣，若此而不亡者，未之有也。」

虞、芮二國争田而訟，連年不決，乃相謂曰：「西伯，仁也。❸西伯，文王。盍往質之？」盍，

---

❶「而夫子」至「其然」，玉海堂本、四庫本作「而夫子知其將亡，何也」。

❷「孔子」，玉海堂本、四庫本無此二字。

❸「仁」下，玉海堂本、四庫本有「人」字。

何不。質，正也。入其境，則耕者讓畔，行者讓路。❶ 入其朝，士讓爲大夫，大夫讓于卿。❷ 虞、芮之君曰：「嘻！吾儕小人也，儕，等。不可以入君子之朝。」❸遂自相與而退，❹咸以所争之田爲閒田也。孔子曰：「以此觀之，文王之道，其不可加焉。不令而從，不教而聽，至矣哉！」

曾子曰：「狎甚則相簡，莊甚則不親。是故君子之狎足以交歡，其莊足以成禮。」孔子聞斯言也，曰：「二三子志之，孰謂參也不知禮乎？」

哀公問曰：「紳委章甫，委，委貌。章甫，冠名也。有益於仁乎？」孔子作色而對曰：「君胡然焉？衰麻苴杖者，志不存乎樂，非耳弗聞，服使然也；黼黻衮冕者，❺容不褻慢，❻非性矜莊，服使然也；介胄執戈者，無退懦之氣，❼非體純猛，服使然也。且臣聞之，好肆不守折，言

❶ 「路」下，玉海堂本、四庫本有「入其邑，男女異路，斑白不提挈」十二字。

❷ 「于」，玉海堂本、四庫本作「爲」。

❸ 「入」，玉海堂本、四庫本作「履」。「朝」，玉海堂本、四庫本作「庭」。

❹ 「遂」，原誤作「遠」，今據玉海堂本、四庫本改。

❺ 「黻」，玉海堂本、四庫本作「紱」。古二字通。

❻ 「褻」，原誤作「襲」，今據玉海堂本、四庫本改。

❼ 「懦」，玉海堂本作「惴」。

市弗能爲廉，好肆不守折也。而長者不爲市。言長者之行，則不爲市買之事。竊夫其有益與無益，君子所以知。」竊，宜爲察。

孔子謂子路曰：「見長者而不盡其辭，雖有風雨，吾不能入其門矣。故君子以其所能敬人，小人反是。」

孔子謂子路曰：「君子以心導耳目，立義以爲勇；小人以耳目導心，不慭以爲勇。故曰：退之而不怨，先之斯可從已。」言人退之不怨，先之則可從，足以爲師也。

孔子曰：「君子三患：❶未之聞，患不得聞；既得聞之，患弗得學；既得學之，患弗能行。有其德而無其言，君子耻之；有其言而無其行，君子耻之；既得之而又失之，君子耻之；地有餘民不足，君子耻之；衆寡均而人功倍己焉，君子耻之。」凡興功業，多少與人同，而功殊倍己，故耻之也。

魯人有獨處室者，鄰之釐婦釐，寡婦也。亦獨處一室。夜，暴風雨至，釐婦室壞，趨而託焉。魯人閉户而不納。釐婦自牖與之言：「何不仁而不納我乎？」❷魯人曰：「吾聞男女不

---

❶「君子」下，玉海堂本、四庫本有「有」字。

❷「何」上，玉海堂本、四庫本有「子」字。

六十不同居。❶今子幼，吾亦幼，是以不敢納爾也。」婦人曰：「子何不如柳下惠然？嫗不逮門之女，❷國人不稱其亂。」魯人曰：「柳下惠則可，吾固不可。吾將以吾之不可，學柳下惠之可。」孔子聞之，曰：「善哉！欲學柳下惠者，未有似於此者。期於至善而不襲其爲，可謂智乎！」

孔子曰：「小辯害義，小言破道。《關雎》興于鳥而君子美之，取其雄雌之有別。《鹿鳴》興於獸而君子大之，取其得食而相呼。若以鳥獸之名嫌之，固不可行也。」

孔子謂子路曰：「君子而强氣，則不得其死；❸小人而强氣，則刑戮荐臻。❹《豳詩》曰：『殆天之未陰雨，徹彼桑土，綢繆牖户。殆，及也。徹，剥也。桑土，桑根也。鴟鴞天未雨剥取桑根以纏綿其牖户，喻我國家積累之功，乃難成之苦者也。❺今汝下民，或敢侮余。』」今者，周公時，言我

❶「同」，玉海堂本、四庫本作「間」。

❷「逮」，原誤作「建」，今據玉海堂本、四庫本改。

❸「則」，原誤作「而」，今據玉海堂本、四庫本改。

❹「臻」，原誤作「蓁」，今據玉海堂本、四庫本改。

❺「苦者也」，玉海堂本、四庫本作「若此也」。

先王致此大功至艱，❶而下民敢侵侮我周道，謂管蔡之屬，❷不可不遏絶之，以存周室者也。孔子曰：「能治國家之如此，雖欲侮之，豈可得乎？周自后稷，積行累功，以有爵土。公劉重之以仁。及至大王亶甫，敦以德讓。其樹根置本，備豫遠矣。初，大王都豳，翟人侵之，事之以皮幣不得免焉，事之以珠玉不得免焉。於是屬耆老而告之：『所欲吾土地。吾聞之，君子不以所養而害人。二三子何患乎無君？』遂獨與大姜去之。踰梁山，邑于岐山之下。豳人曰：『仁人之君，不可失也。』從之如歸市焉。天之與周，民之去殷久矣，若此而不能天下，未之有也。武庚惡能侮？」武庚，紂子，名禄父。與管叔共爲亂也。❸

《鄁詩》曰：「執轡如組，兩驂如儛。」驂之以服，和調中節。❹孔子曰：「爲此詩者，其知政乎！夫爲組者，總紕於此，成文於彼。言其動於近，行於遠也。執此法以御民，豈不化乎？《竿旄》之忠告，至矣哉！」《竿旄》之詩者，樂乎善道告人，取喻於素絲良馬，如組紕之義。

---

❶「王」，玉海堂本、四庫本作「祖」。

❷「屬」，玉海堂本、四庫本作「亂」。

❸「叔」，玉海堂本、四庫本作「蔡」。

❹「調」，玉海堂本、四庫本作「諧」。

孔子家語卷第三

觀周第十一

孔子謂南宮敬叔曰：「吾聞老聃博古知今，敬叔，孟僖子子也。老聃，老子。博古知今而好道。通禮樂之原，明道德之歸，則吾師也。今將往矣。」對曰：「謹受命。」遂言於魯君曰：「臣受先臣之命先臣，僖子。云：『孔子，聖人之後也。聖人，殷湯。滅於宋。孔子之先去宋奔魯，故曰滅於宋也。其祖弗父何，始有國而授厲公。弗父何，緡公世子，厲公兄也，讓國以授厲公。《春秋傳》曰：「以有宋而授厲公宜。」❶始，❷始也，始有宋也。及正考父，佐戴、武、宣，正考父，何之曾孫也。戴、武、宣，三公也。三命兹益恭。考父士一命，其大夫再命，卿三命是也。故其鼎銘曰：臣有功德，君命銘之於其宗廟之鼎也。『一命而僂，再命而傴，三命而俯。傴恭於僂，俯恭於傴。❸循墻而走，言恭

---

❶ 「宜」，四庫本無此字。

❷ 「始，始也，始有宋也」，玉海堂本作「始，始有也，始有宋也」，四庫本作「有者，始有也，始有宋也」。

❸ 此處注文，玉海堂本作：「俯恭於傴，傴恭於僂。」

之甚。亦莫余敢侮。余，我也。我，考父也。以其恭如此，故人亦莫之侮。饘於是，粥於是，以餬其口。」饘，糜也。❶爲糜粥於此鼎，言至儉也。其恭儉也若此。臧孫紇有言：「聖人之後，若不當世，紇，臧武仲。弗父何，殷湯之後，而不繼世爲宋君。則必有明君而達者焉。」❷孔子少而好禮，其將在矣。』將在孔子。屬臣曰：『汝必師之。』今孔子將適周，觀先王之遺制，考禮樂之所極，斯大業也。君盍以乘資之？臣請與往。」公曰：「諾。」與孔子車一乘，馬二疋，竪其侍御。❸敬叔與俱至周。問禮於老聃，訪樂於萇弘，弘，周大夫。歷郊社之所，考明堂之則，則，法。察廟朝之度。宗廟朝廷之法度也。於是喟然曰：「吾乃今知周公之聖，與周之所以王也。」及去周，老子送之，曰：「吾聞富貴者送人以財，仁者送人以言。吾雖不能富貴，而竊仁者之號，請送子以言乎。凡當今之士，聰明深察而近於死者，好譏議人者也；博辯閎達而危其身，好發人之惡者也。無以有己爲人子者，身，父母有之也。❹無以惡己爲人臣者。」言聽則仕，不用則退，保身全行，臣之節也。孔子曰：「敬奉教。」自周反魯，道彌尊矣。遠方弟子之進，蓋三千焉。

---

❶「糜」，原誤作「麋」，今據玉海堂本、四庫本改。
❷「君」，玉海堂本、四庫本作「德」。
❸「竪其」，玉海堂本、四庫本作「豎子」。
❹「有之」，玉海堂本、四庫本作「之有」。

孔子觀乎明堂，覩四門墉有堯舜之容，❶桀紂之象，而各有善惡之狀，興廢之誡焉。又有周公相成王，抱之負斧扆南面以朝諸侯之圖焉。世之博學者謂周公便履天子之位，失之遠矣也。孔子徘徊而望之，謂從者曰：「此周之所以盛也。❷夫明鏡所以察形，往古者所以知今。人主不務襲迹於其所以安存，而忽怠所以危亡，❸是猶未有以異於却走而欲求及前人也，豈不惑哉？」

孔子觀周，遂入太祖后稷之廟。廟堂右階之前有金人焉，三緘其口，而銘其背曰：「古之慎言人也。戒之哉！無多言，多言多敗；無多事，多事多患。安樂必戒，雖處安樂，必警戒也。無所行悔。言當詳而後行，所悔之事不可復行。勿謂何傷，其禍將長；勿謂何害，其禍將大；勿謂不聞，神將伺人。焰焰不滅，炎炎若何？涓涓不壅，終爲江河；綿綿不絶，或成網羅；綿綿，微細。若不絶則有成羅網者也。毫末不札，將尋斧柯。如毫之末，言至微也。札，拔也。尋，用者也。誠能慎之，福之根也。口是何傷？禍之門也。强梁者不得其死，好勝者必遇其敵。盗憎主人，民怨其上。君子知天下之不可上也，故下之；知衆人之不可先也，故後之。

❶ 「之容」，玉海堂本、四庫本作「與」。

❷ 「之」，玉海堂本、四庫本作「公」。

❸ 「忽怠」，玉海堂本、四庫本作「急急」。

溫恭慎德，使人慕之。執雌持下，人莫踰之。人皆趨彼，我獨守此。人皆或之，我獨不徙。或之，東西轉移之貌。內藏我智，不示人技。我雖尊高，人弗我害。誰能於此？江海雖左，長於百川，以其卑也。水陰長右。江海雖在於其左，而能爲百川長，以其能下。天道無親，而能下人。戒之哉！」孔子既讀斯文也，顧謂弟子曰：「小人識之。音志。此言實而中，情而信。《詩》曰：❶『戰戰兢兢，如臨深淵，如履薄冰。』戰戰，恐也。兢兢，戒也。恐墜也，恐陷也。行身如此，豈以口過患哉？」

孔子見老聃而問焉，曰：「甚矣，道之於今難行也。吾比執道，而今委質以求當世之君，而弗受也。道於今難行也。」老子曰：「夫說者流於辯，流，猶過也，失也。聽者亂於辭，如此二者，❷則道不可以忘也。」

弟子行第十二

衛將軍文子衛卿，名彌牟也。問於子貢曰：「吾聞孔子之施教也，先之以《詩》《書》，而道

---

❶「曰」，玉海堂本、四庫本作「云」。

❷「如」，玉海堂本、四庫本作「知」。

之以孝悌，説之以仁義，觀之以禮樂，然後成之以文德。蓋入室升堂者七十有餘人，其孰爲賢？」子貢對以不知。文子曰：「以吾子常與學，賢者也。不知何謂？」❶子貢對曰：「賢人無妄。賢人無妄，言舉動不妄。❷知賢即難。故君子之言曰：『智莫難於知人。』是以難對也。」文子曰：「若夫知賢，莫不難。今吾子親遊焉，是以敢問。」子貢曰：「夫子之門人，蓋有三千就焉。賜有逮及焉、未逮及焉，故不得徧知以告也。」文子曰：「吾子所及者，請問其行。」子貢對曰：「夫能夙興夜寐，諷誦崇禮，行不貳過，貳，再也。有不善未嘗不知，知之未嘗復行也。稱言不苟，舉言典法，不苟且也。是顔回之行也。孔子説之以《詩》曰：『媚兹一人，應侯慎德。一人，天子也。應，當也。侯，惟也。言顔淵之德足以媚愛天子，❸當於其心惟慎德。永言孝思，孝思惟則。』言能長是孝道，足以爲法則也。若逢有德之君，世受顯命，不失厥名。以御于天子，則王者之相也。在貧如客，言不以貧累志，矜莊如爲客也。使其臣如借。言不有其臣，如借使之也。不遷怒，不深怨，不録舊罪，是冉雍之行也。孔子論其材曰：『有土之君子也，有衆使也，有刑用也，然後稱怒焉。』言有土地之君，有衆足使，有刑足用，然後可以稱怒。冉雍非有土之君，故使其臣如

❶「不知何謂」，玉海堂本、四庫本作「何爲不知」。

❷「言」，原脱，今據玉海堂本、四庫本補。

❸「足」，原誤作「之」，今據玉海堂本、四庫本改。

借，而不加怒也。孔子告之以《詩》曰：『靡不有初，鮮克有終。』冉雍能終其行。匹夫不怒，唯以亡其身。因說不怒之義，遂及匹夫以怒亡身。不畏强禦，不侮矜寡。其言循性，循其性也，而言不誣其情。❶其都以富，仲由長於富貴。❷材任治戎，戎，軍旅也。是仲由之行也。孔子和之以文，說之以《詩》曰：『受小拱大拱，❸而爲下國駿龐，荷天子之龍。孔子和仲由以文，❹說之以《詩》，此其義也。拱，法也。駿，大也。龐，厚也。龍荷之，❺言受大小法爲下國大厚，乃可任天下道也。不戁不悚，敷奏其勇。』戁，恐。悚，懼。敷，陳。奏，薦。强乎武哉，文不勝其質。言子路强勇，文不勝其質。恭老卹幼，不忘賓旅，賓旅謂寄客也。好學博藝，省物而勤也，省録諸事，而能勤也。是冉求之行也。孔子因而語之曰：『好學則智，卹孤則惠，恭則近禮，勤則有繼。堯舜篤恭以王天下。』其稱之也，曰：『宜爲國老。』國老助宣德教。齊莊而能肅，志通而好禮，擯相兩君之事，篤雅有節，是公西赤之行也。子曰：『禮經三百，可勉能也。禮經三百，可勉學而能知。威儀三千，則

❶「情」，原誤作「爾」，今據玉海堂本、四庫本改。
❷「富貴」，玉海堂本、四庫本作「政事」。
❸「拱」，玉海堂本、四庫本作「共」。
❹「子」下，原衍「曰」字，今據玉海堂本删。
❺「荷之」，玉海堂本、四庫本作「和也」。

難也。』能躬行三千之威儀，則難可爲，而公西赤能躬行之。公西赤問曰：『何謂也？』子曰：『貌以儐禮，禮以儐辭，是謂難焉。』言所以爲者，當觀容貌而儐相其禮，度其禮而儐相其辭，度事制儀，❶故難也。衆人聞之，以爲成也。孔子語人曰：『當賓客之事，則達矣。』衆人聞公西赤能行三千之威儀，故以爲成也。孔子曰「當賓客之事則達」，未盡達於治國之本體也。謂門人曰：『二三子之欲學賓客之禮者，其於赤也。』滿而不盈，實而如虛，過之如不及，先王難之。盈而如虛，過而不及，是先王之所難，而曾參體其行。博無不學，其貌恭，其德敦。其言於人也，無所不信。其驕大人也，❷常以浩浩。浩然志大驕太貌也。大人，富貴者也。是以眉壽，不慕富貴，安静虛無，所以爲之富貴。是曾參之行也。孔子曰：『孝，德之始也；悌，德之序也；悌以敬長，是德之次序也。信，德之厚也；忠，德之正也。參中夫四德者也。』以此稱之。美功不伐，貴位不善，不侮不佚，侮、佚，貪功慕勢之貌。不傲無告，鰥寡孤獨，此四者，天民之窮而無告者也。子張之行，不傲此四者。是顓孫師之行也。孔子言之曰：『其不伐，則猶可能也。其不弊百姓，則仁也。不弊愚百姓，即所謂不傲之也。《詩》云：「愷悌君子，民之父母。」』愷，樂。悌，易也。樂以强教之，易以説安之，❸民皆

❶「儀」，玉海堂本、四庫本作「宜」。

❷「大」，原誤作「於」，今據玉海堂本、四庫本改。

❸「以」，玉海堂本無此字。

有是父之尊、母之親也。夫子以其仁爲大學之深。學而能入其深義也。送迎必敬，送迎賓客，常能敬也。上交下接若截焉，是卜商之行也。孔子說之以《詩》曰：『「式夷式已，無小人殆。」式，用。夷，平也。言用平則已也。殆，危也，無以小人至於危也。若商也，其可謂不險矣。』險，危也。言子夏常厲以斷之，近小人斯不危。❶貴之不喜，賤之不怒，苟利於民矣，廉於行己。其事上也，以佑其下，言所以事上，乃欲佑助其下也。是澹臺滅明之行也。孔子曰：『獨貴獨富，君子耻之。❷夫也中之矣。』夫，謂滅明，中，猶當也。先成其慮，及事而用之，故動則不妄，是言偃之行也。孔子曰：『欲能則學，欲知則問，欲善則詳，欲善其事，當詳慎也。欲給則豫。事欲給而不礙，則莫若於豫。當是而行，偃也得之矣。』獨居思仁，公言言義。❸其於《詩》也，則一日三覆『白圭之玷』，❹玷，缺也。《詩》曰：「白圭之玷，尚可磨也。斯言之玷，不可爲也。」一日三覆之，慎之至也。是宮縚之行也。❺孔子信其能仁，以爲異士。殊異之士也。《大戴》引之曰：「以爲異姓婚姻也。」以兄之女

---

❶「斯」，原誤作「斷」，今據玉海堂本、四庫本改。

❷「耻」，原誤作「助」，今據玉海堂本、四庫本改。

❸下「言」字，原誤作「仁」，今據玉海堂本、四庫本改。

❹「覆」，玉海堂本、四庫本作「復」。下注文同。

❺「縚」，玉海堂本作「條」。

妻之者也。自見孔子，出入於户，未嘗越禮。❶往來過之，足不履影。言其往來常跡故跡，不履影也。啓蟄不殺，春分當發，蟄蟲啓户，咸出於此時。不殺生也。方長不折。春夏生長養時，草木不折。執親之喪，未嘗見齒。是高柴之行也。孔子曰：『柴於親喪，則難能也。啓蟄不殺，則順人道。方長不折，則恕仁也。成湯恭而以恕，是以日隮。』❷隮，升也。成湯行恭而能恕，出見搏鳥焉，❸四面施網，❹乃去其三面。《詩》曰：「湯降不遲，聖敬日隮。」言湯疾行下人之道，其聖敬之德日升聞也。凡此諸子，賜之所親覩者也。吾子有命而訊賜，訊，問。賜也固不足以知賢。」文子曰：「吾聞之也，國有道，則賢人興焉，中人用焉，中庸之人爲時用也。乃百姓歸之。若吾子之論，既富茂矣，壹諸侯之相也。壹，皆。抑世未有明君，所以不遇也。」子貢既與衛將軍文子言，適魯見孔子，曰：「衛將軍文子問二三子之於賜，不壹而三焉，賜也辭不獲命，以所見者對矣。未知中否，請以告。」孔子曰：「言之乎？」子貢以其辭狀告孔子。子聞而笑曰：「賜，汝次爲

❶「禮」，玉海堂本、四庫本作「履」。

❷「隮」，玉海堂本、四庫本作「躋」。下注文同。

❸「搏」，原誤作「博」，今據玉海堂本、四庫本改。

❹「施」，原誤作「絶」，今據玉海堂本、四庫本改。

知人矣。」❶言爲知人之次。子貢對曰：「賜也何敢知人，此以賜之所覩也。」孔子曰：❷「然。吾亦語汝耳之所未聞、目之所未見者。豈思之所不至、智之所未及哉？」子貢曰：「賜願得聞之。」孔子曰：「不克不忌，不念舊怨，蓋伯夷、叔齊之行也。思天而敬人，❸服義而行信，孝於父母，恭於兄弟，從善而不教，❹蓋趙文子之行也。其事君也，不敢愛其死，然亦不敢忘其身。謀其身，不遺其友。君陳則進而用之，陳，謂陳列於君，爲君之使用也。不陳則行而退。蓋隨武子之行也。其爲人之淵源也，多聞而難誕，誕，欺。❺內植足以沒其世。國家有道，其言足以治；無道，其默足以生。蓋銅鞮伯華之行也。❻外寬而內正，自極於隱括之中，隱括，所以自極。直己而不直人，汲汲於仁，以善自終，蓋蘧伯玉之行也。孝恭慈仁，允德圖義，允，信也。圖，謀也。約貨去怨，夫利，怨之所聚。故約省其貨，以遠去其怨。輕財不匱，蓋柳下惠之行

❶「爲」，原誤作「焉」，今據玉海堂本、四庫本改。「知」，原脱，今據《大戴禮》及前後文義補。
❷「曰」，原脱，今據玉海堂本、四庫本補。
❸「人」，玉海堂本作「之」。
❹「教」下，玉海堂本、四庫本有「道」字。
❺「欺」，原誤作「歎」，今據四庫本改。
❻「鍉」，玉海堂本、四庫本作「鞮」。

也。其言曰：君雖不量於其身，謂不量度其臣之德器也。臣不可以不忠於其君。是故君擇臣而任之，❶臣亦擇君而事之。有道順命，君有道，則順從其命。無道衡命，衡，横也，謂不受其命而隱居者也。❷蓋晏平仲之行也。蹈忠而行信，終日言，不在尤之内。尤，過。國無道，處賤不悶，悶，憂。貧而能樂。蓋老子之行也。❸易行以俟天命，易，治。居下不援其上。雖在下位，不攀援其上以求進。其親觀於四方也，不忘其親，不盡其樂。雖有觀四方之樂，常念其親，不盡，其歸之。以不能則學，不爲己終身之憂。凡憂，憂所知。不能則學，何憂之有？蓋介子山之行也。」子貢曰：「敢問夫子之所知者，蓋盡於此而已乎？」孔子曰：「何謂其然？亦略舉耳目之所及而矣。昔晉平公問祁奚曰：『羊舌大夫，晉之良大夫也，其行如何？』祁奚辭以不知。公曰：『吾聞子少長乎其所，於其所長。今子掩之，何也？』祁奚對曰：『其少也恭而順，心有耻而不使其過宿。心常有所耻惡，及其有過，不令更宿輒改。其爲大夫，悉善而謙其端。盡善道而謙讓，是其正也。其爲輿尉也，信而好直其功。言其功直。❹至於其爲容也，温良而好禮，博聞而

❶「君」下，四庫本有「既」字。

❷「而」，原誤作「之」，今據玉海堂本、四庫本改。

❸「老子」，玉海堂本作「老來子」，四庫本作「老萊子」。

❹「言其功直」，原爲正文，今據玉海堂本、四庫本改爲注文。

時出其志。』時出，以其出之誨未及之，是其志也。公曰：『曩者問子，子奚曰不知也？』祁奚曰：『每位改變，未知所止，是以不敢得知也。』此又羊舌大夫之行也。」子貢跪曰：「請退而記之。」

賢君第十三

哀公問於孔子曰：「當今之君，孰爲最賢？」孔子對曰：「丘未之見也。抑有衛靈公乎？」公曰：「吾聞其閨門之内無別，而子次之賢，何也？」孔子曰：「臣語其朝廷行事，不論其私家之際也。」公曰：「其事何如？」孔子對曰：「靈公之弟曰公子渠牟，❶其智足以治千乘，其信足以守之。靈公愛而任之。又有士曰林國者，❷見賢必進之，而退與分其禄，是以靈公無遊放之士。靈公賢而尊之。又有士曰慶足者，衛國有大事，則必起而治之。國無事，則退而容賢。言其所以退者，欲以容賢於朝。靈公悦而敬之。又有大夫史鰌，以道去衛，而靈公郊舍三日，琴瑟不御，必待史鰌之入，而後敢入。臣以此取之，雖次之賢，不亦

❶「公子」，原誤作「靈公弟子」，今據玉海堂本、四庫本改。

❷「曰」，原脱，今據玉海堂本、四庫本補。

可乎？」

子貢問於孔子曰：「今之人臣孰爲賢？」子曰：「吾未識也。往者齊有鮑叔，鄭有子皮，則賢者矣。」子貢曰：「齊無管仲，鄭無子産？」子曰：「賜，汝徒知其一，未知其二也。汝聞用力爲賢乎？進賢爲賢乎？」子貢曰：「進賢賢哉。」子曰：「然。吾聞鮑叔達管仲，子皮達子産，未聞二子之達賢己之才者也。」

哀公問於孔子曰：「寡人聞忘之甚者，徙而忘其妻，有諸？」孔子對曰：「此猶未甚者也，甚者乃忘其身。」公曰：「可得而聞乎？」孔子曰：「昔者夏桀貴爲天子，富有四海，忘其聖祖之道。壞其典法，廢其世祀，荒於淫樂，耽湎於酒。佞臣諂諛，窺導其心。忠士折口，逃罪不言。折口，杜口。天下誅桀而有其國。此謂忘其身之甚矣。」

顔淵將西遊於宋，問於孔子曰：「何以爲身？」子曰：「恭敬忠信而已矣。恭則遠於患，敬則人愛之，忠則和於衆，信則人任之。勤斯四者，可以政國，豈特一身者哉？特，但。故夫不比於數而比於疏，不亦遠乎？不比親數，近疏遠也。不修其中而修外者，不亦反乎？慮不先定，臨事而謀，不亦晚乎？」

孔子讀《詩》，于《正月》六章，惕焉如懼。曰：「彼不達之君子，豈不殆哉？從上依世，則道廢；違上離俗，則身危。時不興善，己獨由之，則曰非妖即妄也。故賢也既不遇天，恐不終其命焉。桀殺龍逢，紂殺比干，皆是類也。❶《詩》曰：『謂天蓋高，不敢不局。謂地蓋厚，不敢不蹐。』此《正月》六章之辭也。局，曲也，言天至高，己不敢不曲身危行，恐上干忌諱也。❷蹐，累足也。言地至厚，己不敢不累足，恐陷累在位之羅網。❸此言上下畏罪，無所自容也。」

子路問於孔子曰：「賢君治國，所先者何？」孔子曰：「在於尊賢而賤不肖。」子路曰：「由聞晉中行氏尊賢而賤不肖矣，其亡何也？」孔子曰：「中行氏尊賢而不能用，賤不肖而不能去。賢者知其不用而怨之，不肖者知其必己賤而讎之。怨讎並存於國，鄰敵搆兵於郊，中行氏雖欲無亡，豈可得乎？」

孔子閒處，喟然而歎曰：「嚮使銅鞮伯華無死，則天下其有定矣。」子路曰：「由願聞其人也。」子曰：「其幼也，敏而好學；其壯也，有勇而不屈；其老也，有道而能下人。有此三者，以定天下也，何難乎哉？」子路曰：「幼而好學，壯而有勇，則可也。若夫有道下人，又誰下哉？」子曰：「由不知。吾聞以衆攻寡，無不尅也；以貴下賤，無不得也。昔者周公居家宰之尊，制天下之政，而猶下白屋之士，草屋也。日見百七十人。斯豈以無道也？欲得士

---

❶「是類」，原誤作「類是」，今據玉海堂本、四庫本改。

❷「干」，玉海堂本、四庫本作「觸」。

❸「恐」，玉海堂本、四庫本作「懼」。

之用也，惡有有道而無下天下君子哉？」❶

齊景公來適魯，舍于公館，使晏嬰迎孔子。孔子至，景公問政焉，孔子答曰：「政在節財。」公悅。又問曰：「秦穆公國小處僻而霸，何也？」孔子曰：「其國雖小，其志大。處雖僻，而其政中。❷其舉也果，其謀也和。法無私而令不愉。愉宜爲偷。偷，❸苟且也。首拔五羖，❹爵之大夫，「首」宜爲「身」。五羖大夫，百里奚也。與語三日而授之以政。此取之，雖王可，其霸少矣。」景公曰：「善哉。」

哀公問政於孔子，孔子對曰：「政之急者，莫大乎使民富且壽也。」公曰：「爲之柰何？」孔子曰：「省力役，薄賦斂，則民富矣；敦禮教，遠罪疾，則民壽矣。」公曰：「寡人欲行夫子之言，恐吾國貧矣。」孔子曰：「《詩》云：『愷悌君子，民之父母。』未有子富而父母貧者也。」

衛靈公問於孔子曰：「有語寡人曰：❺有國家者，計之於廟堂之上，則政治矣。何如？」

❶ 「有有」，原不重文，今據玉海堂本、四庫本改。

❷ 「其政中」，原誤作「政其中」，今據玉海堂本、四庫本改。

❸ 「偷」，原誤作「愉」，今據玉海堂本、四庫本改。

❹ 「羖」，原誤作「叛」，今據玉海堂本、四庫本改。注同。

❺ 「曰」，原脱，今據玉海堂本補。

孔子曰：「其可也。愛人者，則人愛之；惡人者，則人惡之；知得之己者，則知得之人。所謂不出環堵之室而知天下者，知反己之謂也。」❶

孔子見宋君，君問孔子曰：「吾欲使長有國而列都得之，國之列都，皆得其道。吾欲使民無惑，吾欲使士竭力，吾欲使日月當時，吾欲使聖人自來，吾欲使官府治理，爲之柰何？」孔子對曰：「千乘之君問丘者多矣，而未有若主君之問，問之悉也。然主君所欲者盡可得也。丘聞之：隣國相親則長有國。君惠臣忠則列都得之。不殺無辜，無釋罪人，則民不惑。士益之祿則皆竭力。尊天敬鬼則日月當時。崇道貴德則聖人自來。任能黜否則官府治理。」宋君曰：「善哉！豈不然乎？寡人不佞，不足以致之也。」孔子曰：「此事非難，唯欲行之云耳。」

辯政第十四

子貢問於孔子曰：「昔者齊君問政於夫子，夫子曰：『政在節財。』魯君問政於夫子，子

❶ 「反」，玉海堂本作「及」。

曰：❶『政在諭臣。』葉公問政於夫子，夫子曰：『政在悅近而來遠。』❷三者之問一也，而夫子應之不同，然政在異端乎？」孔子曰：「各因其事也。齊君爲國，奢乎臺榭，淫于苑囿。五官伎樂，不解於時。一旦而賜人以千乘之家者三。故曰：『政在節財。』魯君有臣三人，孟孫、叔孫、季孫，三也。❸內比周以愚其君，外距諸侯之賓以蔽其明。故曰：『政在諭臣。』夫荆之地廣而都狹，民有離心，莫安其居。故曰：『政在悅近而來遠。』此三者所以爲政殊矣。《詩》云：『喪亂蔑資，曾不惠我師。』蔑，無也。資，財也。師，衆也。夫爲亡亂之政，重賦厚斂，民無資財，曾莫肯愛我衆。此傷奢侈不節以爲亂者也。又曰：『匪其止共，惟王之卭。』止，止息也。卭，病也。讒人不共所止息，故惟王之病。此傷姦臣蔽主以爲亂也。又曰：『亂離瘼矣，奚其適歸？』離，憂也。瘼，病也。言離散以成憂，憶禍亂於斯，歸於禍亂者也。此傷離散以爲亂者也。察此三者，政之所欲，豈同乎哉？」

孔子曰：「忠臣之諫君，有五義焉：一曰譎諫，正其事，以譎諫其君。二曰戇諫，戇諫，無文飾也。三曰降諫，卑降其體，所以諫也。四曰直諫，五曰風諫。唯度主而行之，吾從其風諫乎。」

---

❶「子」，玉海堂本、四庫本作「夫子」。

❷「來遠」，原誤作「遠來」，今據玉海堂本、四庫本改。

❸「也」，玉海堂本、四庫本作「人」。

風諫，依違遠罪避害者也。

子曰：「夫道不可不貴也。中行文子倍道失義以亡其國，而能禮賢以活其身。此説陪道失義，❶不宜説得道之意。而云禮賢，不與上相次配。又文子無禮賢之事。中行文子得罪於晉，出亡，至邊，從者曰：「謂此嗇夫者，君子也。故休馬待駿者。」文子曰：「吾好音，子遺吾琴。❷好珮，子遺吾玉。是以不振吾過自容於我者也。吾恐其以我求容也。」❸遂不入車，人問文子之所右，❹執而不殺之。孔子聞之，曰：「文子陪道失義以亡其國，然得之由活其身，而能禮賢以爲宜，以然後得也。」聖人轉禍爲福，此謂是與！」若入將死，不入得活，故曰轉禍爲福。

楚王將遊荆臺，司馬子祺諫，王怒之。令尹子西賀於殿下，諫曰：「今荆臺之觀，❺不可失也。」王喜，拊子西之背，曰：「與子共樂之矣。」子西步馬十里，引轡而止，曰：「臣願言有道，王肯聽之乎？」王曰：「子其言之。」子西曰：「臣聞爲人臣而忠其君者，爵禄不足以賞

❶「陪道失義」，玉海堂本、四庫本作「背義失道」。
❷「子」上，原衍「以」字，今據玉海堂本、四庫本删。
❸「恐」，原誤作「怨」，今據玉海堂本、四庫本改。
❹「右」，玉海堂本、四庫本作「言」。
❺「觀」，四庫本作「樂」。

也；諛其君者，刑罰不足以誅也。夫子祺者，忠臣也。而臣者，諛臣也。願王賞忠而誅諛焉。」❶王曰：「我今聽司馬之諫，是獨能禁我耳。若後世遊之何也？」❷子西曰：「禁後世易耳。大王萬歲之後，起山陵於荆臺之上，則子孫必不忍遊於父祖之墓以爲歡樂也。」王曰：「善。」乃還。孔子聞之，曰：「至哉子西之諫也！入之於千里之上，抑之於百世之後者也。」

子貢問於孔子曰：❸「夫子之於子産、晏子，可爲至矣。敢問二大夫之所爲，目夫子之所以與之者。」孔子曰：「夫子産於民爲惠主，於學爲博物。晏子於君爲忠臣，於行爲恭敏。❹故吾皆以兄事之，而加愛敬。」

齊有一足之鳥，飛集於宫朝，❺下止于殿前，舒翅而跳。齊侯大怪之，使使聘魯，問孔子。孔子曰：「此鳥名曰商羊，水祥也。昔童兒有屈其一脚，振訊兩眉，而跳且謡曰：『天將大雨，商羊鼓舞。』今齊有之，其應至矣。急告民趨治溝渠，修隄防，將有大水爲灾。」頃之，

---

❶「王」，玉海堂本、四庫本作「主」。

❷「何」，玉海堂本、四庫本作「可」。

❸「問」，原誤作「聞」，今據玉海堂本、四庫本改。

❹「於」，原誤作「而」，今據玉海堂本、四庫本改。

❺「集」，玉海堂本作「習」。「宫」，玉海堂本、四庫本作「公」。

大霖雨，水溢泛諸國，傷害民人，唯齊有備不敗。景公曰：「聖人之言，信而徵矣。」❶

孔子謂宓子賤曰：「子治單父，衆悅。子何施而得之也？子語丘所以爲之者。」對曰：「不齊之治也，父恤其子，其子卹諸孤而哀喪紀。」孔子曰：「善。小節也，小民附矣。猶未足也。」曰：「不齊所父事者三人，所兄事者五人，所友事者十一人。」孔子曰：「父事三人，可以教孝矣；兄事五人，可以教悌矣；友事十一人，可以舉善矣。中節也，中人附矣。猶未足也。」曰：「此地民有賢於不齊者五人，不齊事之而稟度焉，皆教不齊之道。」孔子歎曰：「其大者乃於此乎有矣。昔堯舜聽天下，務求賢以自輔。夫賢者，百福之宗也，神明之主也。惜乎不齊之所以治者小也。」❷

子貢爲信陽宰，將行，辭於孔子。孔子曰：「勤之慎之，奉天子之時，無奪無伐，無暴無盜。」子貢曰：「賜也少而事君子，豈以盜爲累哉？」孔子曰：「汝未之詳也。夫以賢代賢，是謂之奪；以不肖代賢，是謂之伐；緩令急誅，是謂之暴；取善自與，是謂之盜。❸盜非竊財之謂也。吾聞之：知爲吏者，奉法以利民。不知爲吏者，枉法以侵民。此怨之所由也。治

❶「而」下，四庫本有「有」字。

❷「所以」，原誤作「以所」，今據王海堂本、四庫本改。

❸「是」，原脱，今據王海堂本、四庫本補。

官莫若平，臨財莫如廉。廉平之守，不可改也。匿人之善，斯謂蔽賢；揚人之惡，斯爲小人。內不相訓而外相謗，非親睦也。言人之善，若己有之；言人之惡，若己受之。故君子無所不慎焉。」

子路治蒲三年，孔子過之，入其境，曰：「善哉由也！恭敬以信矣。」入其邑，曰：「善哉由也！忠信而寬矣。」至廷，曰：「善哉由也！明察以斷矣。」子貢執轡而問曰：「夫子未見由之政而三稱其善，其善可得聞乎？」孔子曰：「吾見其政矣。入其境，田疇盡易，草萊甚辟，溝洫深治，此其恭敬以信，故其民盡力也。入其邑，墻屋完固，樹木甚茂，此其忠信以寬，故其民不偷也。至其庭，庭甚清閒，諸下用命，此其言明察以斷，故其政不擾也。以此觀之，雖三稱其善，庸盡其美乎？」

孔子家語卷第四

六本第十五

孔子曰：「行己有六本焉，然後爲君子也。立身有義矣，而孝爲本；喪紀有禮矣，而哀爲本；戰陣有列矣，而勇爲本；治政有理矣，而農爲本；居國有道矣，而嗣爲本；繼嗣不立，則亂之萌。生財有時矣，而力爲本。置本不固，無務農桑；親戚不悦，無務外交；事不終始，無務多業；記聞而言，無務多説；但記所聞而言，❶言不出説中，故不可以務多説。比近不安，無務求遠。是故反本修邇，❷君子之道也。」

孔子曰：「良藥苦於口而利於病，❸忠言逆於耳而利於行。湯武以諤諤而昌，桀紂以唯唯而亡。君無争臣，父無争子，兄無争弟，士無争友，無其過者，未之有也。故曰：君失之，

❶「記」，原誤作「説」，今據玉海堂本、四庫本改。
❷「邇」，玉海堂本、四庫本作「迹」。
❸「良藥」，玉海堂本作「藥酒」。

臣得之。父失之，子得之。兄失之，弟得之。己失之，友得之。是以國無危亡之兆，家無悖亂之惡，父子兄弟無失，而交友無絕也。」

孔子見齊景公，公悅焉，請置廪丘之邑以爲養。孔子辭而不受，入謂弟子曰：「吾聞君子當功受賞。❶今吾言於齊君，君未之有行而賜吾邑，其不知丘亦甚矣。」於是遂行。

孔子在齊，舍於外館，景公造焉。賓主之辭既接，而左右白曰：「周使適至，言先王廟災。」景公覆問：「災何王之廟也？」孔子曰：「此必釐王之廟。」公曰：「何以知之？」孔子曰：「《詩》云：『皇皇上天，其命不忒。天之以善，必報其德。』此逸《詩》也。皇皇，美貌也。忒，差也。禍亦如之。夫釐王變文武之制，而作玄黄華麗之飾，宫室崇峻，輿馬奢侈，而弗可振也，振，救。❷故天殃所宜加其廟焉，以是占之爲然。」公曰：「天何不殃其身而加罰其廟也？」孔子曰：「蓋以文武故也。若殃其身，則文武之嗣無乃殄乎？故當殃其廟以彰其過。」俄頃，左右報曰：「所災者釐王廟也。」景公驚起，再拜曰：「善哉！聖人之智，❸過人遠矣。」

---

❶「當」，原誤作「賞」，今據玉海堂本、四庫本改。

❷「救」，玉海堂本、四庫本作「拔」。

❸「人」，玉海堂本、四庫本無此字。

子夏三年之喪畢，❶見於孔子。子曰：「與之琴。」使之絃，侃侃而樂，作而曰：「先王制禮，不敢不及。」❷子曰：「君子也。」閔子三年之喪畢，見於孔子，子曰：「與之琴。」使之絃，切切而悲，作而曰：「先王制禮，弗敢過也。」子曰：「君子也。」子貢曰：「閔子哀未盡，夫子曰：『君子也。』子夏哀已盡，又曰：『君子也。』二者殊情而俱曰君子，賜也或，❸敢問之。」孔子曰：「閔子哀未忘，能斷之以禮；子夏哀已盡，能引之及禮。雖均之君子，不亦可乎？」

孔子曰：「無體之禮，敬也；無服之喪，哀也；無聲之樂，歡也。不言而信，不動而威，不施而仁：志。夫鐘之音，怒而擊之則武，憂而擊之則悲。其志變者，聲亦隨之。故志誠感之，❹通於金石，而況人乎？」

孔子見羅雀者，所得皆黄口小雀。夫子問之曰：「大雀獨不得，何也？」羅者曰：「大雀善驚而難得，黄口貪食而易得。黄口從大雀則不得，大雀從黄口亦不得。」孔子顧謂弟子

---

❶「夏」，原誤作「貢」，今據玉海堂本、四庫本改。
❷「不敢不及」至「先王制禮」三十九字，原脱，今據玉海堂本、四庫本補。
❸「或」，玉海堂本、四庫本作「惑」。
❹「志」，玉海堂本作「至」。

曰：「善驚以遠害，利食而忘患，自其心矣，而以所從爲禍福，❶故君子慎其所從。以長者之慮，則有全身之階；隨小者之戇，而有危亡之敗也。」

孔子讀《易》，至於「損」、「益」，喟然而嘆。子夏避席問曰：「夫子何歎焉？」孔子曰：「夫自損者必有益之，自益者必有決之，《易》損卦次得益，益次夬。夬，决也。損而不已，必益。故受之以益。益而不已必決，故受之以夬。吾是以歎也。」子夏曰：❷「然則學者不可以益乎？」子曰：「非道益之謂也。道彌益而身彌損。夫學者，損其自多，以虛受人，故能成其滿博哉！天道成而必變，凡持滿而能久者，未嘗有也。故曰：自賢者，天下之善言不得聞於耳矣。昔堯治天下之位，猶允恭以持之，克讓以接下，允，信也。克，能也。是以千歲而益盛，迄今而逾彰。夏桀、昆吾，昆吾，國。與夏桀作亂。自滿而無極，❸亢意而不節，斬刈黎民如草芥焉，天下討之，如誅匹夫，是以千載而惡著，迄今而不滅。觀此，如行，則讓長，不疾先。如在輿，遇三人則下之，遇二人則式之。調其盈虛，不令自滿，所以能久也。」子夏曰：「商請志之，而終身奉行焉。」

---

❶ 「而」下，玉海堂本、四庫本有「獨」字。

❷ 「夏」，原脱，今據玉海堂本、四庫本補。

❸ 「無」，原脱，今據玉海堂本、四庫本補。

子路問於孔子曰：「請釋古之道而行由之意，可乎？」子曰：「不可。昔東夷之子，慕諸夏之禮。有女而寡，爲内私壻，終身不嫁。嫁則不嫁矣，亦非貞節之義也。❶蒼梧嬈娶妻而美，讓與其兄。讓則讓矣，然非禮之讓矣。不慎其初而悔其後，何嗟及矣？言事至而後悔吁嗟，又何及矣？今汝欲舍古之道，行子之意，庸知子意不以是爲非，以非爲是乎？後雖欲悔，難哉！」

曾子耘瓜，誤斬其根。曾晳怒，建大杖以擊其背，曾子仆地而不知人久之。有頃乃蘇，欣然而起，進於曾晳曰：「嚮也參得罪於大人，大人用力教參，得無疾乎？」退而就房，援琴而歌，欲令曾晳而聞之知其體康也。孔子聞之而怒，告門弟子曰：「參來勿内。」曾參自以爲無罪，使人請於孔子。子曰：「汝不聞乎？昔瞽瞍有子曰舜。❷舜之事瞽瞍，欲使之，未嘗不在於側。索而殺之，未嘗可得。小棰則待過，大杖則逃走。故瞽瞍不犯不父之罪，而舜不失烝烝之孝。今參事父，委身以待暴怒，殪而不避，殪，死。既身死而陷父於不義，其不孝孰大焉？汝非天子之民也？殺天子之民，其罪奚若？」曾參聞之，曰：「參罪大矣。」遂造

❶「非」，原誤作「有」，今據玉海堂本、四庫本改。
❷「瞽瞍」，四庫本作「瞽叟」。下同。

孔子而謝過。

荆公子行年十五而攝荆相事。孔子聞之，使人往觀其爲政焉。使者反，曰：「視其朝，清淨而少事。其堂上有五老焉，其廊下有二十壯士焉。」孔子曰：「合二十五人之智以治天下，其固免矣，况荆乎？」

子夏問於孔子曰：「顔回之爲人奚若？」子曰：「回之信賢於丘。」曰：「子貢之爲人奚若？」子曰：「賜之敏賢於丘。」曰：「子路之爲人奚若？」子曰：「由之勇賢於丘。」曰：「子張之爲人奚若？」子曰：「師之莊賢於丘。」子夏避席而問曰：「然則四子何爲事先生？」子曰：「居，吾語汝。夫回能信而不能反，反，謂反信也，君子言不必信，唯義所在耳。賜能敏而不能詘，言人雖辨敏，❶亦宜有屈折時也。由能勇而不能怯，師能莊而不能同。言人雖矜莊，亦當有和同時也。兼四子者之有以易，吾弗與也。此其所以事吾而弗貳也。」

孔子遊於泰山，見榮聲期聲，宜爲啓。或曰榮益期也。行乎郕之野，鹿裘帶索，瑟瑟而歌。❷孔子問曰：「先生所以爲樂者，何也？」期對曰：「吾樂甚多，而至者三：天生萬物，唯人爲

❶ 「辨敏」，四庫本作「敏辯」。

❷ 「瑟瑟」，玉海堂本、四庫本作「鼓琴」。

貴。吾既得爲人，是一樂也。男女之别，男尊女卑，故人以男爲貴。吾既得爲男，是二樂也。人生有不見日月，不免襁褓者。吾既以行年九十五矣，是三樂也。貧者，士之常；死者，人之終。處常得終，當何憂哉？」孔子曰：「善哉！能自寬者也。」得，宜爲待。

孔子曰：「回有君子之道四焉：强於行義，弱於受諫，怵於待禄，怵，怵惕也。待，宜爲得也。❶慎於治身。史鰌有君子之道三焉：❷不仕而敬上，不祀而敬鬼，直己而曲人。」❸曾子侍，曰：「參昔常聞夫子三言而未之能行也：❹夫子見人之一善而忘其百非，是夫子之易事也；見人之有善，若己有之，是夫子之不争也；聞善必躬行之，然後導之，是夫子之能勞也。學夫子之三言而未能行，以自知終不及二子者也。」二子，顔回、史鰌也。

孔子曰：「吾死之後，則商也日益，賜也日損。」曾子曰：「何謂也？」子曰：「商也好與賢己者處，賜也好説不若己者。不知其子，視其父；不知其人，視其友；不知其君，視其所使；不知其地，視其草木。故曰：與善人居，如入芝蘭之室，久而不聞其香，即與之化矣。

---

❶「得」，玉海堂本、四庫本作「持」。

❷「君」，原誤作「男」，今據玉海堂本、四庫本改。

❸「曲」下，玉海堂本、四庫本有「於」字。

❹「夫子」下，四庫本有「之」字。

與不善人居，如人鮑魚之肆，❶久而不聞其臭，亦與之化矣。丹之所藏者赤，漆之所藏者黑，是以君子必慎其所與處者焉。」

曾子從孔子之齊。❷齊景公以下卿之禮聘曾子，曾子固辭。將行，晏子送之，曰：「吾聞之，君子遺人以財，不若善言。今夫蘭本三年，湛之以鹿醢，❸既成，噉之，則易之匹馬。非蘭之本性也，所以湛者美矣。願子詳其所湛者。夫君子居必擇處，遊必擇方，仕必擇君。擇君所以求仕，擇方所以修道。遷風移俗者，嗜慾移性，❹可不慎乎？」孔子聞之，曰：「晏子之言，君子哉！依賢者固不困，依富者固不窮。馬蚿斬足而復行，何也？以其輔之者衆。」

孔子曰：「以富貴而下人，❺何人不尊？以富貴而愛人，何人不親？發言不逆，可謂知言矣。言而衆嚮之，可謂知時矣。是故以富而能富人者，欲貧不可得也；以貴而能貴人

---

❶「肆」，原誤作「肂」，今據玉海堂本、四庫本改。

❷「之」，玉海堂本、四庫本作「於」。

❸「醢」，原誤作「醑」，今據玉海堂本、四庫本改。

❹「慾」，玉海堂本作「欲」。

❺「以」，原誤作「與」，今據玉海堂本、四庫本改。

者，欲賤不可得也；以達而能達人者，欲窮不可得也。」

孔子曰：「中人之情也，有餘則侈，不足則儉，無禁則淫，無度則逸，從欲則敗。是故鞭朴之子不從父之教，刑戮之民不從君之令。此言疾之難忍，急之難行也。故君子不急斷，不急制，使飲食有量，衣服有節，宮室有度，畜積有數，車器有限，所以防亂之原也。夫度量不可不明，❶是中人所由之令。」教令之令。

孔子曰：「巧而好度必攻，攻，堅。勇而好問必勝，智而好謀必成。以愚者反之。是以非其人，告之弗聽；非其地，樹之弗生。得其人，如聚砂而雨之；言立人也。非其人，如會聾而鼓之。夫處重擅寵，專事妬賢，愚者之情也。位高則危，任重則崩，可立而待。」

孔子曰：「舟非水不行，水入舟則沒。君非民不治，民犯上則傾。是故君子不可不嚴也，小人不可不整一也。」

齊高庭問於孔子曰：「庭不曠山，不直地，庭，高庭名也。曠，隔也。不以山爲隔，踰山而來。衣穰而提贄，穰，蒿草衣。提，持。贄，所以執爲禮也。精氣以問事直，宜爲植。不根於地，而遠來也。

---

❶「不明」，原誤脱「不」字，今據四庫本補。

君子之道，願夫子告之。」孔子曰：「貞以幹之，貞正以爲幹植。❶ 敬以輔之，施仁無倦。見君子則舉之，見小人則退之，去汝惡心而忠與之。效其行，修其禮，千里之外，親如兄弟；行不效，禮不修，則對門不汝通矣。夫終日言，不遺己之憂；終日行，不遺己之患。唯智者能之。故自修者，必恐懼以除患，恭儉以避難者也。終身爲善，一言則敗之，可不慎乎？」

辯物第十六

季桓子穿井，獲如玉缶，❷其中有羊焉。使使問孔子曰：❸「吾穿井於費，而於井中得一狗，何也？」孔子曰：「丘之所聞者羊也。丘聞之：木石之怪，夔、蝄蜽；水之怪，龍、罔象；土之怪，羵羊也。」

吴伐越，隳會稽，吴王夫差敗越王勾踐，棲於會稽，吴又隳之。❹ 會稽，山也。隳，毁者也。獲巨骨一節，專車焉。吴子使來聘於魯，且問之孔子，命使者曰：「無以吾命也。」賓既將事，乃發幣

❶ 「貞」，原作「真」，係避宋諱，今據玉海堂本、四庫本改。
❷ 「玉」，玉海堂本、四庫本作「土」。
❸ 「問」下，玉海堂本、四庫本有「於」字。
❹ 「又」，玉海堂本、四庫本作「人」。

於大夫。及孔子，賜大夫，及孔子。孔子爵之。飲酒。既徹俎而燕，客執骨而問曰：「敢問骨何如爲大？」孔子曰：「丘聞之，昔禹致群臣於會稽之山，防風後至，禹殺而戮之，其骨專車焉。此爲大矣。」客曰：「敢問誰守爲神？」孔子曰：「山川之靈足以紀綱天下者，其守爲神。守山川之祀者爲神。諸侯社稷之守爲公侯。❶但守社稷，無山川之祀者，直爲公侯而已。山川之祀者爲諸侯。皆屬於王。」神與公侯之屬也。客曰：「防風何守？」孔子曰：「汪芒氏之君，守封嵎山者，汪芒，國名。封嵎，山名。爲漆姓。在虞、夏、商爲汪芒氏，於周爲長翟氏，❷今曰大人。」周之初及當孔子之時，其名異也。有客曰：❸「人長之極幾何？」孔子曰：「焦僥氏長三尺，❹短之至也。長者不過十，數之極也。」

孔子在陳，陳惠公賓之于上館。時有隼集陳侯之庭而死，隼，鳥也。始集庭便死。楛矢貫之，石砮，楛，木名。砮，箭鏃。其長尺有咫。咫，八寸也。惠公使人持隼如孔子館而問焉。孔子

---

❶「諸侯」，四庫本同，玉海堂本作「謂諸侯」，二本皆作注語，與上句下注文相連屬，然皆文義窒礙不通。考上下文義，此處「諸侯」二字當爲衍文。

❷「翟」，原誤作「瞿」，今據玉海堂本、四庫本改。

❸「有」，四庫本無此字。

❹「焦」，四庫本作「僬」。

曰：「隼之來遠矣。此肅慎氏之矢。肅慎氏之矢也。昔武王克商，通道于九夷百蠻，九夷，東方九種。百蠻，夷狄百種。使各以其方賄來貢，而無忘職業。於是肅慎氏貢楛矢，石砮，其長尺有咫。先王欲昭其令德之致遠物也，以示後人，使永鑒焉，❶故銘其栝曰：『肅慎氏貢楛矢。』楛，箭栝也。❷以分大姬，配胡公，而封諸陳。大姬，武王女。胡公，舜之後。古者分同姓以珍玉，所以展親親也；分異姓以遠方之職貢，所以無忘服也。故分陳以肅慎氏貢焉。君若使有司求諸故府，其可得也。」公使人求，得之金櫝，❸如之。櫝，匱也。

郯子朝魯。魯人問曰：「少昊氏以鳥名官，何也？」魯人，叔孫昭子。少昊，金天氏也。對曰：「吾祖也，我知之。昔黄帝以雲紀官，故爲雲師而雲名。黄帝，軒轅氏。師，長也。雲紀其官長，而爲官名者也。炎帝以火，神農氏也。共工以水，共工霸九州也。大昊以龍，包犧氏也。其義一也。火師而火名也，龍師而龍名也。我高祖少昊摯之立也，鳳鳥適至，是以紀之於鳥，故爲鳥師而鳥名。自顓頊氏以來，❹不能紀遠，乃紀於近，爲民師而命以民事，則不能故也。」言不能紀

---

❶「鑒」，四庫本作「監」。

❷此處注文，四庫本作「箭也」。

❸「櫝」，原誤作「櫝」，今據四庫本改。下注文同。

❹「頊」，原誤作「項」，今據玉海堂本、四庫本改。

遠方。孔子聞之，遂見郯子而學焉。既而告人曰：「吾聞之，天子失官，學在四夷，猶信。」郯，小國也。故吴伐郯，季文子歎曰：「中國不振旅，蠻夷入伐，❶吾亡無日矣。」孔子稱官學在四夷，疾時之廢學也。郯，少昊之後，以其世則遠矣，以其國則小矣。魯，公之後。以其世則近矣，❷以其國則大矣，然其知禮不若郯子。故孔子發此言，疾時之不學也。

邾隱公朝于魯，子貢觀焉。子貢時爲魯大夫也。邾子執玉高，其容仰。定公受玉卑，其容俯。玉所以聘于王。❸子貢曰：「以禮觀之，二君者將有死亡焉。夫禮，生死存亡之體。將左右周旋，進退俯仰，於是乎取之；朝、祀、喪、戎，於是乎觀之。今正月相朝，而皆不度，不得其法度也。心以亡矣。嘉事不體，朝聘亦嘉事也。不體，不得其體。何以能久？高仰，驕。卑俯，替。驕近亂，替近疾。君爲主，❹其先亡乎？」夏五月，公薨。又邾子出奔。孔子曰：「賜不幸而言中，是賜多言。」

❶「入」，原誤作「之」，今據玉海堂本、四庫本改。
❷「近」，原誤作「遠」，今據玉海堂本、四庫本改。
❸「于王」，原誤作「子玉」，今據四庫本改。
❹「君」，原誤作「若」，今據玉海堂本、四庫本改。

孔子在陳，陳侯就之燕遊焉。❶行路之人云：「魯司鐸災，司鐸，❷官名。及宗廟。」以告孔子。子曰：「所及者其桓、僖之廟。」桓公、僖公。陳侯曰：「何以知之？」子曰：「禮，祖有功而宗有德，故不毀其廟焉。今桓、僖之親盡矣，又功德不足以存其廟，而魯不毀，是以天災加之。」三日，魯使至。問焉，則桓、僖也。陳侯謂子貢曰：「吾乃今知聖人之可貴。」對曰：「君之知之，可矣。未若專其道而行其化之善也。」

陽虎既奔齊，自齊奔晉，適趙氏。孔子聞之，謂子路曰：「趙氏其世有亂乎？」子路曰：「權不在焉，豈能爲亂？」❸孔子曰：「非汝所知。夫陽虎親富而不親仁。有寵於季孫，又將殺之。不尅而奔，求容於齊。齊人囚之，乃亡歸晉。是齊魯二國已去其疾。趙簡子好利而多信，必溺其説而從其謀，禍敗所終，非一世可知也。」

季康子問於孔子曰：「今周十二月，夏之十月，而猶有螽，何也？」孔子對曰：「丘聞之：火伏而後蟄者畢。火，大火，心星也。蟄，蟄蟲也。今火猶西流，司曆過也。」季康子曰：「所失者幾月也？」孔子曰：「於夏十月，火既没矣。今火見，再失閏也。」

---

❶「遊」，玉海堂本、四庫本無此字。

❷「鐸」，原誤作「驛」，今據玉海堂本、四庫本改。

❸「能」，原誤作「不」，今據玉海堂本、四庫本改。

吳王夫差將與哀公見晉侯，吳子、魯哀公十三年與晉侯會于黄池。❶子服景伯對使者曰：「王合諸侯，則伯率侯牧以見於王。伯，王官。侯牧，方伯名。伯合諸侯，則侯率子男以見於伯。伯，侯牧也。今諸侯會而君與寡君見晉君，則晉成爲伯也。且執事以伯召諸侯，而以侯終之，何利之有焉？」吳人乃止。既而悔之，遂囚景伯。伯謂大宰嚭曰：「魯將以十月上辛有事于上帝、先王，季辛而畢。有事，祭。所以欺吳也。何也世有職焉，何，景伯名。自襄已來未之改也，❷襄，魯襄公是也。若其不會，則祝宗將曰：『吳實然。』」嚭言於夫差，歸之。子貢聞之，見於孔子曰：「子服氏之子拙於説矣。以實獲囚，以詐得免。」孔子曰：「吳子爲夷德，可欺而不可以實。是聽者之蔽，非説者之拙也。」

叔孫氏之車士曰子鉏商，車士，持車者。❸子，姓也。❹採薪於大野，《春秋經》：魯哀公十四年，

❶「三」，原作「二」，今據玉海堂本改。

❷「未之改也」，原誤作「之改之」，今據玉海堂本、四庫本改。

❸「持」，四庫本作「將」。

❹「也」下，玉海堂本有「鉏商，名」三字。

西狩獲麟。《傳》曰：「西狩大野。」今此曰「採薪於大野」，若車士子鉏商非狩者，❶採薪西獲麟。❷ 麟，瑞物，時見狩獲，故《經》書「西狩獲麟」也。獲麟焉。折其前左足，載以歸。叔孫以爲不祥，棄之於郭外。《傳》曰：「以賜虞人」，棄之郭外，將以賜虞人也。使人告孔子曰：「有麕而角者，何也？」孔子往觀之，曰：「麟也。胡爲來哉？胡爲來哉？」反袂拭面，涕泣沾衿。叔孫聞之，然後取之。子貢問曰：「夫子何泣爾？」孔子曰：「麟之至，爲明王也。出非其時而見害，❸吾是以傷焉。」

哀公問政第十七

哀公問政於孔子，孔子對曰：「文武之政，布在方策。方，板。其人存，則其政舉；其人亡，則其政息。天道敏生，人道敏政，地道敏樹。夫政者，猶蒲盧也，蒲盧，蜾螺也，❹謂土蠭也。取螟蛉而化之。以君子爲政化百姓，亦如之者也。待化以成。故爲政在於得人，取人以身，修道以仁。仁者，人也，親親爲大；義者，宜也，尊賢爲大。親親之殺，尊賢之等，禮所以生也。禮

❶ 「若車士子」，玉海堂本、四庫本作「時實自狩」。

❷ 「西」，玉海堂本、四庫本作「而」。

❸ 「見」，原脱，今據玉海堂本、四庫本補。

❹ 「螺」，玉海堂本、四庫本作「蠃」。

者，政之本也。是以君子不可以不修身。思修身，不可以不事親。思事親，不可以不知人。思知人，不可以不知天。天下之達道有五，其所以行之者三，曰：君臣也，父子也，夫婦也，昆弟也，朋友也，五者，天下之達道。智、仁、勇，三者，天下之達德也，所以行之者，一也。或生而知之，或學而知之，或困而知之，及其知之，一也。或安而行之，或利而行之，或勉强而行之，及其成功，一也。」公曰：「子之言美矣，至矣！寡人實固，不足以成之也。」孔子曰：「好學近乎智，力行近乎仁，知耻近乎勇。知斯三者，則知所以修身；知所以修身，則知所以治人；知所以治人，則能成天下國家者矣。」公曰：「政其盡此而已乎？」孔子曰：「凡爲天下國家有九經，曰：修身也，尊賢也，親親也，敬大臣也，體群臣也，子庶民也，❶來百工也，柔遠人也，懷諸侯也。夫修身則道立，尊賢則不惑，親親則諸父兄弟不怨，❷敬大臣則不眩，體群臣則士之報禮重，子庶民則百姓勸，來百工則財用足，柔遠人則四方歸之，懷諸侯則天下畏之。」公曰：「爲之柰何？」孔子曰：「齊潔盛服，非禮不動，所以修身也；去讒遠色，賤財而貴德，❸所以尊賢也；爵其能，重其禄，同其好惡，所以篤親親也；官盛任使，所以

❶「子」，玉海堂本、四庫本作「重」，下文同。
❷「兄」，四庫本作「昆」。
❸「財」，玉海堂本、四庫本作「利」。

敬大臣也；盛其官，委任使之也。忠信重禄，所以勸士也；忠信者與之重禄也。時使薄斂，所以子百姓也；❶日省月考，❷既廩稱事，❸所以來百工也；既廩，食之多寡，稱其事也。送往迎來，嘉善而矜不能，所以綏遠人也；繼絶世，舉廢邦，治亂持危，朝聘以時，厚往而薄來，所以懷諸侯也。治天下國家有九經，其所以行之者一也。凡事豫則立，不豫則廢。言前定則不跲，跲，躓。事前定則不困，行前定則不疚，道前定則不窮。在下位不獲于上，民弗可得而治矣。獲于上有道：不信于友，不獲于上矣。信于友有道：不順于親，不信于友矣。順于親有道：反諸身不誠，不順于親矣。誠身有道：不明于善，不誠于身矣。誠者，天之至道也。❹誠之者，人之道也。夫誠，弗勉而中，不思而得，從容中道，聖人之所以體定也。❺誠之者，擇善而固執之者也。」公曰：「子之教寡人備矣，敢問行之所始。」孔子曰：「立愛自親始，教民睦也；立敬自長始，教民順也。教之慈睦，而民貴有親；教以敬，而民貴用命。民既孝於親，又順以聽命，措諸

❶「子」，四庫本作「勸」。
❷「考」，四庫本作「試」。
❸「既」，玉海堂本、四庫本作「餼」。下注文同。
❹「至」，玉海堂本、四庫本無此字。
❺「體定」，玉海堂本、四庫本作「定體」。

天下，無所不可。」公曰：「寡人既得聞此言也，懼不能果行而獲罪咎。」

宰我問於孔子曰：「吾聞鬼神之名而不知所謂，敢問焉。」孔子曰：「人生有氣有魄。❶氣者，人之盛也。❷精氣者，人神之盛也。夫生必死，❸死必歸土，此謂鬼。魂氣歸天，此謂神。合鬼與神而享之，教之至也。合神鬼而事之者，孝道之至。孝者，教之所由生也。骨肉弊於下，化爲野土。其氣發揚于上者，❹此神之著也。聖人因物之精，制爲之極，極，中。制爲中法。明命鬼神，以爲民之則。明命，猶尊名，使民事其祖禰也。而猶以是爲未足也，故築爲宮室，設爲宗祧，宗，宗廟也。祧，遠廟也。天子特有二祧。諸侯謂始祖爲祧也。春秋祭祀，以別親疏，教民反古復始，不敢忘其所由生也。衆人服自此，❺聽且速焉。❻聽，謂慎教令也。教以二端，二端既

---

❶「魄」，原誤作「魂」，今據玉海堂本、四庫本及下文改。

❷「人」，玉海堂本、四庫本作「神」。

❸「夫」，玉海堂本、四庫本作「衆」。

❹「發」，四庫本無此字。

❺「人」，玉海堂本、四庫本作「之」。

❻「聽」上，玉海堂本、四庫本有「故」字。

立，報以二禮：二端，氣與魄也。❶ 二禮，謂薦黍稷也。建設朝事，薦腥時也。❷ 燔燎羶薌，所以報氣也。❸ 謂以蕭光取祭脂，以合羶香。薦黍稷，所謂饋食也。修肺、肝，加以鬱鬯，所以報魄也。鬱，香草。鬯，❹樽也。此教民修本反始崇愛，上下用情，禮之至也。民能不忘其所由生，然後能相愛也。上下，謂尊卑。用情，謂親也。君子反古復始，不忘其所由生。是以致其敬，發其情，竭力從事，不敢不自盡也。❺ 此之謂大教。昔者文王之祭也，事死如事生，思死而不欲生，忌日則必哀，稱諱則如見親，祀之忠也。思之深，如見親之所愛。祭欲見親之顔色者，❻其唯文王與？《詩》云：『明發不寐，有懷二人。』則文王之謂與？假此詩以喻文王。二人，謂父母也。祭之明日，明發不寐，有懷二人，敬而致之，又從而思之。祭之日，樂與哀半，饗之必樂，已至必哀，已至，謂祭事已畢，❼不知親饗否，故哀。孝子之情也。文王爲能得之矣。」

---

❶ 「氣與魄也」，玉海堂本、四庫本作「謂氣魄也」。

❷ 「腥」，原誤作「醒」，今據玉海堂本、四庫本改。

❸ 「所以報氣也」至「鬱鬯」三十一字，原脱，今據玉海堂本、四庫本補。

❹ 「鬯」，原誤作「鬱」，今據玉海堂本、四庫本改。

❺ 「自」，四庫本無此字。

❻ 「之」，原脱，今據玉海堂本、四庫本補。

❼ 「已」，原誤作「以」，今據玉海堂本、四庫本改。

孔子家語卷第五

顔回第十八

魯定公問於顔回曰：「子亦聞東野畢之善御乎？」對曰：「善則善矣，雖然，其馬將必佚。」定公色不悦，謂左右曰：「君子固有誣人也？」顔回退。後三日，牧來訴之曰：「東野畢之馬佚，兩驂曳兩服入于廐。」公聞之，越席而起，促駕召顔回。回至，公曰：「前日寡人問吾子以東野畢之御，而子曰：『善則善矣，其馬將佚。』不識吾子奚以知之？」顔回對曰：「以政知之。昔者帝舜巧於使民，造父巧於使馬。舜不窮其民力，造父不窮其馬力。是以舜無佚民，造父無佚馬。今東野畢之御也，升馬執轡，御體正矣；馬非爲車。步驟馳騁，朝禮畢矣；馬步驟馳騁，盡禮之儀也。歷險致遠，馬力盡矣。然而猶乃求馬不已，臣以此知之。」公曰：「善！誠若吾子之言也。吾子之言，其義大矣。願少進乎。」顔回曰：「臣聞之：鳥窮則啄，獸窮則攫，人窮則詐，馬窮則佚。自古及今，未有窮其下而能無危者也。」公悦，遂以告孔子。孔子對曰：「夫其所以爲顔回者，此之類也，豈足多哉？」

孔子在衛，昧旦晨興。顔回侍側，聞哭者之聲甚哀，子曰：「回，汝知此何所哭乎？」對曰：「回以此哭聲非但爲死者而已，又有生離别者也。」子曰：「何以知之？」對曰：「回聞桓山之鳥生四子焉，羽翼既成，將分于四海，其母悲鳴而送之，哀聲有似於此，謂其往而不返也。回竊以音類知之。」孔子使人問哭者，果曰：「父死家貧，賣子以葬，與之長決。」子曰：「回也，善於識音矣。」

顔回問於孔子曰：「成人之行若何？」子曰：「達于情性之理，通於物類之變，知幽明之故，覩游氣之原，若此可謂成人矣。既能成人，而又加之以仁義禮樂，成人之行也。若乃窮神知禮，德之盛也。」禮，宜爲化。

顔回問於孔子曰：「臧文仲、武仲孰賢？」孔子曰：「武仲賢哉。」顔回曰：「武仲世稱聖人而身不免於罪，是智不足稱也。武仲爲季氏廢適立庶，爲孟氏所譖，出奔于齊。好言兵討而挫鋭於邾，是智不足名也。武仲與邾戰而敗績，國人頌之曰：『我君小子侏儒，使我敗於邾。』❶夫文仲，其身雖殁而言不朽，❷惡有未賢？」立不朽之言，故以爲賢。孔子曰：「身殁言立，所以爲文仲

---

❶ 「使」上，玉海堂本有「是使侏儒」四字，四庫本有「是使侏儒，侏儒」六字。《左傳·襄公四年》：「我君小子，朱儒是使。朱儒朱儒，使我敗於邾。」

❷ 「朽」，原誤作「杇」，今據玉海堂本、四庫本改。注同。

也。然猶有不仁者三，不智者三，是則不及武仲也。」回曰：「可得聞乎？」孔子曰：「下展禽，展禽，柳下惠。知其賢而使在下位，不與立於朝也。置六關，六關，關名。魯本無此關，文仲置之以税行者，故爲不仁。《傳》曰「廢六關」，非也。妾織蒲，《傳》曰「織蒲」。蒲，席也。言文仲爲國爲家，在於貪利也。三不仁。設虚器，居蔡。蔡，天子之守龜，非文仲所有，故曰虚器也。縱逆祀，夏父弗忌爲宋人躋僖公於閔公之上，文仲縱而不禁也。祠海鳥，海鳥止于魯東門之上，文仲不知而令國人祠之，是不知也。三不智。武仲在齊，齊將有禍，不受其田，以避其難，武仲奔齊，❶齊莊公將與之田，武仲知莊公將有難，辭而不受也。是智之難也。夫臧武仲之智，❷而不容於魯，抑有由焉：作而不順，施而不恕也夫。不順，不恕，爲廢適立庶。武仲之所以然，欲爲施於季氏也。《夏書》曰：『念兹在兹，順事恕施。』」念此在常，❸當順其事，恕其施也。

顔回問君子，❹孔子曰：「愛近仁，度近智，度事而行，近於智也。爲己不重，爲人不輕，君子也夫。」不重爲人。回曰：「敢問其次。」子曰：「弗學而行，弗思而得。小子勉之。」

---

❶「奔」，玉海堂本、四庫本作「在」。

❷「武」，原誤作「文」，今據玉海堂本、四庫本改。

❸「念」，原誤作「今」，今據玉海堂本、四庫本改。

❹「君子」上，原衍「於」字，今據玉海堂本、四庫本删。

仲孫何忌問於顏回曰：「仁者一言而必有益於仁智，可得聞乎？」回曰：「一言而有益於智，莫如預；❶一言而有益於仁，莫如恕。夫知其所不可由，斯知所由矣。」

顏回問小人，孔子曰：「毀人之善以爲辯，狡訐懷詐以爲智，幸人之有過，耻學而羞不能，小人也。」

顏回問子路曰：「力猛於德而得其死者，鮮矣。盍慎諸焉？」孔子謂顏回曰：「人莫不知此道之美，而莫之御也，御，猶待也。莫之爲也，何居？爲聞者盍日思也夫！」爲聞盍日有聞而後言者。

顏回問於孔子曰：「小人之言有同乎？君子者不可不察也。」孔子曰：「君子以行言，小人以舌言。故君子於爲義之上相疾也，❷退而相愛；相疾，❸急欲相勸令爲仁義。小人於爲亂之上相愛也，退而相惡。」樂並爲亂，❹是以相愛，小人之情不能久親也。

顏回問朋友之際如何，孔子曰：「君子之於朋友也，心必有非焉，而弗能謂吾不知，其仁

---

❶「預」，四庫本作「豫」。

❷「於」，原脱，今據玉海堂本、四庫本補。

❸「疾」，原誤作「病」，今據玉海堂本、四庫本改。

❹「並」，玉海堂本、四庫本作「施」。

人也。不忘久德，不思久怨，仁矣夫。」

叔孫武叔見未仕於顏回，回曰：「賓之。」武叔多稱人之過而己評論之，顏回曰：「固子之來辱也，宜有得於回焉。吾聞知諸孔子，曰：❶『言人之惡，非所以美己；言人之枉，非所以正己。故君子攻其惡，無攻人之惡。』」❷

顏回謂子貢曰：「吾聞諸夫子：『身不用禮而望禮於人，身不用德而望德於人，亂也。』夫子之言，不可不思也。」

子路初見第十九

子路見孔子，子曰：「汝何好樂？」對曰：「好長劍。」孔子曰：「吾非此之問也，徒謂以子之所能，而加之以學問，豈可及乎？」子路曰：「學豈益也哉？」❸孔子曰：「夫人君而無諫臣則失正，士而無教友則失聽。御狂馬不釋策，御狂馬者，不得釋箠策也。操弓不反檠。弓不反

❶「知」，玉海堂本、四庫本無此字。

❷「之」，原脱，今據玉海堂本、四庫本補。

❸「也哉」，原誤作「哉也」，今據玉海堂本、四庫本改。

於檠，然後可持也。木受繩則直，人受諫則聖。受學重問，孰不順哉？毀仁惡士，❶必近於刑。謗毀仁者，憎怒士人，❷必主於刑也。君子不可不學。」子路曰：「南山有竹，不揉自直。❸斬而用之，達于犀革。以此言之，何學之有？」孔子曰：「括而羽之，鏃而礪之，其入之不亦深乎？」子路再拜曰：「敬而受教。」

子路將行，辭於孔子，子曰：「贈汝以車乎？贈汝以言乎？」子路曰：「請以言。」孔子曰：「不强不達，人不以强力，則不能自達。不勞無功，不忠無親，不信無復，信近於義，言可復也。今而不信，則無可復。不恭失禮，慎此五者而矣。」子路曰：「由請終身奉之。敢問親交取親若何？言寡可行若何？長爲善士而無犯若何？」孔子曰：「汝所問苞在五者中矣。親交取親，其忠也。言寡可行，其信乎。長爲善士而無犯，於禮也。」

孔子爲魯司寇，見季康子，康子不悦。當爲桓子，非康子也。孔子又見之。宰予進曰：「昔予也常聞諸夫子曰：『王公不我聘，則弗動。』今夫子之於司寇也日少，謂在司寇官少日淺。而屈節數矣，謂屈節數見於季孫。不可以已乎？」孔子曰：「然。魯國以衆相陵、以兵相暴之日

---

❶「士」，原誤作「仕」，今據玉海堂本、四庫本改。

❷「憎」，玉海堂本作「增」。「怒」，玉海堂本、四庫本作「怨」。

❸「揉」，原誤作「柔」，今據玉海堂本、四庫本改。

久矣，而有司不治，則將亂也。其聘我者，孰大於是哉？」言聘我使在官，其爲治豈復可大於此者也？❶魯人聞之，曰：「聖人將治，何不先自遠刑罰？」自此之後，國無争者。孔子謂宰予曰：「違山十里，蟪蛄之聲，猶在於耳。故政事莫如應之。」違，去也。蟪蛄，蟂蟟也。蟂蟟之聲，去山十里猶在於耳，以其鳴而不已。言政事須慎聽之，然後行之者也。

孔子兄子有孔篾者，❷與宓子賤偕仕。孔子往過孔篾，而問之曰：「自汝之仕，何得何亡？」對曰：「未有所得，而所亡者三：王事若龍，龍，宜爲襲，前後相因也。學焉得習？言不得習學也。是學不得明也。俸禄少，饘粥不及親戚，是以骨肉益疏也。❸公事多急，不得吊死問疾，是朋友之道闕也。其所亡者三，即謂此也。」孔子不悅。往過子賤，問如孔篾。對曰：「自來仕者，無所亡，其有所得者三：始誦之，今得而行之，是學益明也。俸禄所供，被及親戚，是骨肉益親也。雖有公事，而兼以弔死問疾，是朋友篤也。」孔子喟然謂子賤曰：「君子哉若人！若人，猶言是人者也。魯無君子者，則子賤焉取此？」如魯無君子者，此人安得而學之？言魯有君子也。

---

❶「可」，四庫本作「有」。

❷「篾」，玉海堂本作「蔑」。下同。

❸「以」，四庫本無此字。

孔子侍坐於哀公，賜之桃與黍焉。哀公曰：「請食。」❶孔子先食黍，而後食桃。左右皆掩口而笑。公曰：「黍者所以雪雪，拭。桃，非爲食之也。」孔子對曰：「丘知之矣。然夫黍者，五穀之長，郊禮宗廟以爲上盛。菓屬有六，而桃爲下。祭祀不用，不登郊廟。丘聞之，君子以賤雪貴，不聞以貴雪賤。今以五穀之長雪菓之下者，是從上雪下。臣以爲妨於教，害於義，故不敢。」公曰：「善哉。」

子貢曰：「陳靈公宣婬於朝，靈公與卿共婬夏姬。泄冶正諫而殺之，❷是與比干諫而死同，可謂仁乎？」子曰：「比干於紂，親則諸父，官則少師，忠報之心，在於宗廟而已，固必以死争之。冀身死之後，紂將悔寤，其本志情在於仁者也。泄冶之於靈公，位在大夫，無骨肉之親，懷寵不去，仕於亂朝。以區區之一身，欲正一國之婬昏，死而無益，可謂狷矣。❸《詩》云：『民之多辟，❹無自立辟。』僻，邪辟。其泄冶之謂乎！」

孔子相魯，齊人患其將霸，欲敗其政。乃選好女子八十人，衣以文飾而舞《容璣》，《容

❶ 「食」，玉海堂本、四庫本無此字。

❷ 「泄冶」，原誤作「泄治」，今據玉海堂本、四庫本改。下文「泄冶」同。

❸ 「狷」，原誤作「捐」，今據玉海堂本、四庫本改。

❹ 「辟」，玉海堂本、四庫本作「僻」。

璣》，舞曲。及文馬四十駟，駟，四馬也。以遺魯君。陳女樂，列文馬于魯城南高門外。季桓子微服往觀之再三，將受焉，告魯君爲周道遊觀。觀之終日，怠於政事。子路言於孔子曰：「夫子可以行矣。」孔子曰：「魯今且郊，若致膰於大夫，膰，祭肉也。是則未廢其常，吾猶可以止也。」桓子既受女樂，君臣淫荒，三日不聽國政，郊又不致膰俎。孔子遂行，宿於郭屯。師以送，曰：「夫子非罪也。」孔子曰：「吾歌可乎？」歌曰：「彼婦人之口，可以出走。彼婦人之謁，❶可以死敗。言婦人口請謁，❷足以使人死敗，故可出走。優哉游哉，聊以卒歲。」言士不遇，優游以終歲也。

澹臺子羽有君子之容，而行不勝其貌。宰我有文雅之辭，而智不充其辯。孔子曰：「里語云：『相馬以輿，相士以居。』弗可廢矣。以容取人，則失之子羽。以辭取人，則失之宰予。」

孔子曰：「君子以其所不能畏人，小人以其所不能不信人。故君子長人之才，小人抑人而取勝焉。」

---

❶「謁」，原誤作「請」，今據玉海堂本、四庫本改。

❷「言」，玉海堂本作「謂」。

孔篾問行己之道，子曰：「知而弗爲，莫如勿知；親而弗信，莫如勿親。樂之方至，樂而勿驕；患之將至，思而勿憂。」孔篾曰：「行己乎？」子曰：「攻其所不能，補其所不備。毋以其所不能疑人，毋以其所能驕人。終日言，無遺己憂；❶終日行，不遺己患。唯智者有之。」

在厄第二十

楚昭王聘孔子，孔子往拜禮焉，路出于陳、蔡。陳、蔡大夫相與謀曰：「孔子聖賢，其所刺譏，皆中諸侯之病。若用於楚，則陳、蔡危矣。」遂使徒兵距孔子。孔子不得行，絶糧七日，外無所通，藜羹不充，從者皆病。孔子愈慷慨講誦，❷絃歌不衰。乃召子路而問焉，曰：「《詩》云：『匪兕匪虎，率彼曠野。』率，修也。❸言非兕虎而修曠野也。吾道非乎？奚爲至於此？」子路愠，作色而對曰：「君子無所困。意者夫子未仁與？人之弗吾信也。言人不信，豈以未仁故也。意者夫子未智與？人之弗吾行也。言人不使通行而困窮者，豈以吾未智也。且由也昔者聞諸夫子：爲善者天報之以福，爲不善者天報之以禍。今夫子積德懷義，行之久矣，

❶「己」下，原衍「之」字，今據玉海堂本、四庫本删。

❷「誦」，原脱，今據玉海堂本、四庫本補。

❸「修」，玉海堂本、四庫本作「循」。下「修」字同。

奚居之窮也？」子曰：「由未之識也，吾語汝。汝以仁者爲必信也，則伯夷、叔齊不餓死首陽？汝以智者爲必用也，則王子比干不見剖心？汝以忠者爲必報也，則關龍逢不見刑？汝以諫者爲必聽也，則伍子胥不見殺？夫遇不遇者，時也。賢不肖者，才也。君子博學深謀而不遇時者衆矣，何獨丘哉？且芝蘭生於深林，不以無人而不芳；君子修道立德，不謂窮困而改節。❶爲之者人也，生死者命也。是以晉重耳之有霸心，生於曹、衛。重耳，晉文公也。爲公子時出奔，困於曹衛。越王勾踐之有霸心，生於會稽。言越王之有霸心，乃生困於會稽之時也。❷故居下而無憂者，則思不遠；處身而常逸者，則志不廣。庸知其終始乎？」庸，用也。汝何用知其終始，或者晉文公、越王之時也。❸子路出，召子貢，告如子路。子貢曰：「夫子之道至大，故天下莫能容夫子。夫子盍少貶焉？」子曰：「賜，良農能稼，不必能穡；種之爲稼，斂之爲穡。良農能善種之，❹未必能斂穫之也哉。良工能巧，不能爲順。言良工能巧，不能每順人意也。君子能修其道，綱而紀之，不必其能容。今不修其道而求其容，賜，爾志不廣矣，思不遠矣。」

---

❶「謂」，玉海堂本、四庫本作「爲」。「改」，玉海堂本、四庫本作「敗」。

❷「生」，玉海堂本、四庫本作「坐」。

❸「晉」，玉海堂本、四庫本作「若」。

❹「良」上，玉海堂本、四庫本有「言」字。「善」，原誤作「蓋」，今據玉海堂本、四庫本改。

子貢出，顔回入，問亦如之。顔回曰：「夫子之道至大，天下莫能容。雖然，夫子推而行之，世不我用，有國者之醜也。夫子何病焉？不容然後見君子。」孔子欣然歎曰：「有是哉，顔氏之子！吾亦使爾多財，吾爲爾宰。」宰，主財者。爲汝主財，意志同也。❶

子路問於孔子曰：「君子亦有憂乎？」子曰：「無也。君子之修行也，其未得之，則樂其意。既得之，又樂其治。是以有終身之樂，無一日之憂。小人則不然，其未得也，患弗得之。既得之，又恐失之。是以有終身之憂，無一日之樂也。」

曾子弊衣而耕於魯，魯君聞之，而致邑焉，曾子固辭不受。或曰：「非子之求，君自致之，奚固辭也？」曾子曰：「吾聞受人施者常畏人，與人者常驕人。縱君有賜，不我驕也，吾豈能勿畏乎？」孔子聞之，曰：「參之言，足以全其節也。」

孔子厄於陳、蔡，從者七日不食。子貢以所齎貨竊犯圍而出，告糴於野人，得米一石焉。顔回、仲由炊之於壤屋之下，❷有埃墨墮飯中，顔回取而食之。子貢自井望見之，不悦，以爲竊食也。入問孔子曰：「仁人廉士，窮改節乎？」孔子曰：「改節即何稱於仁廉哉？」子

❶「意」，玉海堂本、四庫本作「言」。「志」下，四庫本有「之」字。

❷「壤」，玉海堂本、四庫本作「壞」。

貢曰：「若回也，其不改節乎？」子曰：「然。」子貢以所飯告孔子，子曰：「吾信回之爲仁久矣。雖汝有云，弗以疑也。其或者必有故乎？汝止，吾將問之。」召顏回曰：「疇昔予夢見先人，豈或啓祐我哉？子炊而進飯，吾將進焉。」對曰：「向有埃墨墮飯中。欲置之，則不潔。欲棄之，則可惜。回即食之，不可祭也。」孔子曰：「然乎？吾亦食之。」顏回出，孔子顧謂二三子曰：「吾之信回也，非待今日也。」二三子由此乃服之。

入官第二十一

子張問入官於孔子，入官，謂當官治民之職也。孔子曰：「安身取譽爲難。」子張曰：「爲之如何？」孔子曰：「己有善勿專，雖有善，當與下共之，勿專以爲己有者也。教不能勿怠，怠，懈。已過勿發，言人已過誤，無所傷害，勿發揚。失言勿掎，有人失言，勿掎角之。不善勿遂，己有不善，不可遂行。行事勿留。宜行之事，勿令留滯。君子入官，有此六者，❶則身安譽至而政從矣。衆從其政，無違教也。且夫忿數者，官獄所由生也；距諫者，慮之所以塞也；慢易者，禮之所以失也；怠惰者，時之所以後也；奢侈者，財之所以不足也；專獨者，事之所以不成也。君子入

❶「有」，玉海堂本、四庫本作「自」。

官，除此六者，則身安譽至而政從矣。故君子南面臨官大域之中而公治之，大域，猶宰較也。❶精智而略行之，以精知之。略行，舉其要而行之。合是忠信，考是大倫，存是美惡，進是利而除是害，無求其報焉，而民之情可得也。夫臨之無抗民之惡，治民無抗揚之志也。勝之無犯民之言，以慎勝民，言不犯民。量之無佼民之辭，佼，猶周也。度量而施政，辭不周民也。養之無擾於其時，愛之無寬於刑法，言雖愛民，不可寬於刑法，威尅其愛，故事無不成也。若此則身安譽至而民得也。君子以臨官所見則邇，故明不可蔽也；所見邇，謂察於微也。所求於邇，故不勞而得也；所求者近，故不勞而得也。所以治者約，故不用衆而譽立。凡法象在内，故法不遠而源泉不竭，法象近在於内，故不遠而源泉不竭盡。是以天下積而本不寡，言天下之事，皆積聚而成，如源泉之本，非徒不竭，乃不寡。短長得其量，人志治而不亂政。德貫乎心，藏乎志，形乎色，發乎聲，若此而身安譽至，民咸自治矣。是故臨官不治則亂，亂生則争之者至，争之至，又於亂。小亂則争，争之甚者，又大亂至矣也。明君必寬裕以容其民，❷慈愛優柔之，而民自得矣。行者，政之始也；行爲政始，言民從行不從言也。説者，情之導也。言説者，但導達其情。善政行易而民不怨，❸

❶「宰」，四庫本作「大」。

❷「裕」，玉海堂本作「祐」。

❸「而」，玉海堂本、四庫本作「則」。

言善政行簡易而民無怨者也。言調説和則民不變，調，適也。言適於事，説和於民，則不變。法在身則民象之，❶言法度常在身，則民法之。明在己則民顯之。若乃供己而不節，則財利之生者微矣。言自供不節於財，財不可供，生財之道微矣。貪以不得，則善政必簡矣。言徒貪於不得財，善政則簡略而不脩也。苟以亂之，則善言必不聽也。詳以納之，則規諫日至。納善言也。言之善者，在所日聞；日聞善言，可行於今日也。行之善者，在所能爲。故君上者，民之儀也；有司執政者，民之表也；邇臣便僻者，群僕之倫也。僻，宜爲辟。便辟，執事在君之左右者。倫，紀也，爲衆之紀。故儀不正則民失，表不端則百姓亂，邇臣便僻則群臣汙矣。是以人主不可不敬乎三倫。君子修身反道，察里言而服之，服，行。則身安譽至，終始在焉。故夫女子必自擇絲麻，良工必自擇貌材，❷賢君必自擇左右。勞於取人，佚於治事。君子欲譽，則必謹其左右。爲上者，譬如緣木焉，務高而畏下滋甚。六馬之乖離，必於四達之交衢。萬民之叛道，必於君上之失政。上者尊嚴而危，民者卑賤而神。君有愛思之心感於民，故謂如神。愛之則存，惡之則亡。長民者必明此之要。故南面臨官，貴而不驕，富而能供，供，宜爲共，❸古恭字也。有本而

❶ 「之」，原脱，今據玉海堂本、四庫本補。

❷ 「貌」，玉海堂本、四庫本作「完」。

❸ 「共」，玉海堂本作「恭」。

能圖末，修事而能建業，既能修治舊事，又人君能建乎功業也。❶久居而不滯，情近而暢乎遠，察一物而貫乎多，治一物而萬物不能亂者，以身本者也。君子蒞民，不可以不知民之性而達諸民之情。既知其性，又習其情，然後民乃從命矣。故世舉則民親之，政均則民無怨。故君子蒞民，不臨以高，不亢揚也。不導以遠，不責民之所不爲，不强民之所不能。以明王之功，不因其情，則民嚴而不迎。迎，奉也。民嚴畏其上，而不奉迎其教。篤之以累年之業，不因其力，則民引而不從。引，弘也。❷教之以非其力之所堪，則民引而不從其教也矣。❸若責民所不爲，强民所不能，則民疾，疾則僻矣。民疾其上，即邪僻之心生。古者聖主冕而前旒，所以蔽明也；紘紞充耳，所以掩聰也。水至清則無魚，人至察則無徒。枉而直之，使自得之；優而柔之，使自求之；優，寬也。柔，和也。使自求其宜也。揆而度之，使自索之。揆度其法以開示之，使自索得之也。民有小罪，❹必求其善，以赦其過；民有大罪，必原其故，以仁輔化。如有死罪，其使之生，則善也。是以上下親而不離，道化流而不蘊。蘊，滯積也。故德者，政之始也。政不

❶「人君」，玉海堂本、四庫本無此二字。「乎」，玉海堂本、四庫本作「立」。

❷「弘」，四庫本作「導」。

❸「引」下，原衍「弘」字，今據玉海堂本、四庫本删。

❹「罪」，玉海堂本、四庫本作「過」。

和，則民不從其教矣。不從教，則民不習。不習，則不可得而使也。君子欲言之見信也，莫善乎先虛其內；虛其內，謂直道而行，無情故也。❶欲政之速行也，莫善乎以身先之；欲民之速服也，莫善乎以道御之。故雖服必强，言民雖服，必以威强之，非心服也哉。自非忠信，則無可以取親於百姓者矣。內外不相應，則無已取信於庶民者矣。❷此治民之至道矣，入官之大統矣。」子張既聞孔子斯言，遂退而記之。

困誓第二十二

子貢問於孔子曰：「賜倦於學，困於道矣。願息於事君，可乎？」孔子曰：「《詩》云：『溫恭朝夕，執事有恪。』敬也。事君之難也，焉可息哉？」曰：「然則賜願息而事親。」孔子曰：「《詩》云：『孝子不匱，永錫爾類。』匱，竭也。類，善也。孝子之道不匱竭者，能以類相傳，長錫爾以善道也。事親之難也，焉可以息哉？」曰：「然則賜請願息於妻子。」❸孔子曰：「《詩》云：『刑于寡妻，至于兄弟，以御于家邦。』刑，法也。寡，適也。御，正也。文王以正法接其寡妻，至于同姓

❶「故」，玉海堂本、四庫本作「欲」。
❷「已」，玉海堂本、四庫本作「可以」。
❸「則」，原脱，今據玉海堂本、四庫本補。

兄弟，以正治天下之國家者矣。妻子之難也，焉可以息哉？」曰：「然則賜願息於朋友。」❶孔子曰：「《詩》云：『朋友攸攝，攝以威儀。』朋友之難也，焉可以息哉？」曰：「然則賜願息於耕矣。」孔子曰：「《詩》云：『晝爾于茅，宵爾索綯，亟其乘屋，其始播百穀。』宵，夜。綯，絞也。當以時治屋也。亟，疾也。當亟乘爾屋以善治之也。其復當脩農播百穀，言無懈怠。耕之難也，焉可以息哉？」曰：「然則賜將無所息者也？」孔子曰：「有焉。自望其廣，則睪如也；廣，宜爲壙。❷睪，高貌。壙而高，❸冢是也。視其高，則填如也；填，塞實貌也。冢雖高而塞實也。察其從，則隔如也。言其隔而不得復相從也。此其所以息也矣。」子貢曰：「大哉乎死也！君子息焉，小人休焉。大哉乎死也！」

孔子自衛將入晉，至河，聞趙簡子殺竇犨鳴犢及舜華，乃臨河而歎曰：「美哉水，洋洋乎！丘之不濟此，命也夫！」子貢趍而進曰：「敢問何謂也？」孔子曰：「竇犨鳴犢、舜華，晉之賢大夫也。趙簡子未得志之時，須此二人而後從政。及其已得志也而殺之。丘聞之：刳胎殺夭，則麒麟不至其郊；竭澤而漁，則蛟龍不處其淵；覆巢破卵，則鳳凰不翔其

---

❶「則」，原脱，今據玉海堂本、四庫本補。

❷「宜」，原誤作「反」，今據玉海堂本、四庫本改。

❸「壙」，原誤作「墉」，今據玉海堂本、四庫本改。

邑。何則？君子違傷其類者也。違，去也。違或爲諱也。❶鳥獸之於不義尚知避之，况於人乎？」遂還，息於鄹，作《槃操》以哀之。❷《槃操》，琴曲名也。

子路問於孔子曰：「有人於此，夙興夜寐，耕芸樹藝，手足胼胝，以養其親，然而名不稱孝，何也？」孔子曰：「意者身不敬與？辭不順與？色不悦與？古之人有言曰：『人與己與不汝欺。』言人與己事實相通，不相欺也。今盡力養親而無三者之闕，何謂無孝之名乎？」孔子曰：「由，汝志之，吾語汝：雖有國士之力，而不能自舉其身，非力之少，勢不可矣。夫内行不修，身之罪也；行修而名不彰，友之罪也。行修而名自立。故君子入則篤行，出則交賢，何謂無孝名乎？」

孔子遭厄於陳、蔡之間，絶糧七日，弟子餒病。孔子絃歌。子路入見，曰：「夫子之歌，禮乎？」孔子弗應。曲終而曰：「由，來，吾語汝：君子好樂，爲無驕也；小人好樂，爲無慴也。慴，懼。其誰之子不我知而從我者乎？」其誰之子，猶言以誰氏子，謂子路，曰雖從我而不知我也。❸子路悦，援戚而舞，三終而出。明日，免於厄，子貢執轡，曰：「二三子從夫子而遭此難

❶「爲」，玉海堂本、四庫本作「作」。
❷「操」，原誤作「琴」，今據四庫本改。
❸「曰」，玉海堂本、四庫本無此字。

也，其弗忘矣。」孔子曰：「善。惡何也？善子貢言也。惡何，猶言是何也。夫陳、蔡之間，丘之幸也。二三子從丘者，皆幸也。吾聞之，君不困不成王，烈士不困行不彰。庸知其非激憤厲志之始於是乎在？」

孔子之宋，匡人簡子以甲士圍之。子路怒，奮戟將與戰。孔子止之，曰：「惡有修仁義而不免世俗之惡者乎？❶夫詩書之不講，禮樂之不習，是丘之過也。若以述先王、好古法而爲咎者，則非丘之罪也，命夫！❷歌，予和汝。」子路彈琴而歌，孔子和之，曲三終，匡人解甲而罷。

孔子曰：「不觀高崖，何以知顛墜之患？不臨深泉，何以知没溺之患？不觀巨海，何以知風波之患？失之者其不在此乎？❸不在此三者之或也。❹士慎此三者，則無累於身矣。」

子貢問於孔子曰：「賜既爲人下矣，而未知爲人下之道，敢問之。」子曰：「爲人下者，其

---

❶「世俗之惡者乎」，玉海堂本、四庫本作「俗者乎」。

❷「命」下，原衍「之」字，今據玉海堂本、四庫本删。

❸「不」，原脱，今據玉海堂本、四庫本補。

❹「或」，玉海堂本、四庫本作「域」。

猶土乎？汩之之深則出泉。❶汩，渥。樹其壤，則百穀滋焉，草木植焉，禽獸育焉。生則出焉，死則入焉，多其功而不意，功雖多而無所意也。弘其志而無不容。❷爲人下者，當弘志如地，❸無所不容也。爲人下者以此也。」

孔子適鄭，與弟子相失，獨立東郭門外。或人謂子貢曰：「東門外有一人焉，其長九尺有六寸，河目隆顙，河目，上下匡平而長。顙，頰也。其頭似堯，其頸似皋繇，其肩似子産，然自腰已下不及禹者三寸，❹纍然如喪家之狗。」喪家狗，主人哀荒，不見飯食，❺故纍然不得意。孔子生於亂世，道不得行，故纍然，是不得意之貌也。子貢以告，孔子欣然而歎曰：「形狀，末也。如喪家之狗，然乎哉！然乎哉！」

孔子適衛，路出于蒲。會公叔氏以蒲叛衛，而止之。孔子弟子有公良儒者，❻爲人賢

---

❶「之之」，玉海堂本、四庫本不重文。

❷「弘」，玉海堂本、四庫本作「恢」。

❸「弘志」，玉海堂本、四庫本作「恢弘其志」。

❹「已」，玉海堂本、四庫本作「以」。

❺「飯」，玉海堂本、四庫本作「飲」。

❻「儒」，四庫本作「孺」。

長，有勇力，以私車五乘從夫子行，喟然曰：「昔吾從夫子遇難于匡，又伐樹於宋，孔子與弟子行禮於大樹之下，桓魋欲害之，故先伐其樹焉。今遇困於此，命也夫！與其見夫子仍遇於難，寧我鬭死。」挺劍而合衆，將與之戰。蒲人懼，曰：「苟無適衛，吾則出子。」以盟孔子，❶而出之東門。孔子遂適衛。子貢曰：「盟可負乎？」孔子曰：「要我以盟，非義也。」衛侯聞孔子之來，喜而於郊迎之。問伐蒲，對曰：「可哉。」公曰：「吾大夫以爲蒲者，衛之所以恃晉、楚也。伐之無乃不可乎？」孔子曰：「其男子有死之志，公叔氏欲蒲適他國，故男子欲死之，不樂適也。吾之所伐者不過四五人矣。」本與叔孫同畔者也。❷公曰：「善。」卒不果伐。他日，靈公又與夫子語，見飛鴈過，而仰視之，色不悦，孔子乃逝。逝，行。

衛籧伯玉賢，而靈公不用。彌子瑕不肖，反任之。史魚驟諫而不從。史魚病將卒，命其子曰：「吾在衛朝，不能進籧伯玉，退彌子瑕，是吾爲臣不能正君也。生而不能正君，則死無以成禮。我死，汝置屍牖下，於我畢矣。」禮，飯含於牖下，小斂於户内，大斂於阼，殯於客位也。其子從之。靈公弔焉，怪而問焉。其子以其父言告公。公愕然失容，曰：「是寡人之過也。」

❶「以」，玉海堂本、四庫本作「乃」。

❷「畔」，原誤作「伴」，今據玉海堂本改。四庫本作「叛」。

於是命之殯於客位，進蘧伯玉而用之，退彌子瑕而遠之。孔子聞之曰：「古之列諫之者，死則已矣。未有若史魚死而屍諫，忠感其君者也。可不謂直乎？」❶

五帝德第二十三

宰我問於孔子曰：「昔者吾聞諸榮伊曰：『黃帝三百年。』請問黃帝者，人也？抑非人也？何以能至三百年乎？」孔子曰：「禹、湯、文、武、周公，不可勝以觀也。而上世黃帝之問，將謂先生難言之故乎？」言禹湯已下，不可勝觀，乃問上世黃帝，將爲先生長老難言之故問。宰我曰：「上世之傳，隱微之説，卒采之辯，采，事也。辯，説也。卒，終也。其事之説也。闇忽之意，闇忽，久遠不明。❷非君子之道者，則予之問也固矣。」❸固陋不得其問。孔子曰：「可也。吾略聞其説。黃帝者，少昊之子，❹曰軒轅。生而神靈，弱而能言。幼齊叡莊，敦敏誠信。長聰明，

---

❶「可不」，原誤作「不可」，今據王海堂本、四庫本改。

❷「久」，原誤作「友」，今據王海堂本、四庫本改。

❸「予」，王海堂本作「子」。

❹「昊」，王海堂本、四庫本作「典」。

治五氣，五行之氣。設五量，五量：權衡、升斛、尺丈、里步、十百。撫萬民，度四方。商度四方而撫安定。❶服牛乘馬，擾馴猛獸，以與炎帝戰于阪泉之野，炎帝，神農氏之後也。三戰而後剋之。始垂衣裳，作爲黼黻。白與黑謂之黼，若斧文。黑與青謂之黻，若兩己相戾。治民以順天地之紀，知幽明之故，達生死存亡之説。❷播時百穀，時，是。嘗味草木，仁厚及於鳥獸昆蟲，考日月星辰，勞耳目，勤心力，用水火財物以生民。民賴其利，百年而死；民畏其神，百年而亡；民用其教，百年而移。故曰黄帝三百年。」

宰我曰：「請問帝顓頊。」孔子曰：「五帝用説，三王有度。五帝久遠，故用説也。三王邇，則有成法度。汝欲一日徧聞遠古之説，躁哉予也。」宰我曰：「昔予也聞諸夫子曰：『小子毋或宿。』故敢問。」有所問當問，勿令更宿也。孔子曰：「顓頊，黄帝之孫，昌意之子，曰高陽。淵而有謀，疏通以知遠，養財以任地，履時以象天。依鬼神而制義，治氣性以教衆，潔誠以祭祀，巡四海以寧民。北至幽陵，南暨交趾，西抵流沙，東極蟠木。動静之類，❸小大之物，日月所照，莫不底屬。」底，平。四遠皆平，而來服屬之也。

---

❶ 「撫」，原誤作「無」，今據玉海堂本改。四庫本無此字。「定」下，四庫本有「之」字。

❷ 「生死」，玉海堂本、四庫本作「死生」。

❸ 「類」，原誤作「神」，今據玉海堂本、四庫本改。

宰我曰：「請問帝嚳。」孔子曰：「玄枵之孫，喬極之子，曰高辛。生而神異，自言其名。博施厚利，不於其身。聰以知遠，明以察微。仁以威，❶惠而信，以順天地之義。知民所急，修身而天下服。取地之財而節用焉，❷撫教萬民而誨利之，歷日月之生朔而迎送之，明鬼神而敬事之。其色也和，其德也重，其動也時，其服也衷。❸春夏秋冬，育護天下。日月所照，風雨所至，莫不從化。」

宰我曰：「請問帝堯。」孔子曰：「高辛氏之子，曰陶唐。其仁如天，其智如神。就之如日，望之如雲。富而不驕，貴而能降。伯夷典禮，夔、龍典樂，舜時夔典樂，龍作納言，然則堯時龍亦典樂者也。舜時而仕，趨視四時，務元民始之。❹務先民事以爲始也。流四凶而天下服。其言不忒，其德不回。四海之内，舟輿所及，莫不夷説。」夷，平心。説，古通以爲悦字。

宰我曰：「請問帝舜。」孔子曰：「喬牛之孫，瞽瞍之子也，曰有虞。舜孝友聞於四方，陶漁事親。爲陶器，躬捕魚，以養父母。寬裕而温良，敦敏而知時，畏天而愛民，恤遠而親近。承

❶「以」，玉海堂本、四庫本作「而」。
❷「焉」，玉海堂本、四庫本作「之」。
❸「衷」，原誤作「哀」，今據玉海堂本、四庫本改。
❹「元」，玉海堂本、四庫本作「先」。

受大命，依于二女，堯妻舜以二女，舜動静謀之於二女。叡明智通，爲天下帝。命二十二臣，率堯舊職，躬己而已。❶天平地成，巡狩四海，五載一始。三十年在位，嗣帝五十載，陟方岳，死于蒼梧之野而葬焉。」

宰我曰：「請問禹。」孔子曰：「高陽之孫，鯀之子也，曰夏后。敏給克齊，其德不爽，爽，忒。其仁可親，其言可信。聲爲律，身爲度。以身爲法度也。亹亹穆穆，爲紀爲綱。其功爲百神之主，禹治水，天下既平，然後百神得其所。其惠爲民父母。左準繩，右規矩，左、右，言常用也。履四時，所行不違四時之宜。據四海。任皋繇、伯益以贊其治，興六師以征不序，四極之民莫敢不服。」孔子曰：「予，大者如天，小者如言，民悦至矣。予也，非其人也。」言不足以明五帝之德也。宰我曰：「予也不足以戒，敬承矣。」他日，宰我以語子貢。子貢以復孔子，子曰：「吾欲以顔狀取人也，則於滅明改之矣；❷吾欲以言辭取人也，則於宰我改之矣；吾欲以容貌取人也，則於子張改之矣。」宰我聞之，懼，弗敢見焉。

---

❶「躬」，四庫本作「恭」。

❷「之」，原脱，今據玉海堂本、四庫本補。

孔子家語卷第六

五帝第二十四

季康子問於孔子曰：「舊聞五帝之名而不知其實，請問何謂五帝？」孔子曰：「昔丘也聞諸老聃曰：『天有五行：水、火、金、木、土。❶分時化育，以成萬物。一歲三百六十日，五行各主七十二日也。化生長育，一歲之功，萬物莫敢不成。其神謂之五帝。』五帝，五行之神，佐生物者。❷而讖緯皆爲之名字，❸亦爲妖恠妄言。古之王者，易代而改號，取法五行。五行更王，終始相生，亦象其義。法五行更王，終始相生。始以木德王天下，其次以生之行轉相承。而諸説乃謂五精之帝下生王者，其爲蔽惑無可言也。❹更，古衡反。王，音旺。故其爲明王者，而死配五行。是以太皞配木，炎

❶「水火金木土」，玉海堂本、四庫本作「木火金水土」。

❷「佐」下，玉海堂本、四庫本有「天」字。

❸「而」，玉海堂本、四庫本作「後世」。

❹「蔽惑」，原誤作「帝或」，今據玉海堂本、四庫本改。

帝配火，黃帝配土，少皞配金，顓頊配水。」康子曰：「太皞氏其始之木何如？」孔子曰：「五行用事，先起於木。木東方，萬物之初皆出焉，是故王者則之，而首以木德王天下，其次則以所生之行轉相承也。」木生火，火生土之屬。王天音旺。康子曰：「吾聞勾芒爲木正，祝融爲火正，蓐收爲金正，玄冥爲水正，后土爲土正。此五行之主而不亂，❶稱曰帝者，何也？」孔子曰：❷「凡五正者，五行之官名。五行佐成上帝，而稱五帝。太皞之屬配焉，亦云帝，從其號。天至尊，物不可以同其號，亦兼稱上帝，上天以其五行佐成天事，❸謂之五帝。以地有五行，而其精神在上，故亦爲帝。❹五帝，黃帝之屬，故亦稱帝，亦從天五帝之號。故王者雖號稱帝，而不或曰天帝而曰天子者，❺而天子與父其尊卑相去遠矣。曰天王者，言乃天下之王也。昔少皞氏之子有四叔：曰重，曰該，曰脩，曰熙，實能金木及水。使重爲勾芒，該爲蓐收，脩及熙爲玄冥。顓頊氏之子曰黎，

---

❶「此」下，玉海堂本、四庫本有「則」字。

❷「孔子」，玉海堂本、四庫本作「夫子」。

❸「天以其」，玉海堂本、四庫本作「得包下」。

❹「帝五帝」，玉海堂本、四庫本作「之上帝」。

❺「或曰」，玉海堂本、四庫本作「得稱」。

爲祝融。共工氏之子曰勾龍，❶爲后土。此五者各以其所能業爲官職，各以一行之官爲職業之事。生爲上公，死爲貴神，别稱五祀，不得同帝。」五祀，上公之神，故不得稱帝也。其序則五正不及五帝，❷五帝不及天地。而不知者以祭社爲祭地，❸不亦失之遠矣？且土與火水俱爲五行，❹是地之子也。以子爲母，不亦顛倒失尊卑之序也？康子曰：「如此之言，帝王改號，於五行之德，各有所統，則其所以相變者，皆主何事？」在木家而尚赤，❺所以問也。孔子曰：「所尚則各從其所王之德次焉。木次火，而木家尚赤者，以木德義之著，修其母兼其子。夏后氏以金德王，色尚黑，❻大事斂用昏，大事，喪。昏時亦黑也。戎事乘驪，黑馬也。牲用玄。殷人用水德王，❼色尚白，水家尚青，而尚白者，避土家之尚青。大事斂用日中，日中白也。戎事乘翰，翰，白色馬。牲用白。周人以木德

❶「共」，玉海堂本、四庫本作「龔」。
❷「其序則」，原誤作「正史者」，今據玉海堂本、四庫本改。
❸「知」，原誤作「設」，今據玉海堂本、四庫本改。
❹「火水」，玉海堂本、四庫本作「水火」。
❺「在」，玉海堂本作「恠」，四庫本作「怪」。
❻「色」，玉海堂本、四庫本作「而」。
❼「用」，玉海堂本、四庫本作「以」。

王，色尚赤，大事斂用日出，日出時亦赤也。戎事乘騵，騵，馬白腹。牲用騂。騂，赤色也。❶此三代之所以不同。」康子曰：「唐、虞二帝，其所尚者何色？」孔子曰：「堯以火德王，色尚黄。舜以土德王，色尚青。」土家宜尚白。土者四行之主，王於四季。五行用事，先起於水，❷色青。是以水家避土，❸土家尚白。❹康子曰：「陶唐、有虞、夏后、殷、周獨不配五帝，❺意者德不及上古耶？將有限乎？」孔子曰：「古之平治水土及播殖百穀者衆矣，唯勾龍氏兼食於社，❻兼，猶配也。而棄爲稷神，易代奉之，無敢益者，明不可與等。故自太皞以降逮于顓頊，其應五行而王，數非徒五，而配五帝，是其德不可以多也。」

❶ 「色」，玉海堂本、四庫本作「類」。
❷ 「水」，玉海堂本、四庫本作「木」。
❸ 「水」，玉海堂本、四庫本作「木」。
❹ 「家」下，玉海堂本、四庫本有「之所」二字。
❺ 「不」下，玉海堂本、四庫本有「得」字。
❻ 「氏」，玉海堂本、四庫本無此字。

執轡第二十五

閔子騫爲費宰，問政於孔子。子曰：「以德、以法。夫德法者御民之具，猶御馬之有銜勒也。君者，人也。吏者，轡也。刑者，策也。夫人君之政，執其轡策而已。」子騫曰：「敢問古之爲政。」孔子曰：「古者天子以内史爲左右手，内史掌王八柄及叙事之法，❶納以詔王聽治。❷命孤卿大夫，則策命。以四方之事，書則讀之。❸王制禄，則書之策，❹賞則亦如之，故王以爲左右手。費，芳未反。以德法爲銜勒，以百官爲轡，以刑罰爲策，以萬民爲馬，故御天下數百年而不失。善御馬者，❺正銜勒，齊轡策，均馬力，和馬心。故口無聲而馬應轡，策不舉而極千里。善御民者，❻壹其德法，正其百官，以均齊民力，和安民心。故令不再而民順從，刑不用而天下

---

❶「王」，玉海堂本作「政」。

❷「納」上，玉海堂本、四庫本有「受」字。

❸「則」，玉海堂本、四庫本作「而」。

❹「書之策」，原誤作「費爲之」，今據玉海堂本、四庫本改。

❺「者」，原脱，今據玉海堂本、四庫本補。

❻「者」，原脱，今據玉海堂本、四庫本補。

治。是以天地德之，天地以爲有德。❶而兆民懷之。懷，歸。夫天地之所德，兆民之所懷，其政美，其民而衆稱之。其民爲衆所稱舉也。今人言五帝、三王者，其盛無偶，威察若存，其盛以明察，帝若存。其故何也？其法盛，其德厚。故思其德，必稱其人，朝夕祝之，升聞於天。上帝俱歆，用永厥世而豐其年。不能御民者，棄其德法，專用刑辟。譬猶御馬，棄其銜勒而專用箠策，其不制也可必矣。夫無銜勒而用箠策，馬必傷，車必敗；無德法而用刑，民必流，國必亡。治國而無德法則民無脩，民無脩則迷惑失道，如此，上帝必以其爲亂天道也。苟亂天道，則刑罰暴，上下相諛，諂諛。莫知念忠，❷俱無道故也。今人言惡者，必比之於桀紂，其故何也？其法不聽，其德不厚，故民惡其殘虐，莫不吁嗟，朝夕祝之，升聞于天。上帝不蠲，降之以禍罰，災害並生，用殄厥世。故曰：德法者，御民之本。古之御天下者，以六官總治焉：冢宰之官以成道，治官所以成道。司徒之官以成德，教官所以成德。宗伯之官以成仁，祀官所以成仁。❸司馬之官以成聖，治官所以成聖，聖通征伐，所以通天下也。司寇之官以成義，刑官所

❶「爲有」，原誤作「有爲」，今據玉海堂本、四庫本改。

❷「忠」，玉海堂本、四庫本作「患」。

❸「祀」，玉海堂本、四庫本作「禮」。

以成義。司空之官以成禮。事官所以成禮，禮非事不立也。❶六官在手以爲轡，司會均仁以爲納，❷納，驂馬轡。轡，繫軾前者。司會掌邦之六典、八法之戒，以周知四方之治，冢宰之副，故不在其六轡，至當納位。❸故曰：御四馬者執六轡，御天下者正六官。是故善御馬者，正身以總轡，均馬力，齊馬心，回旋曲折，唯其所之，故可以取長道，可赴急疾。此聖人所以御天地與人事之法則也。天子以內史爲左右手，以六官爲轡，已而與三公爲執六官，均五教，齊五法，仁義禮智信之法也。故亦唯其所引，無不如志。以之道，則國治；冢宰治官。以之德，則國安；德教成，以之仁，則國和。禮之用，和爲貴，則國安。以之仁，則國和；以之聖，則國平；通洽遠近，則國平也。以之禮，則國安；❹事物以禮，則國定也。以之義，則國義。義，平也。刑罰當罪，則國平。此御政之術。過失，人之情莫不有焉，❺過而改之，是爲不過。故官屬不理，分職不明，法政不

---

❶「禮非事」，玉海堂本作「事非禮」。

❷「司會」，原誤刻爲注語，今據玉海堂本、四庫本改爲正文。

❸「至當納位」，玉海堂本、四庫本作「而當納故位」。

❹「安」，玉海堂本、四庫本作「定」。

❺「之」，玉海堂本、四庫本無此字。

一，百事失紀，曰亂。亂則飭冢宰。飭，謂整攝人也。❶地而不殖，財物不蕃，萬民饑寒，教訓不行，風俗淫僻，人民流散，曰危。危則飭司徒。父子不親，長幼失序，君臣上下，乖離異志，曰不和。不和則飭宗伯。賢能而失官爵，功勞而失賞禄，司勳之職，屬之司馬。❷士卒疾怨，兵弱不用，曰不平。不平則飭司馬。刑罰暴亂，姦邪不勝，曰不義。不義則飭司寇。度量不審，舉事失理，都鄙不脩，財物失所，曰貧。貧則飭司空。故御者同是車馬，或以取千里，或不及數百里，其所謂進退緩急異也。夫治者，同是官法，或以致平，或以致亂者，亦其所以爲進退緩急異也。古者天子常以季冬考德正法，以觀治亂。德盛者治也，德薄者亂也。故天子考德，則天下之治亂，可坐廟堂之上而知之。夫德盛則法修，德不盛則飭法與政。咸德而不衰，法與政皆合於德，則不殺。故曰王者。又以孟春論吏之德及功能，❸能德法者爲有德，能行德法者爲有行，行，下孟反。能成德法者爲有功，能治德法者爲有智。故天子論吏而德法行，事治而功成。夫季冬正法，孟春論吏，治國之要。」

---

❶「攝人」，玉海堂本、四庫本作「蠹之」。

❷「之」，玉海堂本、四庫本作「大」。

❸「吏」，原脱，今據玉海堂本、四庫本補。

子夏問於孔子曰：「商聞易之生人及萬物，鳥獸昆蟲，各有奇耦，❶氣分不同，易主天地，以生萬物，言受氣各有分數，不齊同。分，扶問反。而凡人莫知其情，唯達德者能原其本焉。❷天一，地二，人三。三三如九，❸九九八十一。一主日，日數十，故人十月而生。一主日，從一而生。❹日者陽，從奇數。日數十，從甲至癸也。八九七十二，偶以從奇，❺奇主辰，辰爲月，月主馬，故馬十二月而生。偶以承奇，陰以承陽，辰數十二，從子至亥也。奇，居宜反。七九六十三，三主斗，斗主狗，故狗三月而生。斗次日月，故三主斗。❻六九五十四，四主時，時主豕，故豕四月而生。❼五九四十五，❽五爲音，音主猨，故猨五月而生。音不過五，故五爲音。四九三十六，六爲律，律主鹿，故鹿六月而生。三九二十七，七主星，星主虎，故虎七月而生。星二十八宿爲四

---

❶「耦」，玉海堂本、四庫本作「偶」。

❷「達」下，玉海堂本、四庫本有「道」字。

❸「三三」，原作「三」，今據玉海堂本、四庫本補。

❹「從」上，玉海堂本、四庫本有「日」字。

❺「從」，四庫本作「承」。

❻「三」，原誤作「以」，今據玉海堂本、四庫本改。

❼「生」下，玉海堂本、四庫本有注曰：「時以次斗。」

❽「五九四十五」至「而生」十七字，原脱，今據玉海堂本、四庫本補。

方，方有七，故七主星也。❶二九一十八，八主風，風爲蟲，故蟲八月而生。風之數盡於八，凡蟲爲風，風爲蟲也。❷其餘各從其類矣。鳥魚生陰而屬於陽，故皆卵生。魚遊於水，鳥遊於雲，故立冬則燕雀入海化爲蛤。蠶食而不飲，蟬飲而不食，蜉蝣不飲不食，萬物之所以不同。介鱗夏食而冬蟄，介，甲蟲也。齕吞者八竅而卵生，八竅，鳥屬。齕，下没反。齟齭者九竅而胎生，九竅，人及獸屬。齟，壯所反。齭，疾雀反。四足者無羽翼，戴角者無上齒，無角無前齒者膏，有角無後齒者脂。❸《淮南》取此義曰：「無角者膏而無前，有角者脂而無後。」膏，豚屬。❹而脂，羊屬。無前後，皆謂其鋭小者也。晝生者類父，夜生者似母。是以至陰主牝，至陽主牡。敢問其然乎？」孔子曰：「然。吾昔聞老聃亦如汝之言。」❺子夏曰：「商聞《山書》曰：地東西爲緯，南北爲經。山爲積德，川爲積刑。高者爲生，下者爲死。丘陵爲牡，谿谷爲牝。蚌蛤龜珠，與日月而盛虚。月盛則蚌蛤之屬滿，月虧則虚。是故堅土之人剛，弱土之人柔，墟土之人大，沙土之人細，息

❶「故」，原誤作「度」，今據玉海堂本、四庫本改。
❷「蟲」，玉海堂本、四庫本作「主」。
❸「有」，原誤作「無」，今據玉海堂本、四庫本改。
❹「豚」，玉海堂本、四庫本作「豕」。
❺「聞」下，四庫本有「諸」字。

土之人美，垸土之人醜。垸，耗字也。息土細緻。垸土麤疏者也。食水者善遊而耐寒，食土者無心而不息，蝡屬不氣息也。食木者多力而不治，血氣不治。《淮南子》曰「多力而弗戾」，亦不治之貌者也。食草者善走而愚，食桑者有緒而蛾，食肉者勇毅而捍，食氣者神明而壽，食穀者智惠而巧，不食者不死而神。故曰：羽蟲三百有六十，而鳳爲之長；毛蟲三百有六十，而麟爲之長；甲蟲三百有六十，而龜爲之長；鱗蟲三百有六十，而龍爲之長；倮蟲三百有六十，而人爲之長。此乾巛之美也，❶乾天巛地。❷殊形異類之數。王者動必以道動，❸靜必以道靜，必順理以奉天地之性，而不害其所主，謂之仁聖焉。」子夏言終而出，子貢進曰：「商之論也何如？」孔子曰：「汝謂何也？」對曰：「微則微矣，然則非治世之待也。」孔子曰：「然。各其所能。」孔子曰然，子貢治世不待此事，❹此事之急。然亦各其所知能也。

---

❶「巛」，玉海堂本、四庫本作「坤」。

❷「巛地」，玉海堂本作「坤地」，四庫本作「象也」。

❸「王者」至「之性」，玉海堂本、四庫本作「王者動必以道，靜必順理，以奉天地之性」。

❹「此事此」，原誤作「世事世」，今據玉海堂本、四庫本改。

本命解第二十六

魯哀公問於孔子曰：「人之命與性，何謂也？」孔子對曰：「分於道謂之命。分於道，謂始得爲人。故下句云「性命之始」。形於一謂之性。人各受陰陽以剛柔之性，故曰「形於一」也。化於陰陽，象形而發，謂之生。化窮數盡，謂之死。故命者，性之始也。死者，生之終也。有始則必有終矣。人始生而有不具者五焉：目無見，不能食，不能行，不能言，不能化。及生三月而微煦，煦，睛人也。❶煦，子句反。然後有見。八月生齒，然後能食。三年顋合，然後能言。十有六而精通，然後能化。陰窮反陽，故陰以陽變。陽窮反陰，故陽以陰化。是以男子八月生齒，八歲而齔。女子七月生齒，七歲而齔，十有四而化。一陽一陰，奇偶相配，陽，奇數。陰，偶數。❷顋，桑才反。齔，初覲反。奇，居宜反。然後道合化成，性命之端，形於此也。」公曰：「男子十六精通，女子十四而化，是則可以生民矣。而禮男子三十而有室，❸女子二十而有

❶「人」，玉海堂本、四庫本作「轉」。

❷此處注文，玉海堂本、四庫本作：「陽數奇，陰數偶。」

❸「子」，玉海堂本、四庫本作「必」。

夫也，❶豈不晚哉？」孔子曰：「夫禮言其極，不是過也。男子二十而冠，有爲人父之端。女子十五許嫁，有適人之道。於此而往，則自婚矣。群生閉藏乎陰，而爲化育之始。陰爲冬也。冬藏物而爲化育始。故聖人因時以合偶男子，❷窮天數也。❸霜降而婦功成，嫁娶者行焉。季秋霜降，嫁娶者始於此。《詩》云「將子無怒，秋以爲期」也。冰泮而農桑起，婚禮而殺於此。泮，散也。正月農事起，蠶者採桑。❹婚禮始殺，言未止也。❺至二月農事始起，會男女之無夫家者，奔者期盡此月故也。❻《詩》云：「士如歸妻，迨冰未泮。」言如欲使妻歸，當及冰未泮散之盛時也。殺，所戒反。男子者，任天道而長萬物者也。知可爲，知不可爲；知可言，知不可言；知可行，知不可行者。是故審其倫而明其別謂之知，所以效匹夫之聽也。聽，宜爲德。女子者，順男子之教而長其理者也。爲男子長養其理也。是故無專制之義，而有三從之道：幼從父兄，既嫁從夫，夫死從子。言無

❶「子」，玉海堂本、四庫本作「必」。

❷「偶」，玉海堂本作「耦」。

❸「也」下，原衍「極」字。應爲注語誤入正文，今據玉海堂本、四庫本删。「也」下，二校本有注曰：「極也。」

❹「採」，玉海堂本、四庫本作「援」。

❺「止」，原誤作「正」，今據玉海堂本、四庫本改。

❻「此」，玉海堂本作「比」。

再醮之端。始嫁言醮。禮無再醮之端，統言不改事人也。❶醮，子肖反。教令不出於閨門，事在供酒食而已，無閫外之非儀也。閫，門限。婦人以自專，❷無閫外之威儀。❸《詩》云：「無非無儀，酒食是議。」❹閫，苦本反。不越境而奔喪，事無擅爲，行無獨成，參知而後動，可驗而後言，晝不遊庭，夜行以火，所以效匹婦之德也。」行，下孟反。孔子遂言曰：「女有五不取：逆家子也，亂家子也，世有刑人子也，世有惡疾子也，喪父長子也，此五者皆不取也矣。逆家子者，謂其逆德。亂家子者，謂其亂倫。世有刑人子者，謂其棄於人也。有惡疾子者，謂其棄於天也。喪父長子者。❺謂其無受命也。婦有七出、三不去。七出者：不順父母出，無子出，淫僻出，嫉妒出，❻惡疾出，多口舌出，竊盗出。不順父母出者，謂其逆德也。無子者，謂其絶世也。淫僻者，謂其亂族也。嫉妬者，謂其亂家也。惡疾者，謂其不可供粢盛也。多口舌者，謂其離親也。竊盗者。謂其反義也。三不去者，謂有所

❶「統」，玉海堂本、四庫本無此字。
❷「自」，玉海堂本、四庫本作「貞」。
❸「威」，四庫本無此字。
❹「酒」上，四庫本有「惟」字。
❺「者」，原脱，今據玉海堂本、四庫本補。
❻「嫉妒出」，原誤作「姑疾出」，在「惡疾出」之下，今據玉海堂本、四庫本改。

取無所歸，一也。❶與共更三年之喪，二也。先貧賤後富貴。❷三也。凡此，聖人所以順男女之際，重婚姻之始也。」

孔子曰：「禮之所以象，五行也，服之制有五等。其義，四時也。故喪禮有舉焉：有恩有義，有節有權。所以舉象四時。其恩厚者其服重，故爲父母斬衰三年，以恩制者也。門内之治恩掩義，門外之治義掩恩。資於事父以事君而敬同。尊尊貴貴，義之大也。故爲君亦服衰三年，以義制者也。三日而食，三月而沐，期而練，毀不滅性，不以死傷生，喪不過三年，齊衰不補，❸墳墓不修，除服之日，鼓素琴，示民有終也。凡此，以節制者也。資於事父以事母而愛同。天無二日，國無二君，家無二尊，以治之。故父在爲母齊衰朞者，見無二尊也。百官備，百物具，不言而事行者，扶而起。謂天子、諸侯也。言而後事行者，杖而起。卿、大夫、士也。身自執事行者，面垢而已。謂庶人也。此以權制者也。親始死，三日不怠，三月不懈，朞悲號，三年憂，哀之殺也。聖人因殺以制節也。」殺，所戒反。

❶「一也」，玉海堂本、四庫本爲正文。下兩句之注文「二也」、「三也」，二校本同爲正文。

❷「貴」下，玉海堂本、四庫本有「者」字。

❸「齊」，四庫本作「直」。

論禮第二十七

孔子閒居，子張、子貢、言游侍，論及於禮。孔子曰：「居，汝三人者，吾語汝以禮，周流無不遍也。」子貢越席而對曰：「敢問如何？」子曰：「敬而不中禮，謂之野；恭而不中禮，謂之給；勇而不中禮，謂之逆。」子曰：「給奪慈仁。」巧言足恭，捷給之人，似仁非仁，故言「給奪慈仁」。❶中，陟仲反。下同。子貢曰：「敢問將何以爲此中禮者？」❷子曰：「禮乎！夫禮所以制中也。」子貢退，言游進曰：「敢問禮也，領惡而全好者與？」領，理。惡，烏故反。好，呼報反。與，羊諸反。子曰：「然。」子貢問：「何也？」子曰：「郊社之禮，所以仁鬼神也；禘嘗之禮，所以仁昭穆也；饋奠之禮，所以仁死喪也；射饗之禮，所以仁鄉黨也；食饗之禮，所以仁賓客也。明乎郊社之義，禘嘗之禮，治國其如指諸掌而已。是故居家有禮，故長幼辨；以之閨門有禮，故三族和；以之朝廷有禮，故官爵序；❸以之田獵有禮，故戎事閑；以之軍旅有禮，故武功成。是以宮室得其度，鼎俎得其象，物得其時，樂得其節，車得其軾，鬼神得其享，喪紀

❶ 「言」，玉海堂本、四庫本作「曰」。

❷ 「將」、「此」，玉海堂本、四庫本無此二字。

❸ 「序」，玉海堂本、四庫本作「敘」。

得其哀，辯説得其黨，黨，類。百官得其禮，❶政事得其施。各得其所宜施行之。❷加於身而措於前，凡衆之動得其宜也。」言游退，子張進曰：「敢問禮何謂也？」子曰：「禮者，即事之治也。君子有其事，必有其治。治國而無禮，譬猶瞽之無相，倀倀乎何所之？相，息亮反。倀，三良反。譬猶終夜有求於幽室之中，非燭何以見？故無禮則手足無所措，耳目無所加，進退揖讓無所制。是故以其居處，長幼失其别，閨門三族失其和，朝廷官爵失其序，田獵戎事失其策，軍旅武功失其勢，❸宫室失其度，鼎俎失其象，物失其時，樂失其節，車失其軾，鬼神失其享，❹喪紀失其哀，辯説失其黨，百官失其體，政事失其施。加於身而措於前，凡衆之動失其宜。❺如此，則無以祖洽四海。」祖，始也。❻洽，合。無禮則無以爲衆法，無以合聚衆。子曰：「慎聽之！汝三人者，吾語汝，禮猶有九焉，❼大饗有四焉。語汝有九。其四，大饗，所以待賓之

---

❶「禮」，玉海堂本、四庫本作「體」。

❷「宜」，玉海堂本、四庫本作「黨」。

❸「武功」，玉海堂本、四庫本無此二字。

❹「享」，玉海堂本、四庫本作「饗」。

❺「衆之動」，原誤作「動之衆」，今據玉海堂本改。

❻「始」，玉海堂本、四庫本作「法」。

❼「禮」，玉海堂本、四庫本無此字。

禮。其五，動静之威儀也。語，魚據反。苟知此矣，雖在畎畝之中，事之，聖人矣。在畎畝之中，猶焉爲聖人。兩軍相見，揖讓而入門，❶入門而懸興，興，作樂。一也。揖讓而升堂，升堂而樂闋，二也。下管象舞，夏籥序興，下管，堂下吹管。象，武舞也。夏，文舞也，執籥。籥如笛。序以更作。三也。陳其薦俎，序其禮樂，備其百官，四也。所以大饗有四也。如此而後君子知仁焉。行中規，五也。行，下孟反。中，陟仲反。旋中矩，六也。鑾和中《采薺》，❷《采薺》，樂曲名，所以爲和鑾之節。七也。客出以《雍》，❸《雍》，樂曲名，在《周頌》。八也。徹以《振羽》，亦樂曲名。九也。是故君子無物而不在於禮焉。入門而金作，示情也；金既鳴，聲終始若一，故以示情也。升歌《清廟》，示德也；《清廟》，所以頌文王之德也。下管象舞，示事也。凡舞，舉事。❹是故古之君子，不必親相與言也，以禮樂相示而已。夫禮者，理也；樂者，節也。無禮不動，❺無節不作。不能詩，於禮謬。詩以言禮。不能樂，於禮素。素，質。於德薄，於禮虚。」非其人，則禮不虚行。子貢作而問

❶「門」，玉海堂本、四庫本無此字。

❷「薺」，玉海堂本、四庫本作「齊」。下注文同。

❸「以」，玉海堂本作「於」。

❹「舉事」，玉海堂本、四庫本作「象事也」。

❺「禮」，玉海堂本、四庫本作「理」。

曰：「然則夔其窮與？」言達於樂而不達於禮者也。與，音余。子曰：「古之人與。上古之人也，達於禮而不達於樂，謂之素；達於樂而不達於禮，謂之偏。達謂徧有所達，非殊。夫夔達於樂而不達於禮，是以傳於此名也。古之人也。言達於樂多，故遂傳名樂。凡制度在禮，文爲在禮，行之其在人乎。」三子者既得聞此論於夫子也，焕若發矇焉。

子夏侍坐於孔子曰：「敢問《詩》云：『愷悌君子，民之父母。』何如斯可謂民之父母？」孔子曰：「夫民之父母，必達於禮樂之源，以致五至而行三無，以横於天下。四方有敗，必先知之。此之謂民之父母。」子夏曰：「敢問何謂五至？」孔子曰：「志之所至，詩亦至焉。詩之所至，禮亦至焉。禮之所至，樂亦至焉。樂之所至，哀亦至焉。詩禮相成，哀樂相生。是以正明目而視之，不可得而見；傾耳而聽之，不可得而聞。志氣塞于天地，行之充于四海，此之謂五至矣。」子夏曰：「敢問何謂三無？」孔子曰：「無聲之樂，無體之禮，無服之喪，此之謂三無。」子夏曰：「敢問三無，何詩近之？」孔子曰：「『夙夜基命宥密』，無聲之樂也。夙夜，恭也。基，始也。命，信也。宥，寬也。密，寧也。言以行與民信。王教在寬，❶民以安寧。故謂之無聲之樂也。『威儀逮逮，不可選也。』無體之禮也。『凡民有喪，扶伏救之。』無服之喪也。」子夏

❶「王」，玉海堂本、四庫本作「五」。

曰：「言則美矣，大矣，言盡於此而已？」孔子曰：「何謂其然？吾語汝，其義猶有五起焉。」語，魚據反。子夏曰：「何如？」孔子曰：「無聲之樂，氣志不違；無體之禮，威儀遲遲；無服之喪，内恕孔悲。❶無聲之樂，所願必從；無體之禮，上下和同；無服之喪，施及萬邦。既然，而又奉之以三無私而勞天下。此之謂五起。」子夏曰：「何謂三無私？」孔子曰：「天無私覆，地無私載，日月無私照。其在《詩》，曰：『帝命不違，至于湯齊。至湯，與天心齊。❷湯降不遲，聖敬日躋。不遲，言疾。躋，升也。湯疾行下人之道，其聖敬之德日升聞也。昭假遲遲，上帝是祇。湯之威德昭明遍至，化行寬舒，遲遲然，故上帝敬其德。帝命式于九圍。』九圍，九州也。天命用于九州，謂以爲天下王。是湯之德也。」子夏蹶然而起，負墻而立，曰：「弟子敢不志之。」

❶「悲」，玉海堂本、四庫本作「哀」。

❷「與天」，原誤作「以大」，今據玉海堂本、四庫本改。

孔子家語卷第七

觀鄉射第二十八

孔子觀於鄉射，喟然歎曰：「射之以禮樂也，何以射？何以聽？修身而發，❶而不失正鵠者，其唯賢者乎！正鵠，所射者也。若夫不肖之人，則將安能以求飲？《詩》云：『發彼有的，以祈爾爵。』的，實也。祈，求也。言發中的以求飲爾爵也，勝者飲不勝者。祈，求也。求所中以辭爵。飲彼則己不飲，故曰以辭爵也。中，陟仲反。酒者，所以養老，所以養病也。求中以辭爵，辭其養也。是故士使之射而弗能，則辭以病，懸弧之義。」弧，弓也。男子生，則懸弧於其門，明必有射事也。而今不能射，唯病可以爲辭也。❷於是退而與門人習射於矍相之圃，蓋觀者如堵

❶「修身」，玉海堂本、四庫本作「循聲」。
❷「病」，玉海堂本、四庫本作「疾」。

墻焉。❶射至於司馬，❷使子路執弓矢，出列延，謂射之者曰：子路爲司馬，故射至，使子路出延射。「奔軍之將、亡國之大夫與爲人後者不得入，人已有後，而又爲人後，故曰與爲人後也。其餘皆入。」蓋去者半。又使公罔之裘、序點揚觶而語曰：先行射鄉飲酒，故二人揚觶。觶，支義切。「幼壯孝悌，耆老好禮，好，呼報切。不從流俗，修身以俟死者，在此位。」蓋去者半。序點揚觶而語曰：❸「好學不倦，好禮不變，耄期稱道而不亂者，在此位。」八十、九十曰耄。言雖老而能稱解道而不亂也。蓋僅有存焉。射既闋，子路進曰：「由與二三子者之爲司馬，何如？」孔子曰：「能用命矣。」

孔子曰：「吾觀於鄉而知王道之易易也。易，以豉反。主人親速賓及介，而衆賓從之。速，召。至於正門之外，主人拜賓及介，而衆賓自入。❹貴賤之義別矣。別，彼列反。三揖至於階，三讓以賓升。拜至，獻酬辭讓之節繁。及介升，則省矣。至于衆賓，升而受爵，坐祭，立

❶「堵墻」，玉海堂本、四庫本作「墻堵」。

❷「射」上，玉海堂本、四庫本有「試」字。

❸「點」下，玉海堂本、四庫本有「又」字。

❹「賓」，原脫，今據玉海堂本、四庫本補。

飲，不醉而降，隆殺之義辯矣。❶殺，所戒反。工人，升歌三終，主人獻賓，《記》曰「主人獻之」，於義不得爲賓也。下句「笙人三終，主人又獻之」是也。❷歌《鹿鳴》、《四牡》、《皇皇者華》三篇終，主人乃獻之是也。笙人三終，主人又獻之。吹《南陔》、《白華》、《華黍》三篇終，主人獻也。間歌三終，乃歌《魚麗》，笙《由庚》；❸歌《南有嘉魚》，笙《崇丘》；歌《南山有臺》，笙《由餘》者也。❹合樂三闋，合笙聲，同其音。歌《周南》、《召南》三篇也。工告樂備而遂出。樂正既告備，而降言遂出。自此至去，不復升也。一人揚觶，乃立司正焉。賓將欲去，故復使一人揚觶，乃立司正，主威儀，請安賓也。知其能和樂而不流。樂，音洛。賓酬主人，主人酬介，介酬衆賓，少長以齒，❺少，詩照切。終於沃洗者焉。知其能弟長而無遺矣。長，丁丈反。降脫屨，❻升坐，❼修爵無筭。飲酒之節，旰不廢朝，暮不廢

---

❶「隆」，原脫，今據玉海堂本、四庫本補。

❷「人」，原脫，今據玉海堂本、四庫本補。

❸「笙」，原脫，今據玉海堂本、四庫本補。

❹「由餘者」，玉海堂本、四庫本作「由儀」。

❺「少上」，原衍「賓」字，今據玉海堂本、四庫本刪。

❻「屨」，玉海堂本、四庫本作「履」。

❼「坐」，玉海堂本、四庫本作「座」。

夕。旰，❶晨飲，早哺廢罷。❷旰，古旦反。賓出，主人迎送，❸節文終遂焉。知其能安燕而不亂也。貴賤既明，降殺既辯，和樂而不流，弟長而無遺，安燕而不亂，此五者足以正身安國矣。彼國安而天下安矣。故曰：『吾觀於鄉而知王道之易易也。』」易，以豉反。

子貢觀於蜡，蜡，索也。歲十有二月，索群神而祀之，今之臘也。蜡，助駕反。孔子曰：「賜也樂乎？」樂，音洛。對曰：「一國之人皆若狂，言醉亂也。❹賜未知其爲樂也。」孔子曰：「百日之勞，一日之樂，一日之澤，非爾所知也。古民皆勤苦稼穡，有百日之勞，喻久也。今一日使之飲酒焉樂之，❺是君之恩澤也。張而不弛，文武弗能；弛而不張，文武弗爲。一張一弛，文武之道也。」弛，施氏反。

---

❶ 「旰」，玉海堂本、四庫本作「朝」。

❷ 「哺」，玉海堂本作「脯」，四庫本作「晡」。

❸ 「迎」，四庫本作「拜」。

❹ 「亂」，玉海堂本、四庫本作「酒」。

❺ 「焉」，四庫本作「燕」。

郊問第二十九

定公問於孔子曰：「古之帝王，必郊祀其祖以配天，何也？」孔子對曰：「萬物本於天，人本乎祖。郊之祭也，大報本反始也，故以配上帝。天垂象，聖人則之。郊所以明天道也。」公曰：「寡人聞郊而莫同，何也？」孔子曰：「郊之祭也，迎長日之至也。周人始以日至之月，冬日至而日長。大報天而主日，配以月。故周之始郊，其月以日至，其日用上辛。至於啓蟄之月，則又祈穀于上帝。祈，求也。爲農祈穀于上帝。《月令》：「孟春之月，乃以元日祈穀于上帝。」兼無仲冬大郊之事。至於祈農，與天子同，故《春秋傳》曰：「夫郊祀后稷以祈農事也。」是故啓蟄而郊，郊而後耕。而説學者不知推經禮之指歸，皮膚妄説，至乃顛倒神祇，變易時日，遷改兆位，良可痛心者也。此二者，天子之禮也。魯無冬至大郊之事，降殺於天子，是以不同也。」公曰：「其言郊何也？」孔子曰：「兆丘於南，所以就陽位也。於郊，故謂之郊焉。」兆丘於南，謂之圓丘兆之於南郊也。❶然則郊之名有三焉：築爲圓丘以象天自然，故謂之圓丘。圓丘之人所造，❷故謂之泰壇。於南，郊

---

❶「兆之」，玉海堂本、四庫本作「之兆」。

❷「之人」，玉海堂本、四庫本作「之人」。

在南。說學者謂南郊與圜丘異，若是，則《詩》、《易》、《尚書》謂之圜丘也，❶又不通。泰壇之名，或乃謂《周官》圜丘。❷虚妄之言，皆不通典制也。曰：「其牲器何如？」孔子曰：「上帝之牛角蠒栗，必在滌三月。滌，所以養生具。❸后稷之牛唯具，别祀稷時牲。亦芻之三月，配天之時獻，故唯具之也。所以别事天神與人鬼也。别，彼列切。牲用騂，尚赤也。用犢，貴誠也。犢質慤，貴誠之美也。埽地而祭，於其質也。❹地，圜丘之地。埽焉而祭，貴其質也。器用陶匏，以象天地之性也。人之作物無可稱之，故取天地之性，以自然也。萬物無可稱之者，故因其自然之體也。」公曰：「天子之郊，其禮儀可得聞乎？」孔子對曰：「臣聞天子卜郊，則受命于祖廟，而作龜于禰宫，禰宫，父廟也。受祭天之命於祖，而作龜於父廟。尊祖親考之義也。卜之日，王親立于澤宫，以聽誓命，受教諫之義也。澤宫，宫也。誓命，祭天所行威儀也。王親受之，故曰受教諫之義。既卜，獻命庫門之内，所

---

❶「之」，原誤作「不」，今據玉海堂本、四庫本改。

❷「圜」，四庫本作「圓」。

❸「生具」，四庫本作「牲處」。

❹「於」，玉海堂本、四庫本作「貴」。

以誠百官也。❶將郊，則天子皮弁以聽報，❷示民嚴上也。報，白也。王夙興朝服以待白，祭事後服衮。郊之日，喪者不敢哭，凶服者不敢入國門，氾埽清路，行者必止，❸氾，遍也。清路以新土，無復行之。弗命而民聽，敬之至也。以王恭敬事天，❹故民化之，不令而行之也。天子大裘以黼之，被裘象天，❺大裘爲黼文也。言被之大裘，其有象天之文，故被之道路，至大壇而脱之。乘素車，貴其質也。旂十有二旒，龍章而設以日月，所以法天也。既至泰壇，王脱裘矣，服衮以臨燔柴。戴冕璪十有二旒，❻則天數也。臣聞之：誦詩三百，不足以一獻。祭群小祀。一獻之禮，不足以大饗。大饗，祫祭天王。❼大饗之禮，不足以大旅。大旅，祭五帝也。大旅具矣，不足以饗帝。饗帝，祭天。是以君子無敢輕議於禮者也。」

---

❶「誡」，玉海堂本、四庫本作「戒」。

❷「則」下，玉海堂本、四庫本有「供」字。

❸「必」，玉海堂本、四庫本作「畢」。

❹「恭」，玉海堂本、四庫本作「肅」。

❺「裘」，原誤作「衮」，今據玉海堂本、四庫本改。

❻「璪」，玉海堂本、四庫本作「藻」。

❼「王」，四庫本作「地」。

五刑解第三十

冉有問於孔子曰：「古者三皇五帝不用五刑，信乎？」孔子曰：「聖人之設防，貴其不犯也。制五刑而不用，所以爲至治也。凡夫之爲姦邪竊盜、靡法妄行者，❶生於不足。不足生於無度。無度則小者偷盜，❷大者侈靡，各不知節。是以上有制度則民知所止，民知所止則不犯，故雖有姦邪賊盜、靡法妄行之獄，而無陷刑之民。不孝者生於不仁，不仁者生於喪祭之禮。明喪祭之禮，所以教仁愛也。能教仁愛，❸則服喪思慕，❹祭祀不解，人子饋養之道。言孝子奉祭祀，不敢解，與生時饋養之道同之也。❺喪祭之禮明，則民孝矣。故雖有不孝之獄，而無陷刑之民。殺上者生於不義，義所以别貴賤，明尊卑也。貴賤有别，尊卑有序，則民莫不尊上而敬長。朝聘之禮者所以明義也，義必明則民不犯。故雖有殺上之獄，而無陷刑之

❶「夫」，玉海堂本、四庫本作「民」。

❷「盜」，玉海堂本、四庫本作「惰」。

❸「教」，玉海堂本、四庫本作「致」。

❹「服」，原脱，今據玉海堂本、四庫本補。

❺「與」，原脱，今據玉海堂本、四庫本補。

民。鬬變者生於相陵，相陵者生於長幼無序而遺敬讓。遺，忘。鄉飲酒之禮者，所以明長幼之序而崇敬讓也。長幼必序，民懷敬讓，故雖有鬬變之獄，而無陷刑之民。淫亂者生於男女無別，男女無別則夫婦失義。婚姻聘享者，❶所以別男女、明夫婦之義也。男女既別，夫婦既明，故雖有淫亂之獄，而無陷刑之民。此五者，刑罰之所以生，❷各有源焉。不豫塞其源，而輒繩之以刑，是謂爲民設穽而陷之。刑罰之源，生於嗜慾不節。夫禮度者，所以禦民之嗜慾而明好惡，順天之道。禮度既陳，五教畢修，而民猶或未化，尚必明其法典，以申固之。尚，猶也。申令固其教也。其犯姦邪靡法妄行之獄者，則飭制量之度；有犯不孝之獄者，則飭喪祭之禮；有犯殺上之獄者，則飭朝覲之禮；有犯鬬變之獄者，則飭鄉飲酒之禮；有犯淫亂之獄者，則飭婚聘之禮。三皇五帝之所化民者如此。雖有五刑之用，不亦可乎？」

孔子曰：「大罪有五，而殺人爲下。逆天地者罪及五世，誣文武者罪及四世，逆人倫者罪及三世，謀鬼神者罪及二世，手殺人者罪及其身。故曰大罪有五，而殺人爲下矣。」

冉有問於孔子曰：「先王制法，使刑不上於大夫，禮不下於庶人。然則大夫犯罪不可以

---

❶「婚姻」，原誤作「禮」，今據玉海堂本、四庫本改。

❷「以」，玉海堂本、四庫本作「從」。

加刑，庶人之行事不可以治於禮乎？」孔子曰：「不然。凡治君子，以禮御其心，所以屬之以廉耻之節也。故古之大夫，其有坐不廉汙穢而退放之者，不謂之不廉汙穢而退放，則曰『簠簋不飭』。飭，整齊也。有坐淫亂男女無別者，不謂之淫亂男女無別，則曰『帷幕不修』也。有坐罔上不忠者，不謂之罔上不忠，則曰『臣節未著』。有坐罷軟不勝任者，不謂之罷軟不勝任，則曰『下官不職』。言其下官不稱務其職，不斥其身也。有坐干國之紀者，不謂之干國之紀，則曰『行事不請』。言不請而擅行。此五者，大夫既自定有罪名矣，而猶不忍斥然正以呼之也，既而爲之諱，所以愧耻之。是故大夫之罪，其在五刑之域者，聞而譴發，譴，譴讓也。發，始發露。則白冠釐纓，盤水加劍，造乎闕而自請罪，君不使有司執縛牽掣而加之也。其有大罪者，聞命則北面再拜，跪而自裁，君不使人捽引而刑殺，❶捽，昨没反。曰：『子大夫自取之耳。吾遇子有禮矣。』以刑不上大夫，而大夫亦不失其罪者，教使然也。所謂禮不下庶人者，以庶人遽其事而不能充禮，故不責之以備禮也。」冉有跪然免席曰：❷「言則美矣。求未之聞。」退而記之。

❶「殺」下，玉海堂本、四庫本有「之也」二字。

❷「有」，玉海堂本、四庫本作「求」。

刑政第三十一

仲弓問於孔子曰：「雍聞至刑無所用政，至政無所用刑。至刑無所用政，桀紂之世是也。至政無所用刑，成康之世是也。信乎？」孔子曰：「聖人之治化也，必刑政相參焉。太上以德教民，而以禮齊之。其次以政焉導民，❶以刑禁之，刑不刑也。化之弗變，導之弗從，傷義以敗俗，於是乎用刑矣。顓五刑必即天倫，❷即，就也。就天倫，謂合天意。行刑罰則輕無赦。行刑罰之官雖輕，猶不得作威作福。刑，侀也。侀，成也。壹成而不可更，故君子盡心焉。」

仲弓曰：「古之聽訟，尤罰麗於事，不以其心。可得聞乎？」尤，過也。麗，附也。怪更，古行反。遇人罰之，❸必以事相當，而不與其心也。孔子曰：「凡聽五刑之訟，必原父子之情，立君臣之義以權之。意論輕重之序，慎測淺深之量以別之。別，彼列反。悉其聰明，正其忠愛以盡之。❹大司寇正刑明辟以察獄，獄必三訊焉。一曰訊群臣，二曰訊群吏，三曰訊萬民也。有指無簡，則不

---

❶「焉」，玉海堂本、四庫本作「言」。

❷「顓」，四庫本作「制」。

❸「怪遇人罰之」，玉海堂本作「怪過人罰之」，四庫本作「凡過人罰人」。

❹「正」，四庫本作「致」。

聽也。簡，誠也。有其意無其誠者，❶不論以爲罪也。附從輕，赦從重。附人之罪，❷以輕爲比。赦人之罪，以重爲比。疑獄則泛與衆共之，疑則赦之。皆以小大之比成也。❸比，毗志反。是故爵人必於朝，與衆共之也；刑人必於市，與衆棄之也。古者公家不畜刑人，大夫弗養也。士遇之塗，弗與之言。❹屏諸四方，唯其所之，不及與政。弗欲生之也。」仲弓曰：「聽獄，獄之成，成何官？」孔子曰：「成獄於吏，❺吏以獄成告於正。吏，獄官吏。正，獄官長。❻正既聽之，乃告大司寇。大司寇聽之，❼乃奉於王。王命三公卿士參聽棘木之下，外朝法：左九棘，孤卿大夫位焉。右九棘，公侯伯子男位焉。面三槐，三公位。然後乃以獄之成疑于王。❽王三宥之，以聽命君王尚寬宥。罪雖以定，猶三宥之。不可得輕，然後刑之者也。而制刑焉，所以重之也。」仲弓曰：

---

❶ 上「其」字，原脱，今據玉海堂本、四庫本補。

❷ 「罪」，玉海堂本作「非」。

❸ 「也」，玉海堂本、四庫本作「之」。

❹ 「弗」上，原衍「以」字，今據玉海堂本、四庫本删。

❺ 「獄」下，原衍「成」字，今據玉海堂本、四庫本删。

❻ 「長」，四庫本作「正」。

❼ 「大司寇」，原脱，今據玉海堂本、四庫本補。

❽ 「疑」，四庫本作「告」。

「其禁何禁？」孔子曰：「巧言破律，巧賣法令者也。遁名改作，變言與物名也。執左道與亂政者，殺。左道亂也。作淫聲，淫，逸也。❶惑亂人之聲。造異服，非所常見。❷設奇伎奇器以蕩上心者，❸殺。怪異之伎，可以眩曜人心之器。蕩，動。行僞而堅，行詐僞而守之堅也。行，下孟反。言詐而辯，學非而博，順非而澤順其非而滑澤。以惑衆者，殺。假於鬼神時日，卜筮以疑衆者，殺。此四誅者不以聽。」不聽棘木之下。仲弓曰：「其禁盡於此而已？」孔子曰：「此其急者。其餘禁者十有四焉：命服命車不粥於市。粥，賣。粥，余六反。珪璋璧琮不粥於市。宗廟之器不粥於市。兵車旍旗不粥於市。犧牲秬鬯不粥於市。戎器兵甲不粥於市。用器不中度，中，陟仲反。不粥於市。布帛精麤不中數，廣狹不中量，不粥於市。姦色亂正色，不粥於市。文錦珠玉之器，雕飾靡麗，不粥於市。衣服飲食不粥於市。賣成衣服，非侈必僞，故禁之。禁賣熟食，所以厲取也。菓實不時不粥於市。五木不中伐，不粥於市。鳥獸魚鱉不中殺，不粥於市。凡執此禁以齊衆者，不赦過也。」

---

❶ 「逸」，原誤作「逆」，今據王海堂本、四庫本改。

❷ 「非」下，王海堂本、四庫本有「人」字。

❸ 上「奇」字，原脫，今據四庫本補。

禮運第三十二

孔子爲魯司寇，與於蜡。既賓事畢，畢賓客之事也。乃出遊於觀之上，觀，宫門外闕。《周禮》所謂「象魏」者也。喟然而嘆。言偃侍，曰：「夫子何嘆也？」孔子曰：「昔大道之行，此謂三皇五帝時，大道行也。❶與三代之英，英，秀。謂禹、湯、文、武也。吾未之逮也，而有記焉。大道之行，天下爲公。選賢與能，講信修睦。講，習也。修，行也。睦，親也。故人不獨親其親，不獨子其子。所謂大道天下爲公。老有所終，壯有所用，矜寡孤疾皆有所養。貨惡其棄於地，不必藏於己；力惡其不出於身，不必爲人。言力惡其不出於身，不以爲德惠也。是以姦謀閉而不興，盜竊亂賊不作，故外户而不閉，謂之大同。今大道既隱，天下爲家。各親其親，各子其子。貨則爲己，力則爲人。大人世及以爲常，城郭溝池以爲固。禹、湯、文、武、成王、周公由此而選，言用禮義爲之選也。未有不謹於禮。禮之所興，與天地並。如有不由禮而在位者，則以爲殃。」言偃復問曰：「如此乎禮之急也？」❷孔子曰：「夫禮，先王所以承天之道，以治人之情。

❶ 「大道行也」，玉海堂本、四庫本作「道大行也」。

❷ 「之」，玉海堂本、四庫本作「其」。

列其鬼神，達於喪祭、鄉射、冠婚、朝聘。故聖人以禮示之，則天下國家可得以禮正矣。」言偃曰：「今之在位，莫知由禮，何也？」孔子曰：「嗚呼哀哉！我觀周道，幽、厲傷也。幽、厲二王者，皆傷周道也。吾捨魯何適？魯有聖人之風，猶勝諸國也。夫魯之郊及禘，皆非禮，言失於禮而亡其義。周公其已衰矣。子孫不能行其禮義。杞之郊也禹，杞，夏后，本郊鯀，周公以鯀非令德，故令杞郊禹。宋之郊也契，是天子之事守也。天子以杞、宋二王之後，周公攝政致太平，而與天子同是禮也。諸侯祭社稷宗廟。上下皆奉其典，而祝嘏莫敢易其常法，是謂大嘉。今使祝嘏辭説徒藏於宗祝巫史，非禮也，言君臣皆當知辭説之意義也。❶是謂幽國；幽敝於禮。醆斝及尸君，非禮也，夏曰醆，殷曰斝。非王者之後，則尸與君不得用。是謂僭君；僭侈之君。冕弁兵車藏於私家，❷非禮也，大夫稱家。冕弁，大夫之服。孔子曰：「天子、諸侯、大夫冕弁服，❸歸設奠服。」❹此謂不得賜而藏之也。是謂脅君；迫於其君。大夫具官，祭器不假，聲樂皆具，非禮也，大夫無田

❶「義」，原誤作「議」，今據玉海堂本、四庫本改。

❷「車」，玉海堂本、四庫本作「革」。

❸「服」，玉海堂本、四庫本作「復」，則當屬下。

❹「服」，原誤作「後」，今據玉海堂本、四庫本改。

者，不爲祭器。今皆不假，故非禮。是謂亂國。❶故仕於公曰臣，仕於家曰僕。三年之喪，與新有婚者，朞不使也。以衰裳入朝，❷與家僕雜居齊齒，非禮也，是謂臣與君共國。天子有田以處其子孫，諸侯有國以處其子孫，大夫有采以處其子孫，是謂制度。天子適諸侯，必舍其宗廟，而不以禮籍入，❸所謂臨諸侯，將舍宗廟，先告其鬼神，以將入止也。是謂天子壞法亂紀。諸侯非問疾弔喪而入諸臣之家，是謂君臣爲謔。謔，戲。夫禮者，君之柄，柄，亦秉持。所以別嫌明微，儐鬼神，考制度，列仁義，❹立政教，安君臣上下也。故政不正則君位危，君位危則大臣倍，小臣竊。刑肅而俗弊，則法無常。法無常則禮無別。禮無別，則士不仕，民不歸。是謂疵國。是故夫政者，君之所以藏身也。言所藏於身，不可以假人也。必本之天，效以降命。效天以下教令，所謂則天之明。命降於社之謂教地，❺所謂因地之利。降於祖廟之謂仁義，奉祖廟，彌近彌親，彌遠彌尊，仁義之道也。降於山川之謂興作，下命所謂祭山川者，謂其興造雲雨，作生萬物也。

---

❶「謂」，原誤作「爲」，今據玉海堂本改。

❷「裳」，原誤作「嘗」，今據玉海堂本、四庫本改。

❸「以」，原脱，今據玉海堂本、四庫本補。

❹「列」，玉海堂本、四庫本作「别」。

❺「教」，玉海堂本、四庫本作「效」。

降于五祀之謂制度，下命使事五祀者，以其能爲人事之制度。此聖人所以藏身之固也。藏身以此則固。聖人參於天地，並於鬼神，以治政也。處其所存，禮之序也；翫其所樂，民之治也。言聖人常所存處者，禮之次序；常所玩樂者，民之治安也。天生時，地生財，人其父生而師教之。四者君以政用之，所以立於無過之地。時及財，天地之所生。❶而師以教之，君以政用之而已，故常立於無過之地也。君者，人所明，非明人者也；人所養，非養人者也；人所事，非事人者也。夫君者，明人則有過，爲君徒欲明人而已，則過謬也。故養人則不足，時君失政，不能爲民所養。❷事人則失位。故百姓明君以自治，❸養君以自安，事君以自顯。是以禮達而分定，人皆愛其死而患其生。人皆愛惜其死，而患其生之無禮也。是故用人之智，去其詐；用人之勇，去其怒；用人之仁，去其貪。國有患，君死社稷，爲之義；❹大夫死宗廟，爲之變。大夫有去就之義，未必常死宗廟者。其死宗廟者，權變爲也。❺凡聖人能以天下爲一家，以中國爲一人，非意之，非以意貪之，

---

❶「生」上，原衍「以」字，今據四庫本刪。

❷「民」，玉海堂本作「人」。

❸「明」，玉海堂本、四庫本作「則」。

❹「爲」，玉海堂本、四庫本作「謂」。

❺「權」上，玉海堂本、四庫本有「以」字。

必有致之也。❶必知其情，從於其義，明於其利，達於其患，然後能爲之。❷何謂人情？喜、怒、哀、懼、愛、惡、欲七者，弗學而能。何謂人義？父慈、子孝、兄良、弟悌、夫義、婦聽、長惠、幼順、君仁、臣忠十者，謂之人義。講信修睦，謂之人利。争奪相殺，謂之人患。聖人之所以治人七情，脩十義，講信脩睦，尚辭讓，去争奪，舍禮何以治之？飲食男女，人之大欲存焉；死亡貧苦，人之大惡存焉。欲惡者，人之大端。人藏其心，不可測度，美惡皆在其心，不見其色，欲一以窮之，舍禮何以哉？故人者，天地之德，陰陽之交，鬼神之會，五行之秀。天秉陽，垂日星；地秉陰，載山川。❸播五行於四時，和四氣而後月生，月生而後四時行焉。布五行，和四時、四氣，❹而後月生焉。是以三五而盈，三五而缺。月，陰道，不常滿。故十五日滿，十五日缺也。五行之動，共相竭也。竭，盡也。水用事盡則木用事，五行用事更相盡也。五行、四氣、十二月還相爲本，用事者爲本也。五聲、六律、十二管還相爲宫，❺五聲者，宫商角徵羽也。管十二月

---

❶「致」，玉海堂本、四庫本作「數」。

❷「能」，原脱，今據玉海堂本、四庫本補。

❸「山」上，原衍「於」字，今據玉海堂本、四庫本删。

❹「四氣」，玉海堂本、四庫本無此二字。

❺「六」，原誤作「五」，今據玉海堂本、四庫本改。

也，一月一管。陽律陰呂，其用事者爲宮也。❶五味、六和、十二食還相爲質，五味，酸苦鹹辛甘。六和者，和之各有宜者，春多酸，秋多辛之屬是也。十二食者，十二月之食。質，本也。五色、六章、十二衣還相爲主。❷五色者，青赤白黑黄。《學記》曰：「水無當於五色，五色不得不彰。」五色待水而章也。故人者，天地之心，於天地間，如五藏之有心矣。人有生最靈，心五藏最聖也。而五行之端，端，始也，能用五行也。食味、别聲、被色而生者。聖人作則，作爲則法。必以天地爲本，以陰陽爲端，以四時爲柄，以日星爲紀。月以爲量，鬼神以爲徒，五行以爲質，禮義以爲器，人情以爲田，四靈以爲畜。以天地爲本，故物可舉；天地爲本，則萬物苞在於其中。以陰陽爲端，故情可睹；陰陽爲情之始。❸以四時爲柄，故事可勸；四時各有事，故事可得而勸也。以日星爲紀，故業可别；日以紀晝，星以紀夜，故事可得而分别也。月以爲量，故功有藝；有度量以成四時，猶功業各有分理也。藝，猶理。鬼神以爲徒，故事有守；鬼神不相干，各有守。五行以爲質，故事可復也；五行終則復始，故事可修復也。禮義以爲器，故事行有考；考，成。人情以爲田，故人以爲奥；❹四靈以爲畜，

---

❶「者」，原脱，今據玉海堂本、四庫本補。

❷「主」，玉海堂本、四庫本作「實」。

❸「爲情之」，原誤作「之爲情」，今據玉海堂本、四庫本改。

❹「故人以爲奥」，原脱，今據玉海堂本、四庫本補。

故飲食有由。❶四靈，鳥獸之長。四靈爲畜，則飲食可用。何謂四靈？麟、鳳、龜、龍，謂之四靈。故龍以爲畜，而魚鮪不諗，諗，潛藏也。鳳以爲畜而鳥不[illegible]，❷麟以爲畜而獸不[illegible]，❸[illegible][illegible]，飛走之貌也。[illegible]，況必反。[illegible]，況越反。龜以爲畜，而人情不失。《易》曰：「定天下之吉凶，成天下之亹亹者，莫善於蓍龜。」人情不失也。❹先王秉蓍龜，列祭祀，瘞繒，宣祝嘏，❺瘞，謂祭祀之瘞。繒，謂若增封太山。❻宣，謂播宣揚之。瘞，於列反。繒，慈陵反。嘏，舉下反。設制度，祝嘏辭説。❼故國有禮，官有御，治也。事有職，禮有序。❽先王患禮之不達於下，故饗帝于郊，所以定天位也；祀社於國，所以列地利也；禘祖廟，所以本仁也；旅山川，所以儐鬼神也；祭五祀，所以本事也。

---

❶「故飲食有由」，原脱，今據玉海堂本、四庫本補。

❷「[illegible]」，玉海堂本作「[illegible]」，四庫本作「[illegible]」。

❸「[illegible]」，玉海堂本作「[illegible]」，四庫本作「狘」。

❹「人」上，玉海堂本、四庫本有「故曰」二字。

❺「嘏」下，玉海堂本有「辭説」二字。

❻「太」，玉海堂本作「泰」。

❼「祝嘏辭説」，玉海堂本、四庫本無此四字。

❽「事有職，禮有序」，原誤作「職有序」，今據玉海堂本、四庫本改。

故宗祝在廟，三公在朝，三老在學，王養三老在學。王前巫而後史，卜著瞽侑，❶皆在左右，王中心無爲也，❷以守至正。是以禮行于郊而百神受職，禮行於社而百貨可極，禮行於祖廟而孝慈服焉，孝慈之道爲遠近所服焉。禮行於五祀而正法則焉。故郊社宗廟山川五祀，❸義之脩而禮之藏。言禮之寶藏。夫禮必本於太一，太一者，元氣也。分而爲天地，轉而爲陰陽，變而爲四時，列而爲鬼神。其降曰命，即上所爲命，降於天地祖廟也。其官於天也，官爲職分也，言禮之職分皆從天下來也。❹協於分藝。藝，理。其居於人也曰養。言禮之於人身，所以養成人也。所以講信修睦，而固人之肌膚之會、筋骸之束者，所以養生送死，事鬼神之大端，所以達天道，順人情之大竇。唯聖人爲知禮之不可以已也，故破國、喪家、亡人，必先去其禮。禮之於人，猶酒之有蘖也。君子以厚，小人以薄。聖人脩義之柄、禮之序以治人情。人情者，聖王之田也。修禮以耕之，陳義以種之，講學以耨之，耨，除穢也。本仁以聚之，播樂以安之。故禮者，

❶「著」，玉海堂本、四庫本作「筮」。
❷「爲」，玉海堂本、四庫本作「違」。
❸「宗」，玉海堂本作「祖」。
❹「之」，原脱，今據玉海堂本、四庫本補。

義之實也，協諸義而協，則禮雖先王未有，可以義起焉。義者，藝之分，仁之節，❶協於藝，講於仁，得之者强，失之者喪。仁者，義之本，順之體，得之者尊。故治國不以禮，猶無耜而耕；爲禮而不本於義，猶耕之而弗種；❷爲義而不講於學，❸猶種而弗耨；講之以學而不合之以仁，❹猶耨而不穫；合之以仁而不安之以樂，猶穫而弗食；安之以樂而不達於順，猶食而不肥。四體既正，膚革充盈，人之肥也；父子篤，兄弟睦，夫婦和，家之肥也；大臣法，小臣廉，官職相序，君臣相正，國之肥也；天子以德爲車，以樂爲御，諸侯以禮相與，大夫以法相序，士以信相考，百姓以睦相守，天下之肥也。是謂大順。大順者，❺所以養生送死事鬼神之常也。故事大積焉而不苑，苑，滯積也。並行而不謬，細行而不失。深而通，茂而有間，言有理也。連而不相及，言有叙也。動而不相害，此順之至也。明於順，然後乃能守危。高而

❶「節」下，玉海堂本、四庫本有注曰：「藝，理。」
❷「耕之而弗種」，玉海堂本、四庫本作「耕而不種」。
❸「義」，原脱，今據玉海堂本、四庫本補。
❹下「之」字，原脱，今據玉海堂本、四庫本補。
❺「大」，原脱，今據玉海堂本、四庫本補。

不危，以長守危。夫禮之不同，不豐不殺，❶所以持情而合危也。合禮安也。山者不使居川，渚者不使居原。用水火金木，飲食必時。用水，漁人以時入澤梁，乃漑灌。用火，季春出火，季秋納火也。❷用金，以時采銅鐵。用木，斧斤以時入山林，飲食各隨四時之宜者也。冬合男女，春頒爵位，必當年德，皆所順也，❸用民必順。悦以使民。故無水旱昆蟲之災，民無凶饑妖孽之疾。天不愛其道，地不愛其寶，人不愛其情。是以天降甘露，地出醴泉，山出器車，出銀甕丹甑之器及象車也。河出馬圖。龍似馬，負圖出。鳳凰麒麟皆在郊掫，❹龜龍在宮沼，其餘鳥獸及卵胎，皆可俯而窺也。則是無故，先王能循禮以達義，體信以達順，此順之實也。」

---

❶ 下「不」字，原脱，今據玉海堂本、四庫本補。

❷ 「季春出火，季秋納火也」，玉海堂本、四庫本作「季春焚萊草，孟冬以火田也」。

❸ 「所」下，玉海堂本、四庫本有「謂」字。

❹ 「郊掫」，玉海堂本、四庫本作「近郊」。

孔子家語卷第八

冠頌第三十三

郕隱公既即位，將冠，使大夫因孟懿子問禮於孔子。子曰：「其禮如世子之冠。冠於阼者，以著代也，阼，主人之階，以明其代父。醮於客位，加其有成。冠於阼，❶若不醴則醮，❷用酒於客位，敬而成之。户西爲客位。醮，子肖反。三加彌尊，導喻其志。喻其志，使加彌尊，宜敬成。❸始緇布，次皮弁，次爵弁。冠而字之，敬其名也。雖天子之元子，猶士也，其禮無變，天下無生而貴者故也。行冠事，必於祖廟。以祼享之禮以將之，祼，灌鬯也，灌鬯以享神。享，獻。將，行也。鬯，刃亮反。以金石之樂節之，金石者，鍾磬也。所以自卑而尊先祖，示不敢擅。」懿子曰：「天子未冠即位，長亦冠也？」孔子曰：「古者王世子雖幼，其即位，則尊爲人君。人君治成人之事

❶「阼」，原誤作「階」，今據玉海堂本、四庫本改。

❷「醴」，原誤作「體」，今據四庫本改。

❸「成」，玉海堂本、四庫本作「式」。

者，何冠之有？」懿子曰：「然則諸侯之冠異天子與？」怪天子無冠禮，如諸侯之冠，故問之。孔子曰：「君薨而世子主喪，是亦冠也已。人君無所殊也。」諸侯亦人君，與天子無異。懿子曰：「今邾君之冠，非禮也？」懿子以諸侯無冠，❶則邾君之冠非也。孔子曰：「諸侯之有冠禮也，夏之末造也。夏之末世，乃造諸侯冠禮。有自來矣，今無譏焉。言有所從來，故今無所譏。天子冠者，武王崩，成王年十有三而嗣立。周公居冢宰，攝政以治天下。明年夏六月，既葬，《周書》亦曰：「歲十有三，武王崩。元年六月葬。」與此若合符。而説者橫爲年紀蹙促。成年少，又命周公，武王崩後五月乃攝政，良可爲冠與？痛哉！冠成王而朝于祖，以見諸侯，示有君也。❷周公命祝雍作頌曰：『祝王達而未幼。』祝雍辭曰：『使王近於民，常得民之心也。遠於年，壽長。嗇於時，嗇，愛也。於時，不奪民時也。惠於財，親賢而任能。』其頌曰：『令月吉日，王始加元服。去王幼志，服衮職，❸衮職，盛服有禮文也。欽若昊天，❹欽，敬。若，順。六合是式。天地四方謂之六合。言爲之法式。率爾祖考，永永無極。』此周公之制也。」懿子曰：「諸侯之冠，其所以爲賓主，何

---

❶「以」，原誤作「亦」，今據玉海堂本、四庫本改。

❷「示」，原誤作「亦」，今據玉海堂本、四庫本改。

❸「服」，玉海堂本、四庫本作「心」。

❹「天」，原誤作「命」，今據玉海堂本、四庫本改。

也？」孔子曰：「公冠則以卿爲賓，無介。公自爲主迎賓，揖升自阼，立于席北。其醴也，則如士，饗之以三獻之禮。既醴，降自阼階。❶諸侯非公而自爲主者，其所以異，皆降自西階。西階，賓也。玄端與皮弁，玄端，緇布冠之服。皮弁，自服其服也。異朝服素畢。朝服而畢，❷示不忘古。公冠四，公四加冠。加玄冕祭。加玄冕，著祭服。其酬幣于賓，則束帛乘馬。已冠而饗，既饗，與賓幣，謂之酬幣。❸乘馬，駟馬也。王太子、庶子之冠擬焉。王之太子、庶子皆擬諸侯冠禮也。皆天子自爲主，❹其禮與士無變。饗食賓也皆同。」懿子曰：「始冠必加緇布之冠，何也？」孔子曰：「示不忘古。太古冠布，齋則緇之。其緌也，吾未之聞。言今有緌，未聞之於古，古無緌也。緌，冠之飾也。今則冠而幣之可也。」今不復冠幣布，❺幣之不復著也。❻懿子曰：「三王之冠，其異何也？」孔子曰：「周弁，殷冔，夏收，一也。皆祭服也。三王共皮弁素緌。委貌，周道也；章

❶「階」，玉海堂本、四庫本無此字。
❷「朝服」，原誤作「服朝」，今據玉海堂本、四庫本改。
❸「酬」，原誤作「人」，今據玉海堂本、四庫本改。
❹「主」，原誤作「三」，今據玉海堂本、四庫本改。
❺「幣布幣」，四庫本作「白布敝」。
❻「著」，原誤作「者」，今據玉海堂本、四庫本改。

甫，殷道也；毋追，夏后氏之道也。」常所服之冠也。

廟制第三十四

衛將軍文子將立三軍之廟於其家，❶文子，名彌牟。❷使子羔訪於孔子。子曰：「公廟設於私家，非古禮之所及，吾弗知。」子羔曰：「敢問尊卑上下立廟之制，可得而聞乎？」孔子曰：「天下有王，分地建國，設祖宗，祖有功，宗有德。乃爲親疏貴賤多少之數。是故天子立七廟，三昭三穆，與太祖之廟而七。❸太祖近廟，皆月祭之。近，謂高祖下。親爲近。遠廟爲祧，有二祧焉。祧，遠意。親盡爲祧。二祧者，高祖及父母祖是也。祧，吐彫反。享嘗乃止。四時祭也。諸侯立五廟，降天子二也。二昭二穆，與太祖之廟而五，曰祖考廟。始祖廟也。享嘗乃止。大夫立三廟，降諸侯二也。一昭一穆，與太祖之廟而三，❹曰皇考廟。享嘗乃止。士立一廟，降大夫二也。曰考廟。王考無廟，合而享嘗乃止。祖合於父廟中。庶人無廟，四時祭於寢。此自

❶ 「三軍」，王海堂本、四庫本作「先君」。

❷ 「牟」，原誤作「年」，今據王海堂本、四庫本改。

❸ 「而」，原脱，今據王海堂本、四庫本補。

❹ 「祖之」，原脱，今據王海堂本、四庫本補。

有虞以至于周之所不變也。自有虞以至於周，禮不異。❶ 而説者以周有廟，以有文武，故祧當遷者，而以爲文廟。❷ 或有甚矣。禮典皆有七廟之文，唯《喪服小記》云：「王者禘其祖之所自以其祖所出，❸以其祖配之。」而立四廟。謂始王者，未有始祖，故立四廟。今有虞亦始王者，而既立七廟矣。則《喪服小記》之言亦妄矣。凡四代帝王之所謂郊者，皆以配天。其所謂禘者，皆五年大祭之所及也。殷周禘嚳，五年大祭而及。應爲太祖者，則其廟不毁。不及太祖，雖在禘郊，其廟則毁矣。諸禘享考無廟，❹郊亦無廟。后稷之所以有廟，自以太祖。❺ 故曰：「不爲太祖，雖在禘郊，其廟則毁。」據后稷而言，殷人之郊冥，❻以冥有大功。契既爲太祖之廟，若復郊，則冥永不與於祀典，是以郊冥者也。古者祖有功而宗有德，謂之祖宗者，❼其廟皆不毁。」祖宗者，不毁之名。其廟，有功者謂之祖，至於周文王是也。有

---

❶ 「禮」上，原衍「周」字，今據玉海堂本、四庫本删。

❷ 「文廟」，玉海堂本、四庫本作「文武之廟」。

❸ 「之所自以其祖」，玉海堂本、四庫本無此六字。《禮記》原作「王者禘其祖之所自出，以其祖配之」。

❹ 「考」，玉海堂本、四庫本作「皆」。

❺ 「自」，四庫本作「者」，玉海堂本無此字。

❻ 「之」，原誤作「不」，今據四庫本改。

❼ 「謂之」，玉海堂本、四庫本作「諸見」。

德者謂之宗，❶武王是也。❷二廟自有祖宗。乃謂之二祧，又以爲配食明堂之名，亦可謂違聖指，❸失寔事也。

子羔問曰：「祭典云：『昔有虞氏祖顓頊而宗堯，夏后氏亦祖顓頊而宗禹，殷人祖契而宗湯，周人祖文王而宗武王。』此四祖四宗，或乃異代，或其考祖之有功德，其廟可也。若有虞宗堯，夏祖顓頊，皆異代之有功德者也，亦可以存其廟乎？」孔子曰：「善。如汝所聞也。如殷周之祖宗，其廟可以不毁。其他祖宗者，功德不殊。雖在殊代，亦可以無疑矣。《詩》云：『蔽芾甘棠，勿翦勿伐，邵伯所憩。』蔽芾，小貌。甘棠，杜也。憩，席也。❹周人之於邵公也，愛其人，猶敬其所舍之樹，況祖宗其功德，而可以不尊奉其廟焉？」

辯樂解第三十五

孔子學琴於師襄子。襄子曰：「吾雖以擊磬爲官，然能於琴。今子於琴已習，可以益

❶「宗」，原誤作「周」，今據玉海堂本、四庫本改。

❷「也」，原脱，今據玉海堂本、四庫本補。

❸「違」，原誤作「達」，今據玉海堂、四庫本改。

❹「席」，玉海堂本、四庫本作「息」。

矣。」孔子曰：「丘未得其數也。」有間，曰：「已習其數，可以益矣。」孔子曰：「丘未得其志也。」有間，曰：「已習其志，可以益矣。」孔子曰：「丘未得其爲人也。」有間，曰孔子有所謬然思焉，❶謬然，深思貌。有所睪然高望而遠眺。眺，見也。睪，羊益反。眺，他弔反。曰：「丘迨得其爲人矣。❷黮而黑，❸黮，黑貌。黮，勑感反。頎然長，頎，長貌。頎，渠希反。曠如望羊，曠，用志廣遠。望羊，遠視也。奄有四方，奄，同也。文王之時，三分天下有其二。後周有四方，文王之功也。非文王其孰能爲此？」師襄子避席葉拱而對曰：葉拱，兩手薄其心也。「君子，聖人也。其傳曰《文王操》。」

子路鼓琴，孔子聞之，謂冉有曰：「甚矣！由之不才也。夫先王之制音也，奏中聲以爲節。流入於南，❹不歸於北。夫南者生育之鄉，北者殺伐之城。故君子之音，温柔居中，以養生育之氣。憂愁之感不加于心也，暴厲之動不在于體也。夫然者，乃所謂治安之風也。小人之音則不然，亢麗微末，以象殺伐之氣。中和之感不載於心，温和之動不存于體。夫

❶「曰」，疑爲衍文。

❷「矣」下，玉海堂本、四庫本有注曰：「迨，近。」

❸「黮」上，原衍「近」字，今據玉海堂本、四庫本删。

❹「流」，玉海堂本、四庫本無此字。

然者，乃所以爲亂之風。昔者舜彈五絃之琴，造《南風》之詩，其詩曰：『南風之薰兮，可以解吾民之愠兮。南風之時兮，可以阜吾民之財兮。』得其時。阜，盛也。唯脩此化，故其興也勃焉，德如泉流，至于今，王公大人述而弗忘。殷紂好爲北鄙之聲，其廢也忽焉，至于今，王公大人舉以爲誡。夫舜起布衣，積德含和，而終以帝。紂爲天子，荒淫暴亂，而終以亡。非各所修之致乎？由今也匹夫之徒，曾無意于先王之制，而習亡國之聲，豈能保其六七尺之體哉？」冉有以告子路，子路懼而自悔，静思不食，以至骨立。夫子曰：「過而能改，其進矣乎。」

周賓牟賈侍坐於孔子，孔子與之言及樂，曰：「夫《武》之備誡之以久，何也？」《武》，謂周《武》。❶ 備誡，❷擊鼓警衆也。對曰：「病疾不得其衆。」❸病，憂也。憂恐不得其士衆之心，敬者也。「詠歎之，淫液之，何也？」淫液，歆淫滋味。對曰：「恐不逮事。」言汲汲欲及此安民和衆事。「發揚蹈厲之已蚤，何也？」厲，病。備戒雖久，至其發作又疾。對曰：「及時事。」欲令事及其時。「武

❶ 「周武」，玉海堂本、四庫本作「周舞」。
❷ 「誡」，玉海堂本、四庫本作「戒」。
❸ 「疾」，玉海堂本、四庫本無此字。

坐致右而軒左，何也？」右膝至地，左膝不至地也。對曰：「非武坐。」言無武坐。❶「聲淫及商，何也？」言聲歆淫貪商。對曰：「非武音也。」武王之事，不得已爲天下除殘賊，非苟貪商。孔子曰：「若非武音，則何音也？」對曰：「有司失其傳也。」孔子曰：「唯，丘聞諸萇弘，亦若吾子之言是也。❷若非有司失其傳，則武王之志荒矣。」賓牟賈起，免席而請曰：「夫《武》之備誡之以久，❸則既聞命矣。敢問遲矣而又久立於綴，何也？」子曰：「居，吾語爾。夫樂者，象成者也。象成功而爲樂。語，魚據反。總干而山立，武王之事也；總持干，若山立不動。發揚蹈厲，太公之志也；志在鷹揚。《武》亂皆坐，周邵之治也。《武》亂《武》治皆坐，而以象安民之事也。❹且夫《武》，始成而北出，再成而滅商，三成而南反，誅紂已而南也。四成而南國是疆，言有南國以爲疆界。五成而分陝，周公左，邵公右，分東西而治也。六成而復綴，以崇其天子焉。以象尊天子也。

❶「無武」，玉海堂本、四庫本作「武無」。

❷「亦若」，原誤作「若非」，今據玉海堂本、四庫本改。

❸「誡」，玉海堂本、四庫本作「戒」。

❹「之」，玉海堂本、四庫本作「無」。

六成謂舞之節解也。❶ 衆夾振焉而四伐，❷所以盛威於中國。夾武王四面，會振威武。四伐者，伐四方與紂同惡也。分陝而進，❸所以事蚤濟。所以分陝而蚤進者，欲事蚤成。久立於綴，所以待諸侯之至也。今汝獨未聞牧野之語乎？武王克殷而反商之政，未及下車，則封黄帝之後於薊，封帝堯之後於祝，封帝舜之後於陳。下車，又封夏后氏之後於杞，封殷之後於宋，武王伐殷，封其子禄父。武王崩，禄父叛，周公誅之。封微子於宋，以爲殷後。禄父不成殷後，故成言之。封王子比干之墓，釋箕子之囚，使人行商容之舊，以復其位。商容，商之禮儀。❹其位，舊居也。傳説多以商容爲殷之賢人，或使箕子求商容乎？❺行，猶索也。庶民弛政，解其力役之事。弛，尸紙反。庶士倍禄。❻既濟河西，馬散之華山之陽而弗復乘，牛散之桃林之野而弗復服，桃林，西方塞也。華，胡化反。車甲則釁之而藏諸府庫以示弗復用，❼倒載干戈而包之以虎皮，將率之士，使爲諸

---

❶「六」，玉海堂本、四庫本作「凡」。

❷「焉」，玉海堂本、四庫本作「之」。

❸「陝」，玉海堂本作「郟」，四庫本作「夾」。下注文同。

❹「儀」，玉海堂本、四庫本作「官」。

❺「或使」，玉海堂本作「或者使」，四庫本作「行者使」。

❻「庶士倍禄」，玉海堂本、四庫本無此四字。

❼「藏」下，原衍「之」字，今據玉海堂本、四庫本删。

侯，命之曰鞬櫜。❶言所以藏弓矢而不用者，❷將率之士力也。故使以爲諸侯，❸爲之鞬櫜也。將，即亮反。率，徒對反。鞬，居言反。然後天下知武王之不復用兵也。散軍而修郊射，郊有學官，可以習禮。左射以《貍首》，右射以《騶虞》，而貫革之射息也。左東學，右西學，《貍首》、《騶虞》，所爲節也。裨冕搢笏，而虎賁之士脱劍。衮冕之屬通謂之裨冕。脱劍，解劍也。賁，符分反。郊祀后稷，而民知尊父焉。配明堂，而民知孝焉。朝覲，然後諸侯知所以臣。耕籍，然後民知所以敬親。親耕籍田，所以奉祠祀之粢盛。六者天下之大教也。食三老五更於太學，天子袒而割牲，執醬而饋，執爵而酳，食已飲酒，謂之酳也。酳，音胤。冕而總干，親在舞位。所以教諸侯之弟也。如此則周道四達，禮樂交通，夫武之遲久，不亦宜乎？」

問玉第三十六

子貢問於孔子曰：「敢問君子貴玉而賤珉何也？爲玉之寡而珉多歟？」❹珉，石似玉。

❶「曰」，玉海堂本、四庫本無此字。

❷「藏」，玉海堂本、四庫本作「櫜」。

❸「使」，玉海堂本、四庫本作「建」。

❹「之」，原脱，今據玉海堂本、四庫本補。

瑉，眉巾反。孔子曰：「非爲玉之寡故貴之，瑉之多故賤之。夫昔者君子比德於玉：温潤而澤，仁也；縝密以栗，智也；縝密，緻塞貌。栗，堅也。縝，之忍反。緻，直利反。廉而不劌，義也；割而有廉隅，❶而不割傷也。劌，呼外反。垂之如墜，禮也；禮尚謙卑。叩之，其聲清越而長，其終則詘然，樂矣；詘，斷絶貌，似樂之息。詘，曲勿反。瑕不掩瑜，瑜不掩瑕，忠也；瑜，其忠美者也。❷孚尹旁達，信也；孚尹，玉貌。旁達，似信者無不通。❸氣如白虹，天也；精神見于山川，地也；精神本出山川，是故象地。❹珪璋特達，德也；天下莫不貴者，道也。《詩》云：『言念君子，温其如玉。』故君子貴之也。」

孔子曰：「入其國，其教可知也：其爲人也，温柔敦厚，《詩》教也；疏通知遠，《書》教也；廣博易良，《樂》教也；潔静精微，《易》教也；恭儉莊敬，《禮》教也；屬辭比事，《春秋》教也。故《詩》之失愚，敦厚之失。❺《書》之失誣，知遠之失。《樂》之失奢，《易》之失賊，精微之失。

---

❶「割」上，四庫本有「劌」字。

❷「忠」，玉海堂本、四庫本作「中」。

❸「似信」，原誤作「言似」，今據玉海堂本、四庫本改。

❹「象地」，原誤作「地也」，今據玉海堂本、四庫本改。

❺「之失」，原脱，今據玉海堂本、四庫本補。

《禮》之失煩，《春秋》之失亂。屬辭比事之失。其爲人也，温柔敦厚而不愚，則深於《詩》者矣；疏通知遠而不誣，則深於《書》者矣；廣博易良而不奢，則深於《樂》者矣；潔静精微而不賊，則深於《易》者矣；恭儉莊敬而不煩，則深於《禮》者矣；❶屬辭比事而不亂，則深於《春秋》者矣。天有四時者，春夏秋冬，風雨霜露，無非教也。地載神氣，吐納雷霆，流形庶物，無非教也。清明在躬，氣志如神，清明之德在身也，則其氣志如神也。有物將至，其兆必先。物，事也。言有事將至，必先有兆應之者也。是故天地之教與聖人相參，其在《詩》曰：『嵩高惟嶽，峻極于天。惟嶽降神，生甫及申。岳降神靈和氣，生申、甫之大功也。❷惟申及甫，惟周之翰。翰，幹。美其宗族世有大功於周。甫侯相穆王，制祥刑。申伯佐宣王，成德教。四國于蕃，四方于宣。』言能藩屏四國，宣王德化於天下也。此文武之德。言文武聖德，篤佐周家，❸正爲先王良佐，❹成中興之功。『矢其文

❶「矣」，原脱，今據玉海堂本、四庫本補。

❷「之」，玉海堂本、四庫本作「成」。

❸「佐」，玉海堂本、四庫本作「佑」。

❹「正爲先王良佐」，玉海堂本、四庫本作「天爲之生良佐」。

德，❶協此四國。』《毛詩》：「矢其文德。」矢，陳。協，和。此文王之德也。❷凡三代之王，必先其令問。《詩》云：『明明天子，令問不已。』三代之德也。」令，力正反。下同。

子張問聖人之所以教，孔子曰：「師乎，吾語汝。聖人明於禮樂，舉而措之而已。」子張又問，孔子曰：「師，爾以爲必布几筵，揖讓升降，酌獻酬酢，然後謂之禮乎？爾以爲必行綴兆，❸執羽籥，作鐘鼓，然後謂之樂乎？言而可履，禮也；行而可樂，樂也。綴，知劣反。樂，上音洛，下音岳。聖人力此二者，以躬己南面，是故天下太平，萬民順伏，百官承事，上下有禮也。夫禮之所以興，衆之所以治也。禮之所以廢，衆之所以亂也。目巧之室，則有隩阼，言目巧作室，必有隩阼之位。室西南隅謂之隩。阼，阼階也。❹隩，於到反。席則有上下，車則有左右，行則並隨，立則有列序，古之義也。室而無隩阼，則亂於堂室矣；席而無上下，則亂於席次矣；亂於席上之次第。車而無左右，則亂於車上矣；行而無並隨，則亂於階塗矣；升階塗無並隨，則階塗亂。列而無次序，則亂於著矣。著，所立之位也。門屏之間謂之著也。昔者明王聖人辯

---

❶「矢」，四庫本作「弛」。

❷「文」，四庫本作「太」。

❸「爲」，原脱，今據玉海堂本、四庫本補。

❹「阼」，玉海堂本、四庫本不重文。

貴賤長幼，正男女内外，序親疏遠近，而莫敢相踰越者，皆由此塗出也。」

屈節解第三十七

子路問於孔子曰：「由聞丈夫居世，富貴不能有益於物，以道濟物，不爲身也。處貧賤之地，而不能屈節以求伸，則不足以論乎人之域矣。」孔子曰：「君子之行己，期於必達於己。❶可以屈則屈，可以伸則伸。故屈節者所以有待，待知求也。求伸者所以及時。及良時也。是以雖受屈而不毁其節，志達而不犯於義。」合於義也乃行。

孔子在衛，聞齊國田常將欲爲亂，專齊，有無君之心也。而憚鮑、晏，鮑氏，晏氏，齊之卿大夫也。因欲移其兵以伐魯。孔子會諸弟子而告之曰：「魯，父母之國，不可不救，不忍視其受敵。今吾欲屈節於田常以救魯，二三子誰爲使？」於是子路曰：「請往齊。」❷孔子弗許。子張請往，又弗許。子石請往，又弗許。三子退，謂子貢曰：「今夫子欲屈節以救父母之國，吾三人請使而不獲往，此則吾子用辯之時也，吾子盍請行焉？」子貢請使，夫子許之。遂如

❶「期」，玉海堂本、四庫本作「其」。

❷「齊」，玉海堂本、四庫本作「焉」。

齊，説田常曰：「今子欲收功於魯實難，不若移兵於吳則易。」易，以豉反。田常不悦。子貢曰：「夫憂在内者攻强，憂在外者攻弱。吾聞子三封而三不成，是則大臣不聽令。戰勝以驕主，破國以尊臣，鮑、晏等率師，若破國，則益尊者也。而子之功不與焉，則交日疏於主，而與大臣争。如此，則子之位危矣。」田常曰：「善。然兵甲已加魯矣，❶不可更，更，音耕。如何？」子貢曰：「緩師，吾請於吳，❷令救魯而伐齊，子因以兵迎之。」田常許諾。子貢遂南説吳王曰：「王者不滅國，霸者無强敵。千鈞之重，加銖兩而移。今以齊國而私千乘之魯，與吾争强，❸甚爲王患之。且夫救魯以顯名，以撫泗上諸侯，泗，水名也。誅暴齊以服晉，利莫大焉。名存亡魯，實困强齊，智者不疑。」吳王曰：「善。然吳常困越，越王今苦身養士，有報吳之心，子待我先越，❹然後乃可。」子貢曰：「越之勁不過魯，吳之彊不過齊，而王置齊而伐越，

❶「甲」，玉海堂本、四庫本作「業」。
❷「請」下，玉海堂本、四庫本有「救」字。
❸「吾」，玉海堂本、四庫本作「吳」。
❹「先」，玉海堂本、四庫本作「伐」。

則齊必私魯矣。王方以存亡繼絶之名，棄齊而伐小越，❶非勇也。勇者不避難，❷難，乃旦反。仁者不窮約，智者不失時，義者不絶世。今存越示天下以仁，救魯伐齊，威加晉國，諸侯必相率而朝，霸業盛矣。且王必惡越，臣請見越君，令出兵以從，此則實害越而名從諸侯以伐齊。」吴王悦，乃遣子貢之越。越王郊迎，而自爲子貢御，曰：「此蠻夷之國，大夫何足儼然辱而臨之？」子貢曰：「今者吾説吴王以救魯伐齊，説，音税。其志欲之而心畏越，曰：『待我伐越而後可。』則破越必矣。❸且無報人之志而令人疑之，拙矣；有報人之意而使人知之，殆矣；❹事未發而先聞者，危矣。三者舉事之患矣。」勾踐頓首曰：「孤嘗不料力而興吴難，難，乃旦反。受困會稽，痛於骨髓，日夜焦唇乾舌，徒欲與吴王接踵而死，孤之願也。今大夫幸告以利害。」子貢曰：「吴王爲人猛暴，群臣不堪，國家疲弊，百姓怨上，大臣内變。申胥以諫死，申胥，伍子胥也。大宰嚭嚭，吴王佞臣也。嚭，普鄙反。用事，此則報吴之時也。王誠能發卒

❶ 「棄」下，玉海堂本、四庫本有「强」字。

❷ 「者」，原誤作「而」，今據玉海堂本、四庫本改。

❸ 「則」上，玉海堂本、四庫本有「此」字。

❹ 「矣」，原誤作「乎」，今據玉海堂本改。

佐之，以邀邀激其志。❶射其志，而重寶以悅其心，卑辭以尊其禮，則其伐齊必矣，此聖人所謂屈節求其達者也。彼戰不勝，王之福。若勝，則必以兵臨晉，臣還北請見晉君共攻之，其弱吳必矣。銳兵盡於齊，重甲困於晉，而王制其弊焉。」越王頓首許諾。子貢返五日，越使大夫文種頓首言於吳王曰：「越悉境內之士三千人以事吳。」吳王告子貢曰：「越王欲身從寡人，可乎？」子貢曰：「悉人之率衆，❷又從其君，非義也。」吳王乃受越王卒，謝留勾踐。遂自發國內之兵以伐齊，敗之。子貢遂北見晉君，令承其弊。吳、晉遂遇於黃池。越王襲吳之國，吳王歸與越戰，滅焉。孔子曰：「夫其亂齊、存魯，吾之始願。若能强晉以弊吳，使吳亡而越霸者，賜之說之也。美言傷信，慎言哉！」孔子以哀公十六年卒，吳以二十二年滅。時吳知己將亡而言之也。

孔子弟子有宓子賤者，仕於魯，爲單父宰。單，音善。恐魯君聽讒言，使己不得行其政，於是辭行，故請君之近史二人與之俱至官。宓子戒其邑吏，宓，音密。令二史書。方書，輒掣其肘。書不善，則從而怒之。二史患之，辭請歸魯。宓子曰：「子之書甚不善，子勉而歸

---

❶ 此處注文，王海堂本、四庫本在句末「志」字下。

❷ 「率」，王海堂本、四庫本無此字。

矣。」二史歸報於君曰：「宓子使臣書而掣肘，❶書惡而又怒臣，邑吏皆笑之，此臣所以去之而來也。」魯君以問孔子，子曰：「宓不齊，君子也。其才任霸王之佐，屈節治單父，將以自試也。意者以此爲諫乎？」公寤，太息而歎曰：「此寡人之不肖。寡人亂宓子之政而責其善者，非矣。❷微二史，寡人無以知其過。微夫子，寡人無以自寤。」遽發所愛之使告宓子曰：「自今已往，單父非吾有也，從子之制。有便於民者，子決爲之。五年一言其要。」宓子敬奉詔，遂得行其政，於是單父治焉。躬敦厚，明親親，尚篤敬，施至仁，加懇誠，致忠信，百姓化之。齊人攻魯，道由單父。單父之老請曰：「麥已熟矣，今齊寇至，不及人人自收其麥。請放民出，皆穫傅郭之麥，可以益糧，且不資於寇。」三請而宓子不聽。俄而齊寇逮于麥。季孫聞之，怒，使人以讓宓子曰：「民寒耕熱耘，曾不得食，豈不哀哉？不知猶可，以告者而子不聽，非所以爲民也。」宓子蹵然曰：「今兹無麥，明年可樹。若使不耕者穫，是使民樂有寇。樂，音洛。且得單父一歲之麥，於魯不加强，喪之不加弱，喪，身浪反。若使民有自取之心，其創必數世不息。」季孫聞之，赧然而愧曰：「地若可入，吾豈忍見宓子哉？」赧，乃版反。三年，

---

❶ 「掣」下，玉海堂本、四庫本有「臣」字。

❷ 「非」，玉海堂本、四庫本作「數」。

孔子使巫馬期往觀政焉。❶巫馬期陰免衣，衣弊裘。「衣，衣」，上如字，下於既反。入單父界。見夜漁者，得魚輒舍之。舍，音捨。巫馬期問焉，曰：「凡漁者，爲得，何以得魚即舍之？」漁者曰：「魚之大者名爲鱄，吾大夫愛之。其小者名爲鱦，鱄，宜爲鱣，❷《新序》作鱣。鮑，❸魚之懷任者也。❹鱦，戈證反。吾大夫欲長之。是以得二者輒舍之。」巫馬期返，以告孔子曰：「宓子之德至，使民闇行若有嚴刑於旁，敢問宓子何行而得於是？」孔子曰：「吾嘗與之言曰：『誠於此者刑乎彼。』宓子行此術於單父也。」

孔子之舊曰原壤，其母死，夫子將助之以沐槨。子路曰：「由也昔者聞諸夫子曰：❺『無友不如己者，過則勿憚改。』夫子憚矣。姑已若何？」姑，且也。已，止也。孔子曰：「『凡民有喪，匍匐救之』，況故舊乎？非友也。吾其往。」及爲槨，原壤登木，曰：「久矣，予之不託於音也。」遂歌曰：「狸首之班然，執女手之卷然。」女，音汝。夫子爲之隱，佯不聞以過之。子路

❶「往」，原誤作「遠」，今據玉海堂本、四庫本改。
❷「鱣」，玉海堂本、四庫本作「鱦」。
❸「鮑」，四庫本作「鯉」。
❹「任」，四庫本作「妊」。「者」，玉海堂本、四庫本無。「任」下，原衍「之」字，今據玉海堂本、四庫本刪。
❺「曰」，玉海堂本、四庫本無此字。

曰：「夫子屈節而極於此，失其與矣。豈未可以已乎？」孔子曰：「吾聞之，親者不失其爲親也，故者不失其爲故也。」

孔子家語卷第九

七十二弟子解第三十八

顏回，魯人，字子淵。【少孔子三十歲。】❶年二十九而髮白，三十一早死。❷孔子曰：「自吾有回，門人日益親。」❸回之德行著名，❹孔子稱其仁焉。

閔損，魯人，字子騫。【少孔子五十歲。】以德行著名，孔子稱其孝焉。

---

❶「少孔子三十歲」，原本無，今據玉海堂本、四庫本補。案，本卷内容底本缺漏較多，今皆據玉海堂本補足，並以【 】號標示補足内容，不再一一出校。若所補内容二校本有出入，則以玉海堂本爲底本，以四庫本參校，並於校記説明。

❷「死」下，玉海堂本有注曰：「此書久遠，年數錯誤，未可詳校其年。則顏回死時孔子年六十一歲。然伯魚五十，先孔子卒。卒時孔子且七十，此謂顏回先伯魚死，而《論語》云：『顏回死，顏路請子之車以爲之槨，子曰：「鯉也死，有棺而無槨。」』或爲誤。」四庫本下注大致相同，注末句作：「或爲誤事之辭。」

❸「益」下，玉海堂本、四庫本有注曰：「顏回爲孔子疏附之友，能使門人益親夫子。」

❹「之」，玉海堂本、四庫本作「以」。

冉耕，魯人，字伯牛。以德行著名。有惡疾，孔子曰：「命也夫。」

冉雍，字仲弓，伯牛之宗族，生於不肖之父。以德行著名。

宰予，字子我，魯人。有口才著名。❶【仕齊爲臨葘大夫，與田常爲亂，夷其三族。孔子恥之，曰：「不在利病，其在宰予。」言宰予爲病利。】

端木賜，字子貢，衛人。【少孔子三十一歲。】有口才著名。【孔子每詘其辯。家富累千斤。常結駟連騎以造原憲，憲居蒿廬蓬户之中，與之言先王之義。原憲衣弊衣冠，並日蔬食，既蔬食，並日而後食也。衎然有自得之志。子貢曰：「甚矣！子如何之病也。」原憲曰：「吾聞無財者謂之貧，學道不能行者謂之病。吾貧也，非病也。」子貢慚，終身恥其言之過。子貢好販，❷與時轉貨。販發舉，買賤賣貴，隨時轉作以有其貨也。歷相魯、衛，而終齊。】

冉求，字子有，仲弓之宗族。❸【少孔子二十九歲。】有才藝，以政事著名。【仕爲季氏宰。進則理其官職，退則受教聖師。爲性多謙退。故子曰：「求也退，故進之。」】

---

❶「才」下，玉海堂本、四庫本有「以言語」三字。

❷「好」，四庫本作「行」。

❸「宗」，原脱，今據玉海堂本、四庫本補。

仲由，弁人，❶字子路，【一字季路。少孔子九歲。】有勇力才藝，以政事著名。【爲人果烈而剛直，性鄙而不達於變通。仕衛爲大夫，遇蒯蕢與其子輒争國，❷子路遂死輒難。孔子痛之，曰：「自吾有由，而惡言不入於耳。」子路，夫子禦侮之友，惡言不入夫子之耳。】

言偃，魯人，字子游。【少孔子三十五歲。時習於禮，】以文學著名。【仕爲武城宰。嘗從孔子適衛，與將軍之子蘭相善，使之受學於夫子。】

卜商，衛人，【字子夏。少孔子四十四歲。習於《詩》，能通其義，子夏所敘《詩》義，今之《毛詩序》是。以文學著名。爲人性不弘，好論精微，時人】無以尚之。嘗返衛，見讀史志者云：「晉師伐秦，三豕渡河。」子夏曰：「非也，己亥耳。」讀史志曰問諸晉史，果曰「己亥」。於是衛以子夏爲聖。孔子卒後，教於西河之上。魏文侯師事之，而諮國政焉。

顓孫師，陳人，字子張。少孔子四十八歲。爲人有容貌資質，寬冲博接，從容自務，居不務立於仁義之行，子張不侮鰥寡，性凱悌寬冲，故子貢以爲未仁。然不務立仁義之行，故子貢激之以爲未仁也。❸孔子門人友之而弗敬。

---

❶「弁」，四庫本作「卞」。

❷「遇」，四庫本無此字。「蒯蕢」，四庫本作「蒯聵」。

❸「仁」，四庫本作「有」。

曾參，南武城人，字子輿，少孔子四十六歲。志存孝道，故孔子因之以作《孝經》。齊嘗聘，欲與爲卿，❶而不就，曰：「吾父母老。食人之禄，則憂人之事，故吾不忍遠親而爲人役。」參後母遇之無恩，而供養不衰。及其妻以藜烝不熟，因出之。人曰：「非七出也。」參曰：❷「藜烝小物耳，吾欲使熟，而不用吾命，况大事乎？」遂出之。終身不取妻。❸其子元請焉，告其子曰：「高宗以後妻殺孝己，尹吉甫以後妻放伯奇。吾上不及高宗，中不比吉甫，庸知其得免於非乎？」

澹臺滅明，武城人，字子羽。少孔子四十九歲。有君子之姿。❹孔子嘗以容貌望其才，其才不充孔子之望，然其爲人公正無私，以取與去就以諾爲名，仕魯爲大夫也。

高柴，齊人，高氏之別族，字子羔。少孔子四十歲。長不過六尺，狀貌甚惡。爲人篤孝而有法正。少居魯，見知名於孔子之門。仕爲武城宰。

❶「與」，玉海堂本、四庫本作「以」。

❷「參」，玉海堂本作「荅」，四庫本作「答」。

❸「取」，玉海堂本、四庫本作「娶」。

❹「姿」，玉海堂本、四庫本作「資」。

宓不齊，魯人，字子賤。少孔子四十九歲。❶仕爲單父宰。有才智，仁愛，百姓不忍欺，孔子大之。❷

樊須，魯人，字子遲。少孔子四十六歲。弱仕於季氏。

有若，魯人，字子有。少孔子三十六歲。爲人强識，好古道也。

公西赤，魯人，字子華。少孔子四十二歲。束帶立朝，❸閑賓主之儀。

原憲，宋人，字子思。少孔子三十六歲。清淨守節，貧而樂道。孔子爲魯司寇，原憲嘗爲孔子宰。孔子卒後，原憲退隱，居于衛。

公冶長，魯人，字子長。爲人能忍耻，孔子以女妻之。

南宫韜，❹魯人，字子容。以智自將，世清不廢，世濁不洿，孔子以兄子妻之。

公析哀，齊人，字季沉。鄙天下多仕於大夫家者，是故未嘗屈節人臣。孔子特歎貴之。

曾點，曾參父，字子皙。疾時禮教不行，欲修之，孔子善焉。《論語》所謂「浴乎沂，風乎

---

❶「九」，玉海堂本、四庫本無此字。

❷「大」，玉海堂本、四庫本作「美」。

❸「立」下，玉海堂本、四庫本有「於」字。

❹「韜」，四庫本作「縚」。

舞雩」之下。

顔由，顔回父，字季路。孔子始教學於闕里而受學。❶少孔子六歲。

商瞿，魯人，字子木，少孔子二十九歲。特好《易》，孔子傳之，志焉。

漆雕開，蔡人，字子若。少孔子十一歲。習《尚書》，不樂仕。孔子曰：「子之齒可以仕矣，時將過。」子若報其書曰：「吾斯之未能信。」言未能明信此書意。孔子悦焉。

公良儒，❷陳人，字子正。賢而有勇。孔子周行，常以家車五乘從。

秦商，魯人，字不慈，❸少孔子四歲。其父堇父，父，音甫。與孔子父叔梁紇俱以力聞。❹

顔刻，❺魯人，字子驕。少孔子五十歲。孔子適衛，子驕爲僕。衛靈公與夫人南子同車出，而令宦者雍梁參乘，❻使孔子爲次乘，遊過市，孔子耻之。顔刻曰：「夫子何耻之？」孔

---

❶ 「闕」，玉海堂本、四庫本作「闇」。

❷ 「儒」，玉海堂本、四庫本作「孺」。

❸ 「不」，四庫本作「丕」。

❹ 「以」，原脱，今據玉海堂本、四庫本補。

❺ 「顔刻」，四庫本作「顔亥」，下文同。

❻ 「梁」，玉海堂本、四庫本作「渠」。

子曰：「《詩》云：『覯爾新婚，以慰我心。』」慰，安。乃歎曰：「吾未見好德如好色者也。」

司馬黎耕，❶宋人，字子牛。牛爲性躁，好言語。見兄桓魋行惡，牛常憂之。

巫馬期，❷陳人，字子期，少孔子三十歲。孔子將近行，命從者皆持蓋，已而果雨。巫馬期問曰：「旦無雲，既日出，而夫子命持雨具，敢問何以知之？」孔子曰：「昨暮月宿畢。❸《詩》不云乎：『月離於畢，俾滂沱矣。』以此知之。」

梁鱣，齊人，字叔魚。少孔子三十九歲。年三十未有子，欲出其妻。商瞿謂曰：「子未也。昔吾年三十八無子，吾母爲吾更取室。夫子使吾之齊，母欲請留吾，夫子曰：『無憂也，瞿過四十，當有五丈夫。』今果然。吾恐子自晚生耳，未必妻之過。」從之，二年而有子。

琴牢，衛人，字子開，一字張。與宗魯友。聞宗魯死，欲往弔焉，孔子弗許，曰：「非義也。」

---

❶「黎」，玉海堂本、四庫本無此字。

❷「期」，玉海堂本、四庫本作「施」。

❸「宿」下，玉海堂本、四庫本有「於」字。

冉儒，❶魯人，字子魚。❷少孔子五十歲。

顏辛，❸魯人，字子柳。少孔子四十六歲。

伯虔，字楷。❹少孔子五十歲。

公孫寵，❺衛人，字子石。少孔子五十三歲。

曹卹，少孔子五十歲。

陳亢，陳人，字子亢，❻一字子禽。少孔子四十歲。

叔仲會，魯人，字子期。少孔子五十歲，❼與孔琁年相比，❽每孺子之執筆記事於夫子，二人迭侍左右。孟武伯見孔子而問曰：「此二孺子之幼也於學，豈能識於壯哉？」孔子曰：

---

❶「儒」，玉海堂本、四庫本作「孺」。

❷「魚」，四庫本作「魯」。

❸「辛」，玉海堂本、四庫本作「幸」。

❹「楷」，玉海堂本、四庫本作「揩」。

❺「寵」，玉海堂本、四庫本作「龍」。

❻「亢」，玉海堂本、四庫本作「元」。

❼「十」下，四庫本有「四」字。

❽「琁」，玉海堂本、四庫本作「璇」。

然。少成則若性也，習慣若自然也。」

秦祖，字子南。

奚蒧，❶字子偕。❷

公祖兹，字子之。

廉潔，字子曹。

公西與，字子上。

宰父黑，字子黑。❸

公西減，❹字子尚。

穰駟赤，字子從。

冉季，字子産。

薛邦，字子從。

---

❶「蒧」，玉海堂本、四庫本作「箴」。

❷「偕」，玉海堂本、四庫本作「楷」。

❸「黑」，玉海堂本、四庫本作「索」。

❹「減」，玉海堂本同，四庫本作「蒧」。

石處，字里之。❶

懸亶，字子象。

左郢，字子行。

狄黑，字哲之。

商澤，字子秀。

任不齊，字子選。

榮祈，字子祺。

顏噲，字子聲。

原桃，❷字子籍。❸

公肩，❹字子仲。

秦非，字子之。

❶「里之」，玉海堂本、四庫本作「子里」。

❷「桃」，玉海堂本作「抗」，四庫本作「伉」。

❸「籍」，玉海堂本作「藉」。

❹「肩」，玉海堂本、四庫本作「賓」。

漆雕從，字子文。

燕級，❶字子思。

公夏守，字子乘。

勾井疆，字子疆。

步叔乘，字子車。

石子蜀，❷字子明。

邽選，❸字子飲。❹

施之常，字子常。❺

申續，❻字子周。

❶「級」，玉海堂本、四庫本作「伋」。

❷「石子蜀」，玉海堂本作「右作蜀」，四庫本作「石作蜀」。

❸「邽選」，玉海堂本、四庫本作「邽巽」。

❹「飲」，玉海堂本、四庫本作「斂」。

❺「常」，玉海堂本、四庫本作「恒」。

❻「續」，玉海堂本、四庫本作「績」。

欒欣，❶字子聲。

顏之僕，字子叔。

孔弗，❷字子蔑。孔子兄之子。❸

漆雕侈，❹字子斂。

懸成，字子横。

顏相，字子襄。

右夫子弟子七十二人，❺皆升堂入室者。

本姓解第三十九

孔子之先，宋之後也。微子啓，帝乙之元子，紂之庶兄，以圻内諸侯入爲王卿士。微，

❶「欣」，玉海堂本、四庫本作「欸」。
❷「弗」，玉海堂本、四庫本作「忠」。
❸「之子」，原誤作「弟」，今據玉海堂本、四庫本改。
❹「侈」，玉海堂本、四庫本作「哆」。
❺「右夫子弟子七十二人」，原誤作「右件夫子七十二人弟子」，今據玉海堂本、四庫本改。

國名。子，爵。初，武王尅殷，封紂之子武庚於朝歌，使奉湯祀。武王崩，而與管、蔡、霍三叔作難。周公相成王，東征之。二年，罪人斯得。乃命微子於殷後，作《微子之命》，由之與國于宋，徙殷之子孫。唯微子先往仕周，故封之賢。其弟曰仲思，名衍，或名泄，嗣微之後，❶故號微仲，生宋公稽。胄子雖遷爵易位，而班級不及其故者，得以故官爲稱。故二微雖爲宋公，而猶以微之號自終，至于稽乃稱公焉。宋公生丁公申，申公生緡公共及襄公熙，熙生弗父何及厲公方祀。方祀以下，世爲宋卿。弗父何生宋父周，❷周生世子勝，勝生正考甫，考甫生孔父嘉。五世親盡，別爲公族，故後以孔爲氏焉。一曰：「孔父者，生時所賜號也，是以子孫遂以氏族。」孔父生子木金父，金父生睪夷，睪夷生防叔，避華氏之禍而奔魯。方叔生伯夏，❸伯夏生叔梁紇。❹曰雖有九女，是無子。其妾生孟皮，孟皮一字伯尼，有足病。於是乃求婚於顔氏。顔氏有三女，其小曰徵在。顔父問三女曰：「陬大夫雖父祖爲士，

---

❶「之」，玉海堂本、四庫本作「子」。
❷「宋」，玉海堂本、四庫本作「送」。
❸「方」，玉海堂本、四庫本作「防」。
❹「伯」，玉海堂本、四庫本無此字。

然其先聖王之裔。今其人身長十尺，武力絶倫，吾甚貪之。雖年長性嚴，❶不足爲疑。三子孰能爲之妻？」二女莫對，徵在進曰：「從父所制，將何問焉？」父曰：「即爾能矣。」遂以妻之。徵在既往，廟見。以夫之年大，懼不時有男，❷而私禱尼丘之山以祈焉。生孔子，故名丘，字仲尼。孔子三歲而叔梁紇卒，葬於防。至十九，娶于宋之并官氏。❸一歲而生伯魚。❹魚之生也，魯昭公以鯉魚賜孔子。榮君之貺，故因以名曰鯉，❺而字伯魚。魚年五十，先孔子卒。

齊太史子與適魯見孔子，孔子與之言道，子與悦，曰：「吾鄙人也，聞子之名，不覩子之形久矣，而求知之寶貴也，❻乃今而後知泰山之爲高，淵海之爲大。惜乎夫子之不逢明王，道德不加于民，而將垂寶以貽後世。」遂退而謂南宫敬叔曰：「今孔子先聖之嗣，自弗父何以來，世有德讓，天所祚也。成湯以武德王天下，其配在文。殷宗以下，未始有也。孔子生於

❶「長」，玉海堂本、四庫本作「大」。

❷「男」，原誤作「勇」，今據玉海堂本、四庫本改。

❸「并」，玉海堂本、四庫本作「上」。

❹「一歲而」，玉海堂本、四庫本無此三字。

❺「曰」，玉海堂本、四庫本無此字。

❻「而求知之寶貴也」，玉海堂本、四庫本作「而未知寶貴也」。

衰周，先王典籍，錯亂無紀。而乃論百家之遺記，考正其義。祖述堯舜，憲章文武，刪《詩》述《書》，定《禮》理《樂》，制作《春秋》，讚明《易》道，垂訓後嗣，以爲法式，其文德著矣。然凡所教誨，束脩已上，三千餘人，或者天將欲與素王之乎？夫何其盛也？」敬叔曰：「殆如吾子之言。夫物莫能兩大，吾聞聖人之後，而非繼世之統，其必有興者焉。今夫子之道至矣，❶乃將施之無窮，❷雖欲辭天之祚，故未得耳。」子貢聞之，以二子之言告孔子。子曰：「豈若是哉？亂而治之，滯而起之，自吾志。天何與焉？」

終記解第四十

孔子蚤晨作，作，起。負手曳杖，逍遥於門而歌曰：「泰山其頹乎！梁木其壞乎！梁木，木主爲梁者。喆人其萎乎！」萎，❸頓。既歌而入，當户而坐。子貢聞之曰：「泰山其頽，則吾將安仰？梁木其壞，吾將安杖？❹喆人其萎，吾將安放？放，法。放去聲。夫子殆將病

---

❶「夫子」，玉海堂本、四庫本作「孔子」。

❷「之」，玉海堂本、四庫本作「乎」。

❸「萎」，玉海堂本、四庫本作「委」，與下「頓」字連。

❹「吾」上，玉海堂本、四庫本有「則」字。

也。」遂趨而入。夫子歎而言曰：「賜，汝來何遲！予疇昔夢坐奠於兩楹之間。疇昔，猶近昨夜。兩楹之間，殷人所殯處。❶而具奠於殯處，故自知死也。夏后氏殯於東階之上，則猶在阼。殷人殯於兩楹之間，則與賓主夾之。❷周人殯於西階之上，❸則猶賓之。而丘也即殷人。夫明王不興，則天下其孰能宗余？言天下無明主，❹莫能宗己道，臨終其有命，傷道之不行也。余逮將死。」遂寢病七日而終，時年七十二矣。哀公誄曰：「昊天不弔，不慭遺一老，弔，善也。慭，願，❺且。一老，孔子也。慭，魚僅切。俾屏余一人以在位，煢煢余在疚。疚，病。於乎哀哉！尼父，無自律。」父，丈夫之顯稱。律，法。言無以自爲法。子貢曰：「公其不没於魯乎？夫子有言曰：『禮失則昏，名失則僁。』失志爲昏，失所爲僁。生不能用，死而誄之，非禮也。稱『一人』，非名。一人，天子之稱也。君兩失之矣。」既卒，門人疑所以服夫子者。❻子貢曰：「昔夫

---

❶「處」，玉海堂本、四庫本作「夢」，則當屬下。
❷「則」，原誤作「即」，今據玉海堂本、四庫本改。
❸「周人」，原脱，今據玉海堂本、四庫本補。
❹「主」，玉海堂本、四庫本作「王」。
❺「願」，玉海堂本、四庫本無此字。
❻「疑」，原脱，今據玉海堂本、四庫本補。

子之喪顏回也，若喪其子而無服，喪子路亦然。今請喪夫子如喪父而無服。」於是弟子皆弔服而加麻，出有所之，則由絰。子夏曰：「人宜絰可居，❶出則不絰。」子游曰：「吾聞諸夫子：喪朋友，居則絰，出則否；喪所尊，雖絰而出可也。」

孔子之喪，公西赤掌殯葬焉。❷ 唅以疏米，三貝。❸ 疏，粳米。《禮記》曰：「稻曰嘉疏。」絰，徒結反。襲衣十有一稱，加朝服一，冠章甫之冠，珮象環，徑五寸，而綦組綬。綦，雜色。組綬，所以繫象環。綦，巨箕反。組，則古反。桐棺四寸，柏棺五寸。飾棺墻，❹置翣。設披，周也；設崇，殷也；綢練設旐，夏也。披，柩行夾引棺者。❺ 崇，崇牙，旌旗飾。❻ 綢練，以旌之杠，於葬乘車所建也。疏練廣充長尋，曰旐也。翣，色甲反。綢，直留反。兼用三王禮，所以尊師且備古也。葬於魯城北

---

❶「居」，王海堂本、四庫本作「也」。

❷「赤」，原脫，今據王海堂本、四庫本補。

❸「唅」，四庫本作「含」。「貝」，王海堂本、四庫本作「具」。

❹「棺墻」，原誤作「蒯」，今據王海堂本、四庫本改。

❺「柩」，原誤作「樞」，今據王海堂本、四庫本改。

❻「旌旗飾」至「廣充長尋」，王海堂本作「旍，旗飾也。綢練，以練綢旌之杠，此旌，葬乘車所建也。旌之旐，緇布，廣充幅長尋」。四庫本作「旍，旗飾也。綢練，以練綢旌之杠，此旌，葬乘車所建也。旌之旒，緇布，廣充幅長尋」。

泗水上，藏入地不及泉，而封爲偃斧之形，高四尺，樹松柏爲志焉。弟子皆家于墓，行心喪之禮。既葬，有自燕來觀者，舍於子夏氏，子貢謂之曰：❶「吾亦人之葬聖人，非聖人之葬人，子奚觀焉？昔夫子言曰：『吾見封若夏屋者，❷夏屋，今之殿，形中高而四方下也。見若斧矣，從若斧者也。上難登。狹，又易爲功。馬鬣封之謂也。』俗間之名。鬣，力葉反，又作鬛。今徒一日三斬板而以封，板，蓋廣二尺，❸長六尺。斬板，謂斬其縮。縮，❹斬上傍殺，蓋高四尺也。尚行夫子之志而已，尚，庶。何觀乎哉？」二三子三年喪畢，或留或去，惟子貢廬於墓六年。自後群弟子及魯人處於墓如家者，百有餘家，因名其居曰「孔里」焉。

正論解第四十一

孔子在齊，齊侯出田，田，獵。招虞人以旌，❺不進，虞人，掌山澤之官也。公使執之。對

❶「子貢」，四庫本作「子夏」。

❷「吾見」，原誤作「見吾」，今據玉海堂本、四庫本改。

❸「二」，玉海堂本、四庫本作「三」。

❹「縮」，玉海堂本、四庫本作「三」。

❺「旌」，玉海堂本、四庫本作「弓」。

曰：「昔先君之田也，旌以招大夫，❶弓以招士，皮冠以招虞人。臣不見皮冠，故不敢進。」乃舍之。孔子聞之曰：「善哉！守道不如守官。道，爲恭敬之道，見君召便往。守官，非守召不往也。君子韙之。」韙，是。

齊國師伐魯，❷國師，齊卿。季康子使冉求率左師禦之，樊遲爲右。「非不能也，不信子，❸言季孫德不素著爲民所信也。請三刻而踰之。」與衆要信，三刻而踰蒲也。❹如之。衆從之，師入齊軍，齊軍遁。遁，逃。冉有用戈，故能入焉。孔子聞之曰：「義也。」在軍能却敵，合於義。❺既戰，季孫謂冉有曰：「子之於戰，學之乎？性達之乎？」對曰：「學之。」季孫曰：「從事孔子，惡乎學？」冉有曰：「即學之孔子也。夫孔子者大聖，無不該，該，包。文武並用兼通。求也適聞其戰法，猶未之詳也。」季孫悦。樊遲以告孔子，孔子曰：「季孫於是乎可謂悦人之有能矣。」

---

❶「旌」，玉海堂本、四庫本作「旍」。
❷「師」，玉海堂本、四庫本作「書」，下注文同。
❸「子」，玉海堂本、四庫本作「乎」。
❹「蒲」，玉海堂本、四庫本作「溝」。
❺「於」，玉海堂本、四庫本作「法」。

南容説、仲孫何忌既除喪，除父僖子之喪。❶而昭公在外，時爲季孫所逐。未之命也。未命二人爲卿大夫。定公即位，乃命之，辭曰：「先臣有遺命焉，僖子病不知禮，及其將死，而屬其二子，使事孔子。曰：『夫禮，人之幹也。非禮則無以立。』囑家老，使命二臣，必事孔子而學禮，以定其位。」公許之，二子學於孔子，孔子曰：「能補過者，君子也。《詩》云：『君子是則是傚。』孟僖子可則傚矣。懲己所病，以誨其嗣，《大雅》所謂『詒厥孫謀，以燕翼子』，是類也夫。」詒，遺也。燕，安也。翼，敬也。言遺其子孫嘉謀，❷學安敬之道也。

衛孫文子得罪於獻公，居戚。文子，衛卿林父。得罪，以戚叛也。公卒未葬，文子擊鐘焉。延陵季子吴公子札。❸適晉，過戚，聞之，曰：「異哉！夫子之在此，猶燕子巢于幕也，燕巢于幕，言至危也。懼猶未也，又何樂焉？君又在殯，可乎？」文子於是終身不聽琴瑟。孔子聞之，曰：「季子能以義正人，文子能克己服義，可謂善改矣。」

孔子覽晉志，晉之史記。晉趙穿殺靈公，穿，趙盾從弟也。趙盾亡，未及山而還。山，晉之境。史書「趙盾弑君」。盾曰：「不然。」史曰：「子爲正卿，亡不出境，返不討賊，非子而誰？」盾

❶「僖」，原誤作「禧」，今據玉海堂本、四庫本改。

❷「嘉」，原誤作「加」，今據玉海堂本、四庫本改。

❸「公」，四庫本作「季」。

曰：「嗚呼！『我之懷矣，自詒伊戚。』其我之謂乎？」孔子嘆曰：「董狐，古之良史也，書法不隱。趙宣子，古之良大夫也，爲法受惡。惜也，越境乃免。」惜盾不越境以免於譏，而受弑君之責也。

鄭伐陳，入之，使子産獻捷于晉。晉人問陳之罪焉，子産對曰：「陳亡周之大德，武王以元女大姬以配胡公，而封諸陳。介恃楚衆，❶介，大。❷馮陵弊邑，是以有往年之告。告晉爲陳所侵。未獲命，未得晉平陳之成命。則又有東門之役。與楚共伐陳，❸至其東門也。當陳隧者，井堙木刊，勝陳人。❹堙，塞。刊，斫也。弊邑大懼。天誘其衷，誘，進。❺衷，善也。天導其善，大執陳者也。❻啓弊邑心。知其罪，❼授首於我，❽用敢獻功。」晉人曰：「何故侵小？」對曰：「先王之

---

❶「介」，玉海堂本、四庫本作「豕」。
❷此處注文，玉海堂本作：「衆，大。」四庫本作：「豕，犬。」
❸「陳」，玉海堂本、四庫本作「鄭」。
❹「勝」，玉海堂本、四庫本作「隧」。
❺「進」，玉海堂本、四庫本作「導」。
❻「執」，玉海堂本、四庫本作「尅」。
❼「知」上，四庫本有「陳」字。
❽「授」，原誤作「校」，今據玉海堂本、四庫本改。

命，惟罪所在，各致其辟。辟，誅。且昔天子一圻，列國一同，地方千里曰圻，方百里曰同也。自是以衰，周之制也。大國方百里，從是以爲差。伯方七十里，子男五十里，周之制也。而説學者以周大國方七百里，失之矣。❶今大國多數圻矣，若無侵小，何以至焉？」晉人曰：「其辭順。」孔子聞之，謂子貢曰：「《志》有之：《志》，古之書也。『言以足志，言以足成其志。文以足言。』加以文章，以足成其言。不言誰知其志？言之無文，行之不遠。有言而無文章，雖行而不遠也。晉爲伯，❷鄭入陳，非文辭不爲功，小子慎哉！」❸

楚靈王汏侈。驕汏奢侈。右尹子革侍坐，右尹，官名。子革，然丹。❹左史倚相趨而過。王曰：「是良史也。子善視之，是能讀《三墳》、《五典》、《八索》、《九丘》。」《三墳》，三皇之書。《五典》，五帝之典。《八索》，索，法。《九丘》，❺國聚也。對曰：「夫良史者，記君之過，揚君之善。而此

---

❶ 「之」下，玉海堂本、四庫本有「遠」字。

❷ 「伯鄭」，原誤作「鄭伯」，今據玉海堂本、四庫本改。

❸ 「小子慎哉」，玉海堂本、四庫本作「慎辭哉」。

❹ 「然丹」，原誤作「煞舟」，今據玉海堂本、四庫本改。

❺ 「九丘」，原誤作「丘丘」，今據玉海堂本、四庫本改。

子以潤辭爲官，不可爲良史。」曰：❶「臣又乃嘗聞焉：昔周穆王欲肆其心，肆，極。將過行天下，使皆有車轍並馬迹焉。祭公謀父作《祈昭》，謀父，周卿士。《祈昭》，詩名。猶齊景公作君臣相説之樂，蓋曰徵招、角招是也。❷昭，宜爲招。《左傳》作招。❸以止王心，止王心之逸遊。王是以獲殁於文宫。❹臣聞其詩焉而弗知，若問遠焉，其焉能知？」王曰：「子能乎？」對曰：「能。其詩曰：『祈昭之愔愔乎，式昭德音。祈昭愔愔，❺言《祈昭》樂之安和，其法足以昭其德音者也。思我王度，式如玉，式如金。思王之法度，如金玉純美。❻《詩》云：「追琢其章，金玉其相。」刑民之力，而無有醉飽之心。』」刑，❼傷。民力用之不勝不節。無有醉飽之心，言無厭足。靈王揖而入，饋不食，寢

❶「曰」，玉海堂本、四庫本無此字。
❷「二「招」字，玉海堂本、四庫本作「昭」。
❸「左傳」，原誤作「耳補」，今據玉海堂本、四庫本改。
❹「殁」，原誤作「殆」，今據玉海堂本、四庫本改。
❺「祈昭」，玉海堂本、四庫本作「祈爲德」。
❻「純」，玉海堂本、四庫本作「然」。
❼「刑」上，原衍「長而字」三字，今據四庫本删。

不寐，數日，則固不能勝其情，以及於難。❶孔子讀其志，曰：「古者有志：❷『克己復禮爲仁。』克，勝。言能勝己私情，復之於禮，則爲仁也。信善哉！楚靈王若能如是，豈期辱於乾谿？靈王起章華之臺於乾谿，國人潰畔，遂死焉。子革之非左史，所以風也。稱詩以諫，順哉！」

叔孫穆子避難奔齊，穆子，叔孫豹。其兄僑如淫亂，故避之而出奔齊。宿於庚宗之邑。庚宗寡婦通焉，而生牛。名牛。穆子返魯，以牛爲内豎，豎通内外之命。相家。長遂命爲相家。牛讒叔孫二子，❸殺之。叔孫有病，牛不通其饋，不食而死。牛遂輔叔孫庶子昭而立之。子，叔孫婼。昭子既立，朝其家衆曰：「豎牛禍叔孫氏，使亂大從，從，順。殺適立庶。又被其邑以求舍罪，牛取叔氏鄙三十邑以行賂也。罪莫大焉，必速殺之。」遂殺豎牛。孔子曰：「叔孫昭子之不勞，不勞，功也。❹不以立己爲功。不可能也。周任有言曰：周任，古之賢人。『爲政者不賞私勞，不罰私怨。』《詩》云：『有覺德行，四國順之。』覺，直。昭子有焉。」

晉邢侯與雍子争田，叔魚攝理，叔魚，叔向弟。理，獄官之名。罪在雍子。雍子納其女於叔

❶「於」，玉海堂本作「其」。

❷「古者有志」，玉海堂本、四庫本無此四字。

❸「子」，原誤作「人」，今據四庫本改。

❹「功」，原誤作「力」，今據玉海堂本、四庫本改。

魚，叔魚弊獄邢侯。❶弊，斷。斷罪歸邢侯。邢侯怒，殺叔魚與雍子於朝。韓宣子問罪於叔向，宣子，晉正卿韓起也。叔向曰：「三姦同坐，❷施生戮死可也。施，宜爲與。與猶行，行生者之罪也。雍子自知其罪，而賂以置直。鮒也鬻獄。邢侯專殺。其罪一也。己惡而掠美爲昏，掠美善，❸昏亂也。己惡即以賂求善，爲惡也。❹貪以敗官爲默，❺默，猶冒。苟貪不畏罪。殺人不忌爲賊。忌，憚。《夏書》曰：『昏、默、賊，殺。』《夏書》，夏家之書。三者宜皆殺者也。咎陶之刑也，請從之。」乃施邢侯，而尸雍子、叔魚於市。孔子曰：「叔向，古之遺直也。治國制刑，不隱於親。三數叔魚之罪，不爲末，末，薄。或曰義，或，《左傳》作「咸」也。可謂直矣。平丘之會，數其賄也，以寬衛國，晉不爲暴。諸侯會于平丘。晉人淫蒭蕘者於衛，衛人患之，賂叔向。叔向使與叔魚客末追而禁之。❻歸魯季孫，稱其詐也，以寬魯國，晉不爲虐。魯季孫見執，諮於晉。晉人歸之。季孫責

---

❶「弊獄邢侯」，玉海堂本、四庫本作「弊其邢獄」。

❷「坐」，玉海堂本、四庫本作「罪」。

❸「掠美善」，玉海堂本作「掠取善」，四庫本作「取善」。

❹「惡」，四庫本作「亂」。此處注文，玉海堂本作：「掠取善，昏亂也。己惡而以賂求善，爲亂也。」

❺「敗」，玉海堂本、四庫本作「賂」。

❻「末追」，玉海堂本作「末退」，四庫本作「未追」。

禮，不肯歸。叔向言叔魚能歸之，叔魚説季孫，季孫懼，乃歸也。❶邢侯之獄，言其貪也以正刑書，晉不爲頗。頗，偏。三言而除三惡，加三利，暴衛，虐魯，殺三罪，去三惡，加三利也。殺親益榮，由義也夫。」

鄭有鄉校，鄉之學校。鄉校之士非論執政。鬷明欲毁鄉校，鬷明，然明。子産曰：「何以毁爲也？夫人朝夕退而遊焉，以議執政之善否。其所善者，吾則行之；其所否者，吾則改之。若之何其毁也？我聞忠言以損怨，❷不聞立威以防怨。防怨猶防水也，大决所犯，傷人必多，吾弗克救也。不如小决使導之，不如吾所聞而藥之。」藥，治療也。❸孔子聞是言也，曰：「吾以是觀之，人謂子産不仁，吾不信也。」

晉平公會諸侯于平丘，齊侯及盟。鄭子産争貢賦之所承，所承之輕重也。曰：「昔日天子班貢，輕重以列，列尊卑而貢，❹周之制也。卑而貢重者甸服。甸服，王圻之内。與圻外諸侯異，

❶「也」，玉海堂本、四庫本作「之」。

❷「言」，玉海堂本、四庫本作「善」。

❸「治」，玉海堂本、四庫本無此字。

❹「列」、「而」，原脱，今據玉海堂本、四庫本補。

故貢重也。鄭伯南也，❶而使從公侯之貢，南，《左氏》作男。❷古字作南，亦多有作此南，連言之，猶言公侯也。懼弗給也，敢以爲請。」自日中爭之，以至于昏，晉人許之。孔子曰：「子產於是行也，是以爲國基也。❸《詩》云：『樂只君子，邦家之基。』本也。子產，君子之於樂者。」能爲國之本，則人樂藝也。且曰：「合諸侯而藝貢事，禮也。」藝，分別貢獻之事也。

鄭子產有疾，謂子太叔曰：「我死，子必爲政。唯有德者能以寬服民，其次莫如猛。夫火烈，民望而畏之，故鮮死焉。水濡弱，❹民狎而翫之，狎，易。翫，習。則多死焉。故寬難。」子產卒，子太叔爲政，不忍猛而寬，鄭國多掠盜。抄掠。太叔悔之，曰：「吾早從夫子，必不及此。」孔子聞之，曰：「善哉！政寬則民慢，慢則糾於猛。糾，猶攝也。猛則民殘，猛政民殘。❺民殘則施之以寬。寬以濟猛，猛以濟寬，寬猛相濟，政是以和。《詩》曰：『民亦勞止，汔可小康。汔，危也。勞民人病，汔可小變，故以安也。惠此中國，以綏四方。』施之以寬。『毋縱詭隨，詭

❶「南」上，原衍「男」字，今據玉海堂本、四庫本删。
❷「氏」，原誤作「輔」，今據玉海堂本、四庫本改。
❸「基」，玉海堂本、四庫本無此字。
❹「濡」，四庫本作「懦」。
❺「民殘」，玉海堂本、四庫本作「殘民」。

人，隨人，遺人小惡者也。以謹無良。謹以小懲之也。❶式遏寇虐，憯不畏明。』憯，曾也。當用遏止爲寇虐之人也。曾不畏天之明道者，言威也。糾之以猛也。『柔遠能邇，言能安遠者能安近。❷以定我王。』以定安王位也。平之以和也。」又曰：『不競不絿，不剛不柔。不競不絿，中和。❸布政優優，百禄是遒。』優優，和。遒，聚。和之至也。」子産之卒也，孔子聞之出涕，曰：「古之遺愛。」

孔子適齊，過泰山之側，有婦人哭於野者而哀。夫子式而聽之，曰：「此哀一似重有憂者。」使子貢往問之，而曰：「昔舅死於虎，吾夫又死焉，今吾子又死焉。」子貢曰：「何不去乎？」婦人曰：「無苛政。」子貢以告孔子。子曰：「小子識之，苛政猛於暴虎。」

晉魏獻子爲政，獻子，魏舒。分祁氏及羊舌氏之田，荀櫟滅晉大夫祁氏、羊舌氏，❹故獻子分其田。以賞諸大夫及其子成，皆以賢舉也。又將賈辛曰：❺「今汝有力於王室，吾是以舉汝，周有子朝之亂，賈辛帥師救周。行乎，敬之哉！毋墮乃力。」孔子聞之，曰：「魏子之舉也，近不失

---

❶ 「以小」，玉海堂本、四庫本作「小以」。

❷ 「安遠」，原脱，今據玉海堂本、四庫本補。

❸ 此處注文，玉海堂本、四庫本作「絿，急。言得中和」。

❹ 「荀櫟滅」，原誤刻爲正文。今據蜀本、四庫本改作注文。

❺ 「將」，玉海堂本、四庫本作「謂」。

親，子可舉而舉也。遠不失舉，不以遠故不舉。可謂美矣。」又聞其命賈辛，以爲忠：「《詩》云：『永言配命，自求多福。』忠也。言，我。《文王》之詩，我長配天命而行，庶國亦當求多福人。多福，忠也。❶魏子之舉也義，其命也忠，其長有後於晉國乎。」

趙簡子賦晉國一鼓鐘，三十斤謂之鐘，❷鐘四謂之石，石四謂之鼓。以鑄刑鼎，著范宣子所爲刑書。范宣子，晉卿范匄。❸銘其刑書著鼎也。孔子曰：「晉其亡乎！失其度矣。夫晉國將守唐叔之所受法度唐叔，成王母弟，始封於晉者也。以經緯其民者也。經緯，猶織以成文也。卿大夫以序守之，序，次序也。民是以能遵其道而守其業。貴賤不僭，所謂度也。文公是以作執秩之官，爲被廬之法，晉文公既霸彊于時，❹蓋作執秩之官以爲晉國法也。以爲盟主。今棄此度也，而爲刑鼎。銘在鼎矣，❺何以尊貴？民將棄神而徵於書，❻不復戴奉上也。何業之守也？民不

---

❶ 此處注文，玉海堂本、四庫本作：「《大雅·文王》之詩。言能長配天命，而魏獻子亦能永天命，以求多福，忠也。」

❷ 「鐘」，玉海堂本、四庫本作「鈞」。下句同。

❸ 「匄」，原誤作「自」，今據玉海堂、四庫本改。

❹ 「彊于時」，玉海堂本、四庫本作「蒐於被盧」。

❺ 「銘」，玉海堂本、四庫本作「民」。

❻ 「棄神」，玉海堂本作「棄禮」，四庫本作「禮棄」。

奉上，則上無所守也。貴賤無序，何以爲國？且夫宣子之刑，夷之蒐也。晉國亂制，夷蒐之時，變易軍師，陽唐父爲賈季所殺。故曰亂制也。若之何其爲法乎？」

楚昭王有疾，卜，曰：「河神爲祟。」❶王弗祭，大夫請祭諸郊。王曰：「三代命祀，祭不越望。天子望祀天地，❷諸侯祀境內，❸故曰「祭不越望」也。江、漢、沮、漳，楚之望也。四水名也。禍福之至，不是過乎。不穀雖不德，河非所獲罪也。」遂不祭。孔子曰：「楚昭王知大道矣，求之於己，❹不越祀也。其不失國也宜哉！楚爲吴所滅，昭王出奔，已復國者也。《夏書》曰：『維彼陶唐，率彼天常，陶唐，堯。率，猶循。天常，天之常道。在此冀方。中國爲冀。今失厥道，❺亂其紀綱，乃滅而亡。』謂夏桀。❻又曰：『允出兹在兹。』由己率常，可矣。」言善惡各有類，信出此則在此，以能循常道可也。

---

❶「神」，玉海堂本、四庫本無此字。
❷「望」，玉海堂本、四庫本無此字。
❸「侯」下，玉海堂本、四庫本有「望」字。
❹「求」，玉海堂本、四庫本作「取」。
❺「厥道」，玉海堂本、四庫本作「其行」。
❻「夏」上，原衍「變」字，今據玉海堂本、四庫本删。

衛孔文子使太叔疾出其妻，而以其女妻之。初，疾娶於宋子朝，其歸孽，❶子朝出，❷文子使疾出其妻而己妻之。疾誘其初妻之娣，爲之立宫，與文子女如二妻之禮。文子怒，將攻之。孔子舍璩伯玉之家，❸文子就而訪焉。孔子曰："簠簋之事，則嘗聞學之矣。兵甲之事，未之聞也。"退而命駕而行，曰："鳥則擇木，木豈能擇鳥乎？"文子遽自止之，曰："圉也豈敢度其私哉？度，謀。亦訪衛國之難也。"將止，會季康子問冉求之戰，冉求既對之，又曰："夫子播之百姓，質諸鬼神而無憾，恨也。用之則有名。"康子言於哀公，以幣迎孔子，曰："人之於冉求，信之矣。將大用之。"

齊陳恒弑其君簡公，❹孔子聞之，三日沐浴而適朝，告於哀公曰："陳恒弑其君，請伐之。"公弗許。三請。公曰："魯爲齊弱久矣。子之伐也，將若之何？"對曰："陳恒弑其君，民之不與者半。以魯之衆加齊之半，可克也。"公曰："子告季氏。"孔子辭，不告季氏。退而

❶ "歸孽"，玉海堂本、四庫本作"婦孽"。
❷ "出"，玉海堂本、四庫本無此字。
❸ "璩"，四庫本作"蘧"。
❹ "君"，原脱，今據玉海堂本、四庫本補。

告人曰：「以吾從大夫之後，吾不敢不告也。」❶

子張問曰：「《書》云：『高宗三年不言，言乃雍。』有諸？」雍，歡聲貌。《尚書》云：「言乃雍和。」有諸，問有之也。孔子曰：「胡爲其不然也？古者天子崩，則世子委政於冢宰三年。成湯既没，太甲聽於伊尹；太甲，湯孫。武王既喪，成王聽於周公。其義一也。」

衛孫桓子侵齊，遇敗焉。桓子，孫良夫也。侵齊，與齊師遇，爲齊所敗也。齊人乘之，執。❷新築大夫仲叔于奚以其衆救桓子，桓子乃免。衛人以邑賞仲叔于奚，于奚辭，請曲懸之樂，諸侯軒懸。軒懸闕一向也。❸故謂之曲懸之樂。繁纓以朝，馬纓當膺，以索群，銜以黄金爲飾也。許之。書在三官。司徒書名，司馬書服，司空書勳也。子路仕衛，見其故，❹以訪孔子，孔子曰：「惜也。不如多與之邑。惟器與名不可以假人。器，禮樂之器。❺名，尊卑之名。君之所司，司，主。名以出信，信以守器，器以藏禮，有器然後得行其禮，故曰「器以藏禮」。禮以行義，義以生利，利以平

❶「吾」，玉海堂本、四庫本無此字。

❷「執」，玉海堂本、四庫本無此字。

❸「向」，玉海堂本、四庫本作「面」。

❹「故」，玉海堂本、四庫本作「政」。

❺「之」，原誤作「以」，今據玉海堂本、四庫本改。下句「之」，原同誤作「以」，今並改。

民，政之大節也。若以假人，與人政也，政亡則國家從之，不可止也。」

公父文伯之母文伯母，敬姜也。紡績不解，文伯諫焉。其母曰：「古者王后親織玄紞，紞，冠垂者。紞，丁敢反。公侯之夫人加之紘綖，纓屈而上者，謂之紘。綖，冠之上覆也。紘，爲萌反。綖，余戰、余旃二反。❶卿之內子爲大帶，卿之妻爲內子。命婦成祭服，大夫之妻爲命婦。列士之妻加之以朝服，自庶士已下各衣其夫。社而賦事，❷烝而獻功，男女春秋而勤歲事，冬烝祭而獻其功也。❸男女紡績，僁則有辟，績，功也。辟，法也。聖王之制也。今我寡也，爾又在位，朝夕恪勤，猶恐忘先人之業，❹況有怠惰，❺其何以避辟？」孔子聞之，曰：「弟子志之，季氏之婦可謂不過矣。」

樊遲問於孔子曰：「鮑牽事齊君，執政不撓，可謂忠矣。齊慶尅通於夫人。鮑牽知之，以告國

---

❶「余戰」，原作「令戰」，今據《玉篇》改。

❷「社而賦事」，玉海堂本作「秋而戎事」。

❸「冬烝」，原誤作「各祭」，今據玉海堂本、四庫本改。

❹「忘」，玉海堂本、四庫本作「亡」。

❺「惰」，原誤作「墮」，今據玉海堂本、四庫本改。

武子，❶武子召慶剋而讓之。慶剋告夫人，夫人怒。國子相靈公以會於諸侯，❷高、鮑去守。❸及還，❹將至，閉門而索客。❺夫人訴之曰：「高、鮑將不納君。」遂刖鮑牽之足。而君刖之，其爲至闇乎？」孔子曰：「古之士者，國有道則盡忠以輔之，國無道則退身以避之。今鮑莊子食於淫亂之朝，❻不量主之明暗，以受大刖，❼是智之不如葵，葵猶能衛其足。」葵傾葉隨日轉，故曰衛其足也。

季康子欲以一井田出法賦焉，使訪孔子，子曰：「丘弗識也。」冉有三發，卒曰：「子爲國老，待子而行，若之何子之不言？」孔子不對，而私於冉有曰：「求，汝來。汝弗聞乎？先王制土，藉田以力，田有税收，藉力以治公田也。而底其遠近。底，平。❽平其遠近，俱十一而中。賦里以入，而量其無有。里，廛。里有税，度其有無爲多少之入也。任力以夫，而議其老幼。力，作度之

---

❶「國」，原誤作「匡」，今據玉海堂本、四庫本改。

❷「國子相靈」，原誤作「閔子子因需」，今據玉海堂本、四庫本改。

❸「去」，玉海堂本、四庫本作「處」。

❹「及還將」，原誤作「還將及」，今據玉海堂本、四庫本改。

❺「索」，原誤作「牽」，今據玉海堂本、四庫本改。

❻「莊」，原誤作「疾」，今據玉海堂本、四庫本改。

❼「刖」，玉海堂本、四庫本作「刑」。

❽「平」，原誤作「干」，今據玉海堂本、四庫本改。

事。丁夫任其長幼，❶或重或輕。於是鰥寡孤疾老者，有軍旅之出則徵之，❷無則已。於軍旅之役，則鰥寡孤疾或有所共，❸無軍事則止之。其歲，收田一井，出稯禾秉缶米芻藁不是過，❹其歲，軍旅之歲。一把曰秉。四秉固稜穗連藁芻不可分，❺故曰步缶，❻十六斗曰廩也。先王以爲足。❼君子之行必度於禮，施取其厚，施以厚爲德也。事舉其中，事以中爲節。斂從其薄。若是其已，丘亦足矣。丘，十六井。❽不度於禮而貪冒無厭，則雖賦田將有不足。且子孫若以行之而取法，❾則有周公之典在。若欲犯法，則苟行之，又何訪焉？」

子游問於孔子曰：「夫子之極言子產之惠也，可得聞乎？」孔子曰：「惠在愛民而已

---

❶「任」，玉海堂本、四庫本作「召」。

❷「有」，原脱，今據玉海堂本、四庫本補。

❸「共」，玉海堂本作「出」，四庫本作「供」。

❹「稯」，原誤作「獲」，今據四庫本改。「禾」，玉海堂本、四庫本無此字。

❺「四秉固稜穗連藁芻」，玉海堂本作「四黍曰稯，穗連藁管」，四庫本作「四秉曰筥，穗連藁莒」。

❻「步」，四庫本作「芻」。

❼「足」上，原衍「之」字，今據四庫本删。

❽「丘」，玉海堂本作「立」。

❾「子」，四庫本作「季」。

矣。」子游曰：「愛民謂之德教，何翅施惠哉？」孔子曰：「夫子産者，猶衆人之母也。能食之，弗能教也。」子游曰：「其事可言乎？」孔子曰：「子産以所乘之輿濟冬涉者，❶是愛而無教也。」❷

哀公問於孔子曰：❸「二三大夫皆勸寡人使隆敬於高年，何也？」孔子對曰：「君之及此言，將天下實賴之，豈唯魯哉？」公曰：「何也？其義可得聞乎？」孔子曰：「昔者有虞氏貴德而尚齒，夏后氏貴爵而尚齒，殷人貴富而尚齒，富貴，世禄之家。周人貴親而尚齒。虞、夏、殷、周，天下之盛王也，❹未有遺年者焉。年者貴於天下久矣，次于事親。是故朝廷同爵而尚齒。七十杖於朝，君問則席。君欲問之，則爲之設席而問焉。八十則不仕朝，君問則就之，而悌達乎朝廷矣。其行也，肩而不並，不敢與長者並肩也。不錯則隨，錯，鴈行。父黨隨行，兄黨鴈行

❶「輿」，玉海堂本、四庫本作「車」。

❷「而」，原脱，今據玉海堂本、四庫本補。

❸「哀」，玉海堂本、四庫本作「定」。

❹「盛」，玉海堂本、四庫本作「上」。

也。斑白者不以其任於道路，❶任，負也。❷少者代之也。而悌達乎道路矣。居鄉以齒，而老窮不匱，强不犯弱，衆不暴寡，而悌達乎州巷矣。古之道，五十不爲甸役，五十始老，不爲力役之事，不爲田獵之徒也。頒禽隆之長者，而悌達乎蒐狩矣。軍旅什伍同爵則尚齒，❸而悌達乎軍旅矣。夫聖王之教孝悌，❹發諸朝廷，行於道路，至於州巷，放於蒐狩，循於軍旅，則衆感以義，死之而弗敢犯。」公曰：「善哉！寡人雖聞之，弗能成。」

哀公問於孔子曰：❺「寡人聞東益不祥，東益之宅。信有之乎？」孔子曰：「不祥有五，而東益不與焉。夫損人自益，身之不祥；棄老而取幼，家之不祥；釋賢而任不肖，❻國之不祥；老者不教，幼者不學，俗之不祥；聖人伏匿，愚者擅權，天下不祥。不祥有五，東益不與焉。」

---

❶「者」，玉海堂本、四庫本作「之老」。「道」，玉海堂本、四庫本無此字。

❷「負」，玉海堂本作「擔」，四庫本作「簷」。

❸「什伍」，玉海堂本作「五什」，四庫本作「伍什」。「爵」，玉海堂本作「齒」，四庫本作「列」。

❹「王」，玉海堂本、四庫本作「人」。

❺「問」下，原衍「之」字，今據玉海堂本、四庫本删。

❻「釋」，原誤作「擇」，今據玉海堂本、四庫本改。

孔子適季孫，季孫之宰謁曰：「君使求假於田，將與之乎？」❶季孫未言，孔子曰：「吾聞之，君取於臣，謂之取；與於臣，謂之賜。臣取於君，謂之假；與於君，謂之獻。」季孫色然悟曰：「吾誠未達此義。」遂命其宰曰：「自今已往，君有取，❷一切不得復言假也。」

❶「將」，原誤作「特」，今據玉海堂本、四庫本改。

❷「取」下，原衍「之」字，今據玉海堂本、四庫本删。

孔子家語卷第十

曲禮子貢問第四十二

子貢問於孔子曰：「晉文公實召天子，而使諸侯朝焉。晉文公會諸侯于溫，召襄王，且使狩於河陽，因使諸侯朝。夫子作《春秋》，云：『天王狩于河陽。』何也？」孔子曰：「以臣召君，不可以訓。亦書其率諸侯事天子而已。」

孔子在宋，見桓魋自爲石槨，三年而不成，工匠皆病。夫子愀然曰：「若是其靡也，靡，侈。死不如速朽之愈。」❶冉子僕，曰：「禮，凶事不豫。此何謂也？」夫子曰：「既死而議謚，謚定而卜葬，既葬而立廟，皆臣子之事，非所豫屬也，況自爲之哉？」南宮敬叔以富得罪於定公，奔衛。衛侯請復之。載其寶以朝。夫子聞之，曰：「若是其貨也，喪不若速貧之愈。」喪，失位也。子游侍，曰：「敢問何謂如此？」孔子曰：「富而不好禮，殃也。敬叔以富喪矣，而

---

❶「速朽之」，原誤作「朽之速」，今據玉海堂本、四庫本改。

又弗改，吾懼其將有後患也。」敬叔聞之，驟如孔氏，而後循禮施散焉。

孔子在齊，齊大旱，春饑。景公問於孔子曰：「如之何？」孔子曰：「凶年則乘駑馬，力役不興，馳道不修，馳道，君行之道。祈以幣玉，君所祈請，用幣及玉，不用牲也。祭祀不懸，❶不作樂也。祀以下牲。當用大牢者用少牢。❷此賢君自貶以救民之禮也。」❸

孔子適季氏。康子晝居内寢，孔子問其所疾，康子出見之。言終，孔子退。子貢問曰：「季孫不疾，而問諸疾，禮與？」孔子曰：「夫禮，君子不有大故，則不宿於外。非致齊也，非疾也，則不晝處於内。是故夜居外，雖弔之可也。晝居於内，雖問其疾可也。」

孔子爲大司寇。國廄焚，子退朝而之火所。鄉人有自爲火來者，則拜之，士一，大夫再。子貢曰：「敢問何也？」孔子曰：「其來者，亦相弔之道也。吾爲有司，故拜之。」

子貢問曰：「管仲失於奢，晏子失於儉。與其俱失矣，二者孰賢？」孔子曰：「管仲鏤簋而朱紘，鏤，刻而飾之。朱紘，天子冕之紘。❹旅樹而反坫，旅，施也。樹，屏也。天子外屏，諸侯内屏。

❶「祀」，玉海堂本、四庫本作「事」。

❷「大」，玉海堂本、四庫本作「太」。

❸「此」下，玉海堂本、四庫本有「則」字。

❹「紘」，原誤作「紱」，今據玉海堂本、四庫本改。

反坫，在兩楹之間。人君好會，獻酢禮畢，反爵於其上。山節藻棁，節，栭也。刻爲山雲。棁，梁上楹也。畫藻文也。賢大夫也，而難爲上。晏平仲祀其先祖而豚肩不揜豆，言陋小也。一狐裘三十年，賢大夫也，而難爲下。君子上不僭下，下不偪上。」

冉求曰：「昔文仲知魯國之政，❶立言垂法，于今不亡，可謂知禮矣。」❷孔子曰：「昔臧文仲安知禮？夏父弗綦逆祀而不止，❸燔柴於竈以祀焉。夫竈者，老婦之所祭。謂祭竈報其功，❹老婦主祭也。盛於甕，尊於瓶，非所祭也。❺故曰：『禮也者，由體也。』❻體不備，謂之不成人。設之不當，猶不備也。」

子路問於孔子曰：「臧武仲率師與邾人戰于狐鮐，遇，敗焉。師人多喪而無罰，古之道然與？」孔子曰：「凡謀人之軍，師敗則死之。謀人之國，邑危則亡之。古之正也。❼其君

---

❶「昔」，玉海堂本、四庫本作「臧」。
❷「禮」下，玉海堂本、四庫本有「者」字。
❸「綦」，玉海堂本、四庫本作「忌」。
❹「報」，玉海堂本、四庫本作「執」。
❺「祭」，原誤作「柴」，今據玉海堂本、四庫本改。
❻「由」，玉海堂本、四庫本作「猶」。古二字通。
❼「正」，玉海堂本、四庫本作「道」。

在焉者，有詔則無討。」詔，君之教也，有君教則臣無討。

晉將伐宋，使人覘之。觀也。宋陽門之介夫死，陽門，宋城門也。介夫，被甲御門者。❶司城子罕哭之哀。覘者反，❷言於晉侯曰：「陽門之介夫死，而子罕哭之哀。民咸悅宋，殆未可伐也。」孔子聞之，曰：「善哉覘國乎！《詩》云：『凡民有喪，匍匐救之。』子罕有焉。雖非晉國，其天下孰能當之？❸言雖非晉國，使天下有强者，猶不能當也。是以周任有言曰：『民悅其愛者，弗可敵也。』」

楚伐吳，工尹商陽與陳棄疾追吳師。及之，棄疾曰：「王事也，子手弓而可。」商陽手弓。棄疾曰：「子射諸。」射之，斃一人。❹韔其弓。韔，韜。又及，棄疾謂之。又及，棄疾復謂之。斃二人。每斃一人，輒掩其目，止其御曰：「吾朝不坐，燕不與，士卑故也。❺殺三人，亦足以反命矣。」孔子聞之，曰：「殺人之中，又有禮焉。」子路怫然進曰：「人臣之節，當君大事，唯

---

❶「御」，玉海堂本、四庫本作「衛」。

❷「者」，原誤作「之」，今據玉海堂本、四庫本改。

❸「其天下」，玉海堂本、四庫本作「天下其」。

❹「斃」，原誤作「弊」，今據玉海堂本、四庫本改。

❺「士卑」，原誤作「亡畀」，今據玉海堂本、四庫本改。

力所及，死而後已。夫子何善此？」子曰：「然，如汝言也。吾取其有不忍殺人之心而已。」

孔子在衛，司徒敬之卒，❶夫子弔焉。主人不哀，夫子哭不盡聲而退。璩伯玉請曰：❷「衛鄙俗不習喪禮，煩吾子辱相焉。」孔子許之。掘中霤而浴，室中。霤，力救反。毀竈而綴足，襲於牀。及葬，毀宗而躐行也。明不復有事於此也。❸綴足，不欲令僻戾長。❹毀宗廟而出行，神位在廟門之外也。出于大門，及墓，男子西面，婦人東面，既封而歸，殷道也。孔子行之。子游問曰：「君子行禮，不求變俗，夫子變之矣。」孔子曰：「非此之謂也，喪事則從其質而已矣。」

宣公八年六月辛巳，有事于太廟，而東門襄仲卒，壬午猶繹。繹，祭之明日又祭也。子游見其故，❺以問孔子，曰：「禮與？」孔子曰：「非禮也。卿卒不繹。」

季桓子喪，康子練而無衰。子游問於孔子曰：「既服練服，可以除衰乎？」孔子曰：「無衰衣者，不以見賓，何以除焉？」

---

❶「之」，四庫本作「子」。

❷「璩」，玉海堂本、四庫本作「蘧」。

❸「明」，原誤作「胡」，今據玉海堂本、四庫本改。

❹「令僻戾長」，玉海堂本、四庫本作「解戾矣」。

❺「游」，玉海堂本、四庫本作「由」。

郕人以同母異父之昆弟死，將爲之服，因顏克而問禮於孔子，子曰：「繼父同居者，則異父昆弟從爲之服。不同居，繼父且猶不服，況其子乎？」

齊師侵魯，公叔務人昭公之子公爲。❶遇人入保，負杖而息。見先避入齊師，❷將入保，疲倦加杖頸上，兩手掖之，休息者也。保，縣邑小城也。務人泣曰：「使之雖病，謂時徭役。任之雖重，謂時賦税。君子弗能謀，士弗能死，不可也。我則既言之矣，敢不勉乎？」與其鄰嬖童汪錡乘往奔敵，死焉。皆殯。魯人欲勿殤童汪錡，問於孔子，子曰：❸「能執干戈以衛社稷，可無殤乎！」

魯昭公夫人吴孟子卒，不赴于諸侯。孔子既致仕，而往弔焉，適于季氏。季氏不經，孔子投經而不拜。以季氏無，故己亦不成禮。子游問曰：「禮與？」孔子曰：「主人未成服，則弔者不經焉，禮也。」

公父穆伯之喪，敬姜晝哭。文伯之喪，晝夜哭。孔子曰：「季氏之婦，可謂知禮矣。愛而

❶ 「昭」上，玉海堂本、四庫本有「務人」二字。「公爲」，玉海堂本、四庫本無此二字。

❷ 「見先避入」，玉海堂本作「遇見也，走辟」，四庫本作「遇見也，見走辟」。

❸ 「子」，原脱，今據玉海堂本、四庫本補。

無私，❶上下有章。」上謂夫，下謂子也。章，別也。哭夫晝哭，哭子晝夜哭，哭夫與子各有別也。

南宮縚之妻，孔子兄之女。喪其姑，夫子誨之髽，❷曰：「爾毋從從，爾毋扈扈爾。」從從，高。扈扈，大也。皆言喪者無容飾也。❸ 縚，籾高反。髽，則瓜反。蓋榛以爲笄，長尺，而總八寸。總，束髮。束髮垂爲飾者，齊衰之總八寸也。

子張有父之喪，公明儀相焉。問啓顙於孔子，❹孔子曰：「拜而後啓顙，頹乎其順。啓顙而後拜，頎乎其至也。三年之喪，吾從其至也。」

孔子在衛，衛之人有送葬者，而夫子觀之，曰：「善哉爲喪乎！足以爲法也。小子識之。」子貢問曰：「夫子何善爾？」「其往也如慕，❺其返也如疑。」子貢曰：「豈若速返而虞哉？」返葬而祭謂之虞也。子曰：「此情之至者也。小子識之，我未之能也。」

卞人有母死而孺子之泣者，孔子曰：「哀則哀矣，而難繼也。夫禮，爲可傳也，爲可繼

---

❶「私」，原脱，今據玉海堂本、四庫本補。

❷「夫子」，原誤作「而」，今據玉海堂本、四庫本改。

❸「皆」、「者」、「飾」原誤作「扈」、「百」、「節」，今並據玉海堂本、四庫本改。

❹「啓顙」，四庫本作「稽顙」。下文「啓顙」同。

❺「其」上，玉海堂本、四庫本有「曰」字。

也，故哭踊有節，而變除有期。」

孟獻子禫，懸而不樂，可御而不處内。❶子游問於孔子曰：「若是則過禮也？」孔子曰：「獻子可謂加於人一等矣。」

魯人有朝祥而暮歌者，子路笑之。孔子曰：「由，爾責於人終無已。夫三年之喪，亦以久矣。」子路出。孔子曰：「又多乎哉。又，復也。言其可以歌，不復久也。踰月則其善也。」

子路問於孔子曰：「傷哉貧也。生而無以供養，死則無以爲禮也。」孔子曰：「啜菽飲水，盡其歡心，斯爲之孝乎！斂手足形，旋葬而無槨，旋，便。稱其財，爲之禮。❷貧何傷乎？」

吳延陵季子聘于上國，適齊。於其返也，其長子死於嬴博之間。嬴博，地名也。❸孔子聞之，曰：「延陵季子，吳之習於禮者也。」往而觀其葬焉。其斂以時服而已。隨冬夏之服，無所

---

❶「不」，原脱，今據玉海堂本、四庫本補。

❷「爲」上，玉海堂本、四庫本有「斯」字。「爲」，玉海堂本、四庫本作「謂」。

❸此處注文，玉海堂本、四庫本作「齊地，今泰山縣是也」。

加。其壙掩坎，深不至於泉。其葬無盟器之贈。❶既葬，其封廣輪揜坎，其高可時隱也。❷既封，則季子乃左袒，右還其封，且號者三，曰：「骨肉歸于土，命也。若魂氣則無所不之，則無所不之。」而遂行。孔子曰：「延陵季子之於禮，❸其合矣。」

子游問喪之具，孔子曰：「稱家之有亡焉。」子游曰：「有亡惡於齊？」惡，何。齊，限。孔子曰：「有也，則無過禮。苟亡矣，則斂手足形，還葬，懸棺而封，人豈有非之者哉？故夫喪亡，❹與其哀不足而禮有餘，不若禮不足而哀有餘也。祭祀，❺與其敬不足而禮有餘，不若禮不足而敬有餘也。」

伯高死於衛，赴於孔子。子曰：「吾惡乎哭諸？兄弟，吾哭諸廟；父之友，吾哭諸廟門之外；師，吾哭之寢；朋友，吾哭之寢門之外；所知，吾哭之諸野。今於野則已疏，於寢則已重。夫由賜也而見我，吾哭於賜氏。」遂命子貢爲之主，曰：「爲爾哭也，來者汝拜之，知伯

---

❶「盟器」，玉海堂本、四庫本作「明器」。下文「盟器」同。
❷「時」，玉海堂本、四庫本作「肘」。
❸「於」，原脱，今據玉海堂本、四庫本補。
❹「亡」，四庫本作「禮」。
❺「祀」，玉海堂本、四庫本作「禮」。

高而來者汝勿拜。」既哭，使子張往弔焉。未至，冉求在衛，攝束帛乘馬而以將之。孔子聞之，曰：「異哉！徒使我不成禮於伯高者，是冉求也。」

子路有姊之喪，可以除之矣，而弗除。孔子曰：「何不除也？」子路曰：「吾寡兄弟，而弗忍也。」孔子曰：「行道之人皆弗忍。先王制禮，過之者俯而就之，不至者企而及之。」❶子路聞之，遂除之。

伯魚之喪母也，期而猶哭。夫子聞之，曰：「誰也？」門人曰：「鯉也。」孔子曰：「嘻！其甚也。非禮也。」伯魚聞之，遂除之。

衛公使其大夫求婚於季氏。桓子問禮於孔子，子曰：「同姓爲宗，有合族之義，故繫之以姓而弗別，綴之以食而弗殊，君有食族人之禮，雖親盡不異之，族食多少也。雖百世，婚姻不得通，周道然也。」桓子曰：「魯衛之先，雖寡兄弟，今已絕遠矣，可乎？」孔子曰：「固非禮也。夫上治祖禰，以尊尊之。下治子孫，以親親之。旁治昆弟，所以教睦也。❷此先王不易之教也。」

---

❶「及」，玉海堂本、四庫本作「望」。

❷「教」，玉海堂本、四庫本作「敦」。

有若問於孔子曰：「國君之於同姓，❶如之何？」孔子曰：「皆有宗道焉。故雖國君之尊，猶百世不廢其親，❷所以崇愛也；雖以族人之親，❸而不敢戚君，所以謙也。」戚，親也。尊敬君，不敢如其親也。

曲禮子夏問第四十三❹

子夏問於孔子曰：「居父母之仇如之何？」孔子曰：「寢苫枕干，不仕，干，楯。弗與共天下也。遇於朝市，不返兵而鬬。」兵常不離於身。曰：「請問居昆弟之仇如之何？」孔子曰：「仕弗與同國，銜君命而使，❺雖遇之，不鬬。」曰：「請問從父昆弟之仇如之何？」❻曰：「不爲魁，主人能報之，則執兵而陪其後。」

---

❶「同」，原誤作「百」，今據玉海堂本、四庫本改。
❷「世」，原誤作「姓」，今據玉海堂本、四庫本改。
❸「以」，玉海堂本、四庫本作「於」。
❹「曲禮」，玉海堂本、四庫本無此二字。
❺「銜君」，玉海堂本、四庫本作「御國」。
❻「父」，原脱，今據玉海堂本、四庫本補。

子夏問：「三年之喪，既卒哭，金革之事無避，禮與？初有司爲之乎？」有司，當吏職也。❶孔子曰：「夏后氏之喪三年，既殯而致仕。❷殷人既葬而致事。周人既卒哭而致事。致事，還政於君也。卒哭，❸止無時之哭。大夫三月而葬，三月而卒哭。❹士既葬而卒哭也。❺《記》曰：『君子不奪人之親，亦不奪故也。』」子夏曰：「金革之事無避，非與？」孔子曰：「吾聞諸老聃曰：『魯公伯禽有爲爲之也。』伯禽有母之喪，東方有戎爲不義，伯禽爲方伯，以不得不誅之。今以三年之喪從利者，❻吾弗知也。」

子夏問於孔子曰：「《記》云：『周公相成王，教之以世子之禮。』有諸？」孔子曰：「昔者成王嗣立，幼，未能蒞阼。周公攝政而治，抗世子之法於伯禽，欲王之知父子君臣之道，所

❶「吏職」，玉海堂本、四庫本作「職吏」。
❷「仕」，玉海堂本、四庫本作「事」。
❸「卒哭止」，原誤作「子哭之」，今據玉海堂本、四庫本改。
❹「三」，玉海堂本、四庫本作「正」。
❺「葬」，玉海堂本、四庫本作「虞」。
❻「今」，原誤作「公」，今據玉海堂本、四庫本改。

以善成王也。夫知爲人子者，❶然後可以爲人父；❷知爲人臣者，然後可以爲人君；知事人者，然後可以使人。是故抗世子法於伯禽，使成王知父子、君臣、長幼之義焉。凡君之於世子，親則父也，尊則君也。有父之親，有君之尊，然後兼天下而有之，不可不慎也。行一物而三善皆得，❸唯世子齒於學之謂也。世子齒於學，則國人觀之，曰：『此將君我，而與我齒讓，何也？』曰：『有父在，則禮然。』然而衆知父子之道矣。其二曰：❹『此將君我，而與我齒讓，何也？』曰：『有臣在，則禮然。』然而衆知君臣之義矣。❺其三曰：『此將君我，而與我齒讓，何也？』曰：『長長也，則禮然。』然而衆知長幼之節矣。故父在斯爲子，君在斯爲臣。❻居子與臣之位，所以尊君而親親也。在學，學之爲父子焉，學之爲君臣焉，學之爲長幼焉。父子、君臣、長幼之道得，而後國治。語曰：『樂正司業，父師司成。師有父道，成生人者。一有

❶「人」，玉海堂本、四庫本無此字。
❷「人」，玉海堂本、四庫本無此字。
❸「三善皆得」，玉海堂本、四庫本作「善者」。
❹「二」，原誤作「一」，今據玉海堂本、四庫本改。
❺「然」，原脱，今據玉海堂本、四庫本補。
❻「斯」，玉海堂本、四庫本作「則」。

元良，[1]萬國以貞。』」一，謂天子也。元，善，太子也。世子之謂。聞之曰：『爲人臣者，殺其身而有益於君，[2]則爲之。』況于其身于，[3]寬也，大也。以善其君乎？周公優爲也。」[4]

子夏問於孔子曰：「居君之母與妻之喪，如之何？」孔子曰：「居處、言語、飲食衎爾。於喪所，則稱其服而已。」「敢問伯母之喪如之何？」孔子曰：「伯母、叔母疏衰期，而踊不絕地。姑、姊妹之大功，踊絕於地。若知此者，由文矣哉！」言如禮文意，當言姑姊妹而已，姊上長姑自也。[5]

子夏問於夫子曰：「凡喪，小功已上，虞、祔、練、祥之祭皆沐浴。於三年之喪，子則盡其情矣。」孔子曰：「豈徒祭而已哉？三年之喪，身有瘍則浴，首有瘡則沐，病則飲酒食肉。毁瘠而病，[6]君子不爲也。毁則死者，君子爲之無子，[7]則祭之沐浴，爲齊潔也，非爲飾也。」

---

[1] 「元」，玉海堂本、四庫本作「大」。

[2] 「殺」上，玉海堂本、四庫本有「曰」字。

[3] 「于」下，玉海堂本、四庫本有「鄭氏讀爲迂」五字。

[4] 「也」，玉海堂本、四庫本作「之」。

[5] 「姊」，玉海堂本、四庫本作「妹」。「自」，玉海堂本、四庫本作「字」。

[6] 「而」下，玉海堂本、四庫本有「爲」字。

[7] 「無子則」，玉海堂本、四庫本作「且」。

子夏問於孔子曰：「客至，無所舍，而夫子曰：『生於我乎館。』客死，無所殯矣，夫子曰：『於我乎殯。』敢問禮與？仁者之心與？」孔子曰：「吾聞諸老聃曰：『館人，使若有之。惡有有之而不得殯乎？』❶夫仁者，制禮者也。故禮者，不可不省也。禮不同不異，不豐不殺，稱其義以爲之宜。故曰：『我戰則剋，祭則受福。』蓋得其道矣。」

孔子食於季氏，食祭，主人不辭，不食，亦不飲，❷而飡。子夏問曰：「禮也？」孔子曰：「非禮也，從主人也。吾食於少施氏而飽，少施氏食我以禮。吾食祭，作而辭曰：『疏食不足祭也。』吾飡，而作辭曰：『疏食，不敢以傷吾子之性。』主人不以禮，客不敢盡禮。主人盡禮，則客不敢不盡禮也。」

子夏問曰：「官於大夫，既升於公，❸而反爲之服，禮與？」孔子曰：「管仲遇盜，取二人焉，上之爲公臣，曰：『所以遊僻者，可人也。』公許。管仲卒，桓公使爲之服。❹官於大夫者爲之服，自管仲始也，有君命焉。」

---

❶「有之」上，原衍「之惡」二字，今據玉海堂本、四庫本删。
❷「亦」，玉海堂本、四庫本作「客」。
❸「升」，玉海堂本作「外」。
❹「服」，原脱，今據玉海堂本、四庫本補。

子貢問居父母喪，孔子曰：「敬爲上，哀次之，瘠爲下。顔色稱情，戚容稱服。」曰：「請問居兄弟之喪。」孔子曰：「則存乎書筴已。」

子貢問於孔子曰：「殷人既定而弔於壙，周人反哭而弔於家，如之何？」孔子曰：「反哭之弔也，喪之至也。反而亡矣，失之矣，於斯爲甚。故弔之。死，人卒事也。殷以慤，吾從周。殷人既練之明日而祔于祖，周人既卒哭之明日而祔于祖。❶祔，祭神之始事也。周以戚，吾從殷。」戚，猶促也。

子貢問曰：「聞諸晏子，少連、大連善居喪。其有異稱乎？」孔子曰：「父母之喪，三日不怠，三月不解，朞悲哀，三年憂。東夷之子，達於禮者也。」

子游問曰：「諸侯之世子喪慈母如母，禮與？」孔子曰：「非禮也。古者男子外有傅父，内有慈母，君命所使教子者也。何服之有？昔魯孝公少喪其母，其慈母良。及其死也，公弗忍，欲喪之。有司曰：『禮，國君慈母無服。今也君爲之服，是逆古之禮而亂國法也。若終行之，則有司將書之，以示後世，無乃不可乎？』公曰：『古者天子喪慈母，練冠以燕居。』

❶ 「而」，原脱，今據玉海堂本、四庫本補。

謂庶子王爲其母也。遂練以喪慈母。❶喪慈母如母，始則魯孝公之爲也。」

孔子適衛，遇舊館人之喪，入而哭之哀。出，使子貢脱驂以贈之。子貢曰：「於所識之喪，❷不能有所贈，贈於舊館，不已多乎？」孔子曰：「吾向入哭之，遇一哀而出涕。吾惡夫涕而無以將之，小子行焉。」

子路問於孔子曰：「魯大夫練而杖，禮也？」孔子曰：「吾不知也。」子路出，謂子貢曰：「吾以爲夫子無所不知，夫子亦徒有所不知也。」子貢曰：「子所問何哉？」子路曰：「止。吾將爲子問之。」❸遂趨而進曰：「練而杖，禮與？」孔子曰：「非禮也。」子貢出，謂子路曰：「子謂夫子而弗知之乎？夫子徒無所不知也。子問非也。禮，居是邦，則不非其大夫。」

叔孫武叔之母死。❹既小斂，舉尸者出户，武叔從之，❺出户乃袒，投其冠而括髮。子路歎之。孔子曰：「是禮也。」子路問曰：「將小斂則變服，今乃出户，而夫子以爲知禮，何

❶「練」下，玉海堂本、四庫本有「冠」字。

❷「於所」，原誤作「所於」，今據玉海堂本、四庫本改。

❸此句應爲子貢之言，疑有闕文。

❹「武」，原誤作「毋」，今據玉海堂本、四庫本改。

❺「叔」，原誤作「孫」，今據四庫本改。

也？」孔子曰：「由，汝問非也。君子不舉人以質事。」❶質，猶正也。❷

齊晏桓子卒。平仲麤衰斬，苴絰帶杖，以菅屨，食粥，居傍廬，寢苫枕草。其老曰：「非大夫喪父之禮也。」晏子曰：「唯卿大夫。」曾子以問孔子，孔子曰：「晏平仲可謂能遠害矣。不以己之是駮人之非，❸愻辭以避咎，義也夫。」記者乃舉人避害之愻以辭，而謂大夫士喪父母有異，亦怪也。

季平子卒，將以君之璵璠斂，贈以珠玉。孔子初爲中都宰，聞之，歷級而救焉。歷級，遽登階，不聚足。曰：「送而以寶玉，是猶曝尸於中原也。其示民以姦利之端，而有害於死者，安用之？且孝子不順情以危親，忠臣不兆姦以陷君。」兆姦，爲姦之兆成也。❹乃止。

孔子之弟子琴張與宗友。衛齊豹見宗魯於公子孟縶，孟縶以爲參乘焉。及齊豹將殺孟縶，❺告宗魯使行。宗魯曰：「吾由子而事之，今聞難而逃，是僭子也。僭，不信，使子言不

❶「事」，原誤作「士」，今據玉海堂本、四庫本改。

❷「正」，玉海堂本、四庫本作「止」。

❸上「之」字，原誤作「知」，今據玉海堂本、四庫本改。

❹「成」，玉海堂本、四庫本作「臣」。

❺「殺」，玉海堂本、四庫本作「煞」。

信。子行事乎，吾將死以事周子，而歸死於公孟可也。」齊氏用戈擊公孟，宗魯以背蔽之，❶斷肱，中公孟，宗魯皆死。琴張聞宗魯死，將往弔之，孔子曰：「齊豹之盜，孟縶之賊也，汝何弔焉？君不食姦，不受亂，不爲利病於回，回，邪也，不以利故而病於邪也。❷不以回事人，不蓋非義，蓋，掩。不犯非禮，汝何弔焉？」琴張乃止。

郕人子革卒，❸哭之，呼滅。舊說以滅，子蒲名。人少名滅者，又哭名其父，不近人情。疑以孤窮自謂亡滅也。❹子游曰：「若是哭也，❺其野哉！孔子惡野哭者。」哭者聞之，遂改之。

公父文伯卒，其妻妾皆行哭失聲。敬姜戒之，曰：「吾聞好外者士死之，好內者女死之。今吾子早殀，❻吾惡其以好內聞也。二三婦人之欲供先祀者，言欲留不改嫁，供奉先人之祀。請無瘠色，無揮涕，無拊膺，揮涕，不哭，流涕，以手揮之。拊，猶撫也。膺，謂胸也。無哀容，無加服，

---

❶「魯」，原脱，今據玉海堂本、四庫本補。

❷「故」，原誤作「放」，今據玉海堂本、四庫本改。

❸「革」，玉海堂本、四庫本作「蒲」。下注文同。

❹「亡」上，玉海堂本、四庫本有「將」字。

❺「若是哭也其野哉」，二校本作「若哭其野」。

❻「殀」，玉海堂本、四庫本作「夭」。

有降服。從禮而静，是昭吾子也。」孔子聞之曰：「女智無若婦，男智莫若夫。公文氏之婦智矣！剖情損禮，欲以明其子爲令德也。」

子路與子羔仕於衛。衛有蒯聵之難。孔子在魯聞之，曰：「柴也其來，由也死矣。」既而衛使至，曰：「子路死焉。」夫子哭之於中庭。有人弔者，而夫子拜之。已哭，進使者而問故。使者曰：「醢之矣。」遂令左右皆覆醢，曰：「吾何忍食此。」

季桓子死，魯大夫朝服而弔。子游問於孔子曰：「禮乎？」夫子不答。他日，又問。夫子曰：❶「始死則矣，羔裘玄冠者易之而已，汝何疑焉？」

子罕問於孔子曰：❷「始死之設重也，何爲？」孔子曰：「重，主道也。殷主綴重焉，綴，連也。殷人作主而連其重，懸諸廟也。周人徹重焉。」周人作主，徹重，就所倚處而治。「請問喪朝。」喪將葬，朝於廟而後行焉。子曰：「喪之朝也，順死者之孝心，故至於祖考廟而後行。❸殷朝而後殯於祖，周朝而後遂葬。」

---

❶ 自「夫子曰」至下篇第三段「葬於防曰吾聞之」，原誤在下篇「原思言於曾子」一節「知喪道也」下，今依玉海堂本、四庫本移正。「曰」，原脱，今據玉海堂本、四庫本補。

❷ 「罕」，玉海堂本、四庫本作「睪」。

❸ 「考」，原誤作「者」，今據玉海堂本、四庫本改。

孔子之守狗死，謂子貢曰：「路馬死，路馬，常所乘馬。則藏之以帷，狗則藏之以蓋。汝往埋之。吾聞弊幃不棄，爲埋馬也。弊蓋不棄，爲埋狗也。今吾貧，無蓋。於其封也，與之蓆，❶無使其首陷於土焉。」

曲禮公西赤問第四十四❷

公西赤問於孔子曰：「大夫以罪免，卒。其葬也如之何？」孔子曰：「大夫廢其事，終身不仕。死則葬之以士禮。老而致事者，❸死則從其列。」

公儀仲子嫡子死，而立其弟，檀弓問子服伯子曰：❹「何居？我未之前聞也。」子服伯子曰：「仲子亦猶行古人之道。昔者文王捨伯邑考伯邑考，文王之長子也，言文王亦立子而不立孫也。而立武王。微子捨其孫腯，立其弟衍。」子游以聞諸孔子，❺子曰：「否，周制立孫。」

---

❶「蓆」，王海堂本、四庫本作「席」。

❷「曲禮」，王海堂本、四庫本無此二字。

❸「致事」，原作「致仕」，今據王海堂本、四庫本改。

❹「問」，王海堂本、四庫本作「謂」。

❺「聞」，王海堂本、四庫本作「問」。

孔子之母既喪，❶將合葬焉，❷曰：「古者不祔葬，爲不忍先死者之復見也。《詩》云：『死則同穴。』自周公已來祔葬矣。故衛人之祔也，離之，有以間焉。❸魯人之祔也，合之。美夫！吾從魯。」遂合葬於防。曰：「吾聞之，❹古者墓而不墳。❺今丘也，❻東西南北之人，不可以弗識也。吾見封之若堂者矣，堂形四方若高者。又見若坊者矣，坊形旁殺，❼平上而長。又見若覆夏屋者矣，❽又見若斧形者矣，吾從斧者焉。」於是封之崇四尺。孔子先反虞，門人後，雨甚至，墓崩，修之而歸。孔子問焉，曰：「爾來何遲？」對曰：「防墓崩。」孔子不應。三

---

❶「喪」，原誤作「葬」，今據玉海堂本、四庫本改。

❷「合」，原誤作「立」，今據玉海堂本、四庫本改。

❸「間」，原誤作「聞」，今據玉海堂本、四庫本改。

❹自上篇倒三段「夫子曰始死則矣」至「吾聞之」，原誤在下文「原思言於曾子」節「知喪道也」下，今據玉海堂本、四庫本移正。

❺「古者」，原脱，今據玉海堂本、四庫本補。

❻「今」上，原衍「孔子曰」三字，今據玉海堂本、四庫本删。

❼「旁」，原誤作「殺」，今據玉海堂本、四庫本改。

❽「若」，原脱，今據玉海堂本、四庫本補。「覆」，原誤作「履」，今據玉海堂本、四庫本改。

云，孔子泫然而流涕曰：「吾聞之，古不修墓。」及二十五月而大祥，❶五日而彈琴不成聲，十日過禫，而成笙歌。孔子大祥，二十五月禫，故十日踰月而歌也。❷

孔子有母之喪，既練，陽虎弔焉，私於孔子曰：「今季氏將大饗境内之士，子聞諸？」孔子答曰：❸「丘弗聞也。若聞之，雖在衰絰，亦欲與往。」陽虎曰：「子謂不然乎？季氏饗士，不及子也。」陽虎出，曾點問曰：❹「語之何謂也？」❺孔子曰：「己則衰服，❻猶應其言，示所以不非也。」孔子衰服，陽虎之言犯禮，故孔子答之，以示不非其言者也。

顏回死，魯定公弔焉，使人訪於孔子，孔子對曰：「凡在封内，皆臣子也。禮，君弔其臣，升自東階，向尸而哭，其恩賜之施，不有笇也。」笇，蘇亂反。笇，計也，又竹器也。

原思言於曾子曰：「夏后氏之送葬也，用盟器，示民無知也。殷人用祭器，示民有知也。

---

❶「大」，玉海堂本、四庫本無此字。

❷「故」，玉海堂本、四庫本作「而」。

❸「答」，玉海堂本、四庫本無此字。

❹「點」，玉海堂本、四庫本作「參」。

❺「語」，原誤作「吾」，今據玉海堂本、四庫本改。

❻「衰」，玉海堂本、四庫本作「喪」。

周人兼而用之，示民疑也。」曾子曰：「其不然矣。夫以盟器，鬼器也。祭器，人器也。古之人胡爲而死其親也？」子游問於孔子，曰：「之死而致死乎？不仁，不可爲也。之死而致生乎？不智，不可爲也。凡爲盟器者，知喪道也。❶備物而不可用也，❷是故竹不成用，謂籩之無緣也。而瓦不成膝。膝，鑽。琴瑟張而不平，笙竽備而不和，有鐘磬而無簨簴。簨簴，可以懸鐘磬也。簨，先尹反。簴，其舉反。其曰盟器，神明之也。哀哉！死者而用生者之器，不殆於用殉也。」❸殺人以從死，謂之殉。

子游問於孔子曰：「葬者塗車芻靈，自古有之。然今人或有偶，偶，木人也。❹是無益於喪。」孔子曰：「爲芻靈者善矣。爲偶者不仁。不殆於用人乎！」

顔淵之喪，既祥，顔路饋祥肉於孔子，孔子自出而受之。入，彈琴以散情，而後乃食之。

孔子嘗奉薦而進，嘗，秋祭也。其親也慤，慤親之奉薦也。慤，❺質也。其行也趨趨以數。言

❶「也」下，原衍上篇「夫子曰始死則矣」至本篇「葬於防曰吾聞之」一段文字，今據玉海堂本、四庫本移正。
❷「備物」上，原衍「有」字，今據玉海堂本、四庫本删。
❸「於」，原誤作「而」，今據玉海堂本、四庫本改。
❹「木」，原誤作「亦」，今據玉海堂本、四庫本改。
❺「慤」，原誤作「慈」，今據玉海堂本、四庫本改。

少威儀。已祭，子貢問曰：「夫子之言祭也，濟濟漆漆焉。威儀容止。今夫子之祭，❶無濟濟漆漆，何也？」孔子曰：「濟濟漆漆者，容也，遠也。言賓客疏遠之容也。漆漆者，以自反謂安辭之容也。容以遠。若容以自反，夫何神明之及交？必如此，則何濟濟漆漆之有？回饋樂成，進則燕俎，序其禮樂，備其百官，於是君子致其濟濟漆漆焉。夫言豈一端而已哉？亦各有所當。」

子路爲季氏宰，季氏祭，逮昏而奠，❷終日不足，繼以燭。雖有彊力之容，肅敬之心，皆倦怠矣。有司跛倚以臨，❸其爲不敬也大矣。他日祭，❹子路與焉，室事交于户，堂事當于階，質明而始行事，晏朝而徹。❺孔子聞之曰：「以此觀之，❻孰爲由也而不知禮？」❼

【衛莊公之反國，❽改舊制，變宗廟，易朝市。高子皋問於孔子曰：「周禮，繹祭於祊，祊

---

❶「子之祭無濟濟漆漆」至「各有所當」一百〇八字，原脱，今據玉海堂本、四庫本補。

❷「奠」下，玉海堂本、四庫本有注曰：「逮昏，未明。」

❸「臨」下，玉海堂本、四庫本有「事」字，下有注曰：「跛，偏任也。」

❹「祭」，原脱，今據玉海堂本、四庫本補。

❺「徹」下，玉海堂本、四庫本有注曰：「質明平明。」

❻「以此觀之」，原脱，今據玉海堂本、四庫本補。

❼「由」，原誤作「士」，今據玉海堂本、四庫本改。

❽「衛莊公之反國」以下四節，原闕，今據玉海堂本、四庫本補。

在廟門之西，前朝而後市。今衛君欲其事事一更之，如之何？」孔子曰：「繹之於庫門内，祊之於東市，朝於西方，失之矣。」

季桓子將祭，齋三日，而二日鐘鼓之音不絶。冉有問於孔子，子曰：「孝子之祭也，散齋七日，慎思其事，三日致齋，而一用之，情一而用之也。猶恐其不敬也，而二日伐鼓，何居焉？」

公父文伯之母，季康子之從祖母。康子往焉，側門而與之言，内皆不踰閾。側門，於門之側而與之言，言不外，身不踰門限。文伯祭其祖悼子，康子與焉。悼子，文伯始祖。進俎而不受，進俎康子而不親授。撤俎而不與燕，撤俎之後，而不與歡燕之坐。宗老不具則不繹，繹，又祭。宗老，大夫家臣也，典祭祀及宗族之事。不具，不在。繹不盡飫則退。飫，獻神。不盡厭飫之禮而去也。孔子聞之，曰：「男女之别，禮之大經。公父氏之婦，動中德趣，度於禮矣。」中意之趣，合禮之度。

季康子朝服以縞。曾子問於孔子曰：「禮乎？」孔子曰：「諸侯皮弁以告朔，然後服之以視朝，若此，禮者也。」朝服以縞，僭宗禮也。孔子惡指斥康子，但言諸侯之禮而已。而諸侯以皮弁以告朔，卒然後朝服以視朝。朝服，明不用縞。】

孔子家語後序

吴郡黄魯曾 撰

嗚呼至哉！孔子之文德而有是書也。孔子生於過曆，上不逮於文武而爲大行，中不親於成康而爲共和，而欲行其道，周流於齊、楚、蔡、衛之邦，所遇者皆晏嬰、子西之徒，未獲多契。於東魯本國，乃卑秩膴仕，兩不辭焉。但相以攝而輕，會以兵而瀆，且有容璣之沮、懷寶之誚，不一也。終與門人小子相明道以傳后世，是以孔氏獨多述作。自《魯論》、《齊論》，言之又有《家語》，疑多鯉、伋所記，并門人先后襍附之者，要之咸孔子之意也。故一典一事，莫非宗旨；一軌一物，莫非玄訓。信義美文，包二變於獨覺；禮樂刑政，歛四達於大鳴。何也？蓋孔子之道，傳者無幾，惟一貫發自聖思，卓爾闡於賢力，此數字可以忘言，略授可以絶口，粹昭而梗則廢，原得而支則舍。三墳五典，何必顯顯？八索九丘，何必優優？六經二論，何必諄諄？特以聖質罕聞，而淵參短列；睿心希觸，而冉閔績依。性天遐轍，高堅遠路，此所以必叢其辭，必繁其篇。譬之繫臂以妍珠，而珠存斯貴；帶腰以良玉，而玉在斯奇。此書雖若言之廣且曲，道則載焉。古人所謂載道之器，余敢以先歸諸？今考之《藝文志》，有二十一卷，王肅所註，何乃至宋人梓傳者止十卷，已亡其太半？如由混簡錯衺，則又不可分析。比之王廣謀句解者，又止三卷。近何氏孟春所註，則卷雖盈於前本，而文多不齊。余頗惜王肅所註之少播於世，力求宋刻者而校仇之，僅得十之七八，雖宋刻亦有訛謬者也。然此書乃孔氏久成之典，余距孔氏一千五百餘年，序之，僭妄深矣，觀者勿以無取尤之。

附録：孔安國後序❶

《孔子家語》者，皆當時公卿士大夫及七十二弟子之所諮訪交相對問言語者，既而諸弟子各自記其所問焉，與《論語》、《孝經》並時。弟子取其正實而切事者，别出爲《論語》。其餘則都集録名之曰《孔子家語》。凡所論辯，流判較歸，實自夫子本旨也。屬文下辭，往往頗有浮説，煩而不要者，亦猶七十二子各共敘述首尾，加之潤色，其材或有優劣，故使之然也。

孔子既没而微言絶，七十二弟子終而大義乖。六國之世，儒道分散，遊説之士，各以巧意而爲枝葉，唯孟軻、孫卿守其所習。當秦昭王時，孫卿入秦，昭王從之問儒術，孫卿以孔子之語及諸國事、七十二弟子之言凡百餘篇與之，由此秦悉有焉。始皇之世，李斯焚書，而《孔子家語》與諸子同列，故不見滅。高祖克秦，悉斂得之，皆載二尺竹簡，多有古文字。及吕氏專漢，取歸藏之。其後被誅亡，而《孔子家語》乃散在人間，好事亦各以意增損其言，故

❶《後序》，舊稱孔安國作。四庫本置於卷十之末，今附此以備考。

使同是一事而輒異詞。孝景皇帝末年，募求天下禮書。于時士大夫皆送官，得呂氏之所傳《孔子家語》，而與諸國事及七十二子辭妄相錯雜，不可得知。以付掌書，與《曲禮》衆篇亂簡合而藏之秘府。

元封之時，吾仕京師，竊懼先人之典辭將遂泯滅，於是因諸公卿士大夫，私以人事募求其副，悉得之。乃以事類相次，撰集爲四十四篇。又有《曾子問禮》一篇，自別屬《曾子問》，故不復録。其諸弟子書所稱引孔子之言者，本不存乎《家語》，亦以其已自有所傳也，是以皆不取也。將來君子，不可不鑒。

孔安國字子國，[1]孔子十二世孫也。孔子生伯魚。魚生子思，名伋。伋常遭困于宋，作《中庸》之書四十七篇，以述聖祖之業。授弟子孟軻之徒數百人，年六十二而卒。子思生子上，名白，年四十七而卒。自叔梁紇始出妻，及伯魚亦出妻，至子思又出妻，故稱孔氏三世出妻。子上生子家，名傲，後名永，年四十五而卒。子家生子直，名榼，年四十六而卒。子直生子高，名穿，亦著儒家語十二篇，名曰《讕言》，年五十七而卒。子高生武，字子順，名微，

[1] 此句以下三段文字四庫本刊於孔安國《後序》之下。今與《後序》並附於此。

後名斌，爲魏文王相，年五十七而卒。子武生子魚，名鮒。及子襄，名騰。子文，名祔。子魚後名甲。子襄以好經書，博學，畏秦法峻急，乃壁藏其《家語》、《孝經》、《尚書》及《論語》於夫子之舊堂壁中。子魚爲陳王涉博士太師，卒陳下。生元路，一字元生，名育，後名隨。子文生冣，字子產。子產後從高祖，以左司馬將軍從韓信破楚於垓下，以功封蓼侯，年五十三而卒，諡曰夷侯。長子滅嗣，官至太常。次子襄，字子士，後名讓，爲孝惠皇帝博士，遷長沙王太傅，年五十七而卒。生季中，名員，年五十七而卒。生武及子國。

子國少學《詩》于申公，受《尚書》于伏生。長則博覽經傳，問無常師。年四十，爲諫議大夫，遷侍中博士。天漢後，魯恭王壞夫子故宅，得壁中詩書，悉以歸子國。子國乃考論古今文字，撰衆師之義，爲《古文論語訓》十一篇、《孝經傳》二篇、《尚書傳》五十八篇，皆所得壁中科斗本也。又集錄《孔氏家語》爲四十四篇。既成，會值巫蠱事，寢不施行。子國由博士爲臨淮太守。在官六年，以病免。年六十，卒於家。

其後孝成皇帝詔光祿大夫劉向校定衆書，都記錄名《古今文書》、《論語別錄》。子國孫衍爲博士，上書辯之，曰：「臣聞明王不掩人之功，大聖不遺人小善，所以能其明聖也。陛下發明詔，諮群儒，集天下書籍，無言不悉，命通才大夫校定其義，使遐載之文以大著於今日，立言之士垂於不朽。此則蹈明王之軌，遵大聖之風者也。雖唐帝之煥然，周王之彧彧，未若斯之極也。故述作之士莫不樂測大倫焉。臣祖故臨淮太守安國，逮仕于孝武皇帝之世，以經學爲名，以儒雅爲官，讚明道義，見稱前朝。時魯恭王壞孔子故宅，得古文科斗《尚書》、《孝經》、《論語》，世人莫有能言者。安國爲之今文讀而訓傳其義。又撰《孔子家語》，既畢，會值巫蠱事起，遂各廢，不行于時。然其典雅正實，與世所傳者不同日而論也。光禄大夫向以爲其時所未施之，故《尚書》則不記於《别録》，《論語》則不使名家也，臣竊惜之。且百家章句，無不畢記，况《孔子家語》古文正實而疑之哉？又戴聖近世小儒，以《曲禮》不足，而乃取《孔子家語》雜亂者，及子思、孟軻、孫卿之書以裨益之，總名曰《禮記》。今尚見其已在《禮記》者，則便除《家語》之本篇，是滅其原而存其末，不亦難乎？臣之愚，以爲宜如此爲例，皆記録别見，故敢冒昧以聞。」奏上，天子許之，未即論定而遇帝崩，向又病亡，遂不果立。

曾子注釋

〔清〕阮　元　撰
王菊英　趙建功　校點

校點說明

曾子名參，字子輿，南武城人。少孔子四十六歲，卒於魯。孔子以爲能通孝道，故授之業，作《孝經》(《史記·仲尼弟子列傳》)。

《漢書·藝文志》著録「《曾子》十八篇」。據其附注，此爲孔子弟子曾參所作，當爲劉向父子據先秦文本整理而成。此本久逸，未再見於史志著録。《隋書·經籍志》據南朝梁阮孝緒《七録》著録「《曾子》二卷，目一卷」。此爲六朝以前舊本，未明篇數。《舊唐書·經籍志》著録有「《曾子》二卷」，較《隋志》亡目録一卷，篇數亦不明。《新唐書·藝文志》、《宋史·藝文志》、《崇文總目》、晁公武《郡齋讀書志》、馬端臨《文獻通考·經籍考》皆與《舊唐志》相同。《郡齋讀書志》、章俊卿《山堂考索》、高似孫《子略》、王應麟《漢書藝文志考證》、吴澄《文正公集》並謂「十篇」。據《郡齋讀書志》，南宋時《曾子》單行本與《大戴禮記》所收《曾子》十篇有所差别。《大戴禮記》所收《曾子》第一篇爲《立事》，而《群書治要》編者、王應麟、章俊卿、高似孫所見《曾子》首篇皆作《脩身》，可見二者頗有差異。據陳振孫《直齋書録解題》，楊簡《曾子注》因有注文增加篇幅，故分十篇爲十卷。鄭樵《通志·藝文略》與《隋志》相同，當爲據《隋志》過錄。綜上可見，唐宋元時一直有《曾子》二卷十篇單行本行世，且與《大戴禮記》所收《曾子》十篇有所不同。元代以後，《曾子》單行本不見刊行，也未見著錄。

南宋時開始對《曾子》進行輯佚工作，直到民國，代不乏人。如劉清之輯《曾子》七篇，汪晫編《曾子全書》一卷，趙汝騰編《曾子》二卷等，皆後人雜採衆書，以意編輯，非《曾子》原貌。

阮元，字伯元，江蘇儀徵人。清乾隆五十四年（一七八九）進士，歷兵部、禮部、工部、户部侍郎，浙江、江西、河南等省巡撫，湖廣、兩廣、雲貴總督，晚年召拜體仁閣大學士，加太子太保，晉太傅。道光二十九年（一八四九）卒，年八十六，優詔賜謚文達。阮元聰穎早達，博雅淹通，文武雙全，軍政、文教並有事功，海内奉爲山斗焉（《清史稿·阮元傳》）。

阮元以爲「從事孔子之學者，當自曾子始」（阮元《曾子注釋·敘錄》），「《曾子》十篇，儒言純粹，在《孟子》之上」（阮元《孔廣森〈大戴禮記補注〉序》）。他痛惜《曾子》舊本之失傳，以重振曾子之學爲己任，遂據北周盧辯注《大戴禮記》所收《曾子》十篇，博考群書，參稽諸説，擇善而從，間下己意，積數年之心力，於嘉慶三年（一七九八）撰成《曾子注釋》四卷，敘錄一卷。清代學者嚴杰稱其「正諸家之得失，辨文字之異同，可謂第一善册」（《皇清經解》本《曾子注釋》卷末）。

稿成隨即付梓，板藏揚州福壽庭，不幸遭毀於火。道光二十五年，以初印本重刊（《續修四庫全書》即據此本影印）。道光九年阮元主持刊行之《皇清經解》所收《曾子注釋》無初印本之敘録，僅存簡目，文字與初印本略有不同。嚴式誨輯民國九年（一九二〇）渭南嚴氏孝義家塾成都刊本《曾子四種》中之阮元《曾子十篇注釋》，乃據《皇清經解》本翻刻，無校勘價值。

本次整理以道光二十五年重刊本阮元《曾子注釋》爲底本，以嘉慶三年初印本（簡稱「初印本」）和咸豐十年（一八六〇）補刊《皇清經解》本（簡稱「經解本」）爲校本。既校是非，兼校異同。阮元已有校勘者不再出校。異體字、古今字、俗體字通常照録，有些則逕作通行字，版刻混用字和避諱缺筆字亦逕作通行字，一般不出校。

校點者　王菊英　趙建功

曾子十篇敘録一卷

元謹案：百世學者，皆取法孔子矣。然去孔子漸遠者，其言亦漸異。子思、孟子，近孔子而言不異，猶非親受業於孔子者也。然則七十子親受業於孔子、其言之無異於孔子而獨存者，惟《曾子》十篇乎！曾子脩身慎行，忠實不欺，而大端本乎孝。孔子以曾子爲能通孝道，故授之業，作《孝經》。今讀《事父母》以上四篇，實與《孝經》相表裏焉。患之小者，豪髮必謹；節之大者，死生不奪；窮極禮經之變，直通天律之本：莫非傳習聖業，與年竝進，而非敢恃機悟也。且其學與顔、閔、游、夏諸賢同習所傳於孔子者，亦絶無所謂獨得道統之事也。竊以曾子所學較後儒爲博，而其行較後儒爲庸。顔子曰：「博我以文，約我以禮。」孔子曰：「庸德之行，庸言之謹。」然則魯哀公年間齊魯學術可以槩見，後世學者當知所取法矣。元不敏，於曾子之學，身體力行未能萬一，惟孰復曾子之書，以爲當與《論語》同，不宜與記書雜録竝行。爰順考十篇之文，注而釋之，以就正有道。竊謂從事孔子之學者，當自曾子始。

曾子立事第一元案：曾子日省其身者也。此篇所言，皆脩身之事。宋高氏似孫、王氏應麟所據篇目皆爲「脩身」，今本作「立事」者，《大戴》本與高、王所見本不同也。兹仍《大戴》舊題。又《大戴》十篇皆冠以「曾子」者，戴氏取曾子之書入于雜記之中，識之以别于他篇也。今以《大戴》所收《曾子》爲據，故標題仍冠

「曾子」二字。

曾子本孝第二

曾子立孝第三

曾子大孝第四

曾子事父母第五

曾子制言上第六

曾子制言中第七

曾子制言下第八

曾子疾病第九

曾子天員第十

《漢書·藝文志》儒家：「《曾子》十八篇。名參，孔子弟子。」

《隋書·經籍志》儒家：「《曾子》二卷。目一卷。魯國曾參撰。」

《舊唐書·經籍志》儒家：「《曾子》二卷。」

《新唐書·藝文志》儒家：「《曾子》二卷。曾參。」

《宋史·藝文志》儒家：「《曾子》二卷。」

右見於正史目録者五

王堯臣等《崇文總目》：「《曾子》二卷。」

晁公武《郡齋讀書志》曰：「《曾子》二卷。曾子者，魯曾參也。舊稱曾參所譔，其《大孝》篇中乃有樂正子春事，當是其門人所纂耳。《漢·藝文志》：『《曾子》十八篇。』《隋志》：『《曾子》二卷，目一卷。』《唐志》：『《曾子》二卷。』今此書亦二卷，凡十篇，蓋唐本也。有題曰『傳紹述本』，豈樊宗師歟？視隋亡目一篇。考其書已見於《大戴禮》。漢有《禮經》七十篇，后氏、戴氏；《記》百三十一篇，七十子後學者所記。是時未有大、小戴之分，不知《曾子》在其中歟？否也？予從父詹事公，嘗病世之人莫不尊事《孟子》，而知子思《中庸》者蓋寡，知子思《中庸》者雖寡，而知讀《曾子》者，殆未見其人也，是以文字回舛繆誤，乃以家藏《曾子》與温公所藏《大戴》參校，頗爲是正，而盧注遂行於《曾子》云。」

鄭樵《通志·藝文略》曰：「《曾子》二卷，目一卷。曾參撰。」

章俊卿《山堂考索》曰：「《曾子》今十篇，自《脩身》至《天員》，皆見於《大戴禮》，蓋後人摭出而爲《曾子》。」

陳振孫《直齋書録解題》曰：「《曾子》十卷，凡十篇，具《大戴禮》，後人從其中録出別行。慈谿楊簡注。」

高似孫《子略》曰：「曾參與公明儀、樂正子春、單居離、曾元、曾華之徒，講論孝行之道、天地事物之原，凡十篇，自《脩身》至於《天員》，已見於《大戴禮》，篇爲四十九至五十八。他又雜見於《小戴禮》，略無少異。」

王應麟《漢書藝文志考證》曰：「《曾子》十八篇，《隋》、《唐志》『二卷』，參與弟子公明儀、樂正子春、單居離、曾元、曾華之徒，論述立身孝行之要、天地萬物之理。今十篇，自《脩身》至《天員》，皆見於《大戴禮》，於篇第爲四十九至五十八。蓋後人摭出爲二卷。」

馬端臨《文獻通考·經籍考》：「《曾子》二卷。」

元吴澄《文正公集》曰：「豫章周遏《古曾子》十篇，參合諸本，訂其同異，明其音訓。」

朱彝尊《經義考》：「梅文鼎《曾子天員篇注》一卷，存。」元按：杭世駿《道古堂集·梅文鼎傳》亦著録此篇。元從梅氏後人訪之，云已散入《天算叢書》中，未有專書單行也。

右見於諸家著録者十。以上皆據舊本。

《四庫全書提要》曰：「《曾子》一卷，宋汪晫編。晫字處微，績溪人。是書成於慶元、嘉泰間。咸淳十年，其孫夢斗與《子思子》同獻於朝廷，得贈通直郎。考《漢志》載『《曾子》十八篇』，《隋志》有『《曾子》二卷，目一卷』，《唐志》亦載『《曾子》二卷』；晁公武《郡齋讀書志》著録『二卷十篇』，稱即唐本。高似孫《子略》稱其與《大戴禮》四十九篇至五十八篇及雜見《小戴記》者無異同，後人掇拾以爲之。陳振孫《書録解題》并稱有慈湖楊簡注。是宋時元有《曾子》行世，殆晫偶未見，故輯爲此書，凡十二篇：《仲尼閒居》第一，《明明德》第二，《養老》第三，《周禮》第四，《有子問》第五，《喪服》第六，中闕第七、第八，《晉楚》第九，《守業》第十，《三省身》第十一，《忠恕》第十二。《明明德》獨標云『内篇』，《養老》以下皆標『外篇』，而《仲尼閒居》不言内外，疑本有『内篇』字，而傳寫佚之也。其第一篇即《孝經》，而削去經名，别爲標目，未免自我作古。第二篇即《大學》，考自宋以前，有子思作《大學》之傳，而無曾子作《大學》之説，歸之曾子已屬疑似，又改其篇目，與前篇武斷亦同。至外篇十篇，亦往往割裂經文，以就門目。如《曾子問》『師行必以遷廟主行乎』至『老聃云』，孔疏曰『此一節論出師當取遷廟主』，論其常也；『師行無遷主』，又籌其變也。二問相承，義實相濟，故孔疏通爲一節。今割『古者師行無遷主』至『蓋貴命也』入《周禮》節，割『古者師行必以遷廟主行乎』至『老聃云』入《喪服》篇，文義殆爲乖隔。若云以其文有涉喪服，是以分屬，則《周禮》篇内又明載『三年之喪弔乎』數節，爲例尤屬不純。然漢本久逸，唐本今亦未見，先賢之佚文緒論，頗可借此以考見，則過而存之，猶愈於過而廢之矣。卷首冠以夢斗進表，稱有晫自序，而此本佚之，僅有元汪澤民、俞希魯、翟思忠、明朱文選序四篇，明詹潢後序一篇，皆合二書稱之，蓋晫本編爲一部也。今以前代史志，二子皆各自爲書，故分著於録焉。」元案：晫雜采《曾子立事》前五篇，自《曾子制言》以下，皆采録不全。

明焦竑《國史經籍志》曰：「《曾子》二卷，寳祐時趙汝騰編。」

宋王應麟《小學紺珠》曰：「《曾子》七篇，内篇一，外篇、雜篇各三，劉清之子澄集録。」

元吴澄《文正公集》曰：「宋清江劉清之，病《曾子》之粹非十篇所該，别輯新《曾子》七篇，篇分内、外、雜，朱子識其卷首。」

明王圻中《續文獻通考》曰：❶「《曾子遺書》，戴良輯。」

倪燦《宋史藝文志補》儒家類：「戴良集《曾子遺書》。」

---

❶ 「王圻中」，《續文獻通考》著者乃王圻，「中」字疑衍。

黃虞稷《千頃堂書目》：「章樵集《曾子》十八篇。」元案：又載國朝倪燦《宋史藝文志補》。

徐乾學《傳是樓書目》曰：「《曾子》一本，宋鳴梧編。《曾子全書》二卷，元曾承業編。元案：《四庫全書附存目錄》作「《曾子全書》三卷，明曾承業編」。承業蓋元末明初人。《曾子誌》六卷，曾承業編。《子曾子》二卷，元徐左達編。」元案：《曾子誌》今寧波天一閣尚存其書。

右九家皆後人雜采他書，以意編集，非《曾子》原文。

元案：《漢志》載「《曾子》十八篇」，此先秦古書，爲第一本。《隋志》據阮孝緒《七錄》稱「《曾子》二卷」，連目錄三卷，爲六朝以前舊本，或十八篇，或十篇，無明文，此第二本。新、舊《唐書》皆作「二卷」，較《隋志》亡目錄一卷，其篇數亦不可考，爲第三本。晁氏公武據唐本十篇，文蓋與《大戴記》同，有題「紹述本」者，「紹述」即樊宗師名，此昭德所據唐本，爲第四本。昭德之從父詹事公，病其文字回舛，以家藏《曾子》與温公所藏《大戴禮》參校是正，并盧辯注。此宋人以單行《曾子》及《大戴》合校本，爲第五本。楊氏簡即十篇之文而注之，此宋人新注，爲第六本。今第一篇爲《立事》，而高氏、王氏所見首篇皆作《脩身》，與今書不同，此第七本。《崇文總目》、《通志略》、《文獻通考》、《山堂考索》、《宋史·藝文志》等書皆載「《曾子》二卷」，蓋同爲一書，此第八本。周逷《曾子音訓》十篇，此第九本。以上九本，惜皆失傳，無從參校。今之所據，惟《大戴記》中十篇耳。其自汪晫以下九家，雜采他書，割裂原文而爲之，今附錄於後，不足數也。近時爲《大戴》之學者，有仁和盧召弓學士文弨校盧雅雨運司見曾刻本，有休寧戴東原吉士震校刻武英殿聚珍板本，有曲阜孔摀約檢討廣森《補注》本，有高郵王懷祖給事念孫、江都汪容甫拔貢中在朱竹君學使筠署中同校本，有歸安丁小雅教授杰校本。元今所注《曾子》，仍據北周盧僕射之書，博考群書，正其文字，參以諸家之説，擇善而從，如有不同，即下己意，稱名以別之。至於文字異同，及訓義所本，皆釋之，以明從違之意。又嘗博訪友人，商榷疑義，説之善者，擇而載之。時嘉慶三年戊午夏六月，儀徵阮元敘録於浙江使院之揅經室。

道光二十五年乙巳冬十一月重刊。

謹案：《北周書·盧辯傳》：「辯字景宣，范陽涿人。舉秀才，爲太學博士，累遷尚書右僕射，進位大將軍，後出爲宜州刺史。以《大戴禮》未有解詁，辯乃注之。其兄景裕爲當時碩儒，謂辯曰：『昔侍中注《小戴》，今爾注《大戴》，庶纂前修矣。』」《藝文志》載「《曾子》十八篇」，久逸。今所傳之十篇，乃後人從《大戴》分出者。晁公武《郡齋讀書志》云有題曰「紹述本」者，豈樊宗師歟？案《新書·樊澤傳》：「澤，河中人。子宗師，字紹述。始爲國子主簿，元和三年擢軍謀宏遠科，授著作佐郎，歷金部郎中、綿州刺史，徙絳州。」韓昌黎爲作《墓誌》，稱其著述甚多，是時未有刻本。晁氏所云「紹述本」者，或傳鈔之本歟？嘉慶戊午，儀徵相國注釋是書，刊於浙江使院，板藏揚州福壽庭，燬於火。乙巳冬，以初印本重刊，命門下晚生劉文淇、王翼鳳同校并識。

曾子十篇卷一

曾子立事【注】曾子，孔子弟子，名參，字子輿。許慎讀「森」若「曾參」之「參」，晉灼讀「參」爲「宋昌參乘」之「參」，音近義同。曾子，魯南武城人，少孔子四十六歲，孔子以爲能通孝道，故授之業，作《孝經》。「立事」者，曾子弟子所題篇名。此篇皆論博學篤行、慎言遠患、善義忠信、事君父、敬師長、交朋友、教子弟之事，不爲空言高論，惟以實事立訓，故曰「立事」。《大戴禮記》弟四十九，今爲《曾子》第一。【釋曰】高似孫《子略》、王應麟《漢書藝文志考證》竝引《曾子》首篇作「脩身」，與今異者，《大戴》篇目與古單行《曾子》本不同也。《説文》「森」字讀若「曾參」之「參」所林反，晉灼又讀爲「參乘」之「參」初三反者，古音相近，不假分別。所林、初三二反，皆取三人同輿之義，參星亦以三星相連得名。晉灼所讀見高氏《子略》。武城有二：南武城，在今山東嘉祥縣之南；徒言武城，則在今山東費縣西南。《孟子》所言「曾子居武城」，乃費縣也。《史記》所言「曾子，南武城人」，乃嘉祥也。今曾子後裔列四氏學，襲博士者，皆居嘉祥，祠廟亦在嘉祥。「作《孝經》」，見《史記》。

曾子曰：君子攻其惡，【注】孔子曰：「攻其惡，無攻人之惡。」求其過，【注】盧僕射辯云：「省其身。」彊其所不能，去私欲，從事於義，可謂學矣。【注】不能者，難學之事。彊，勉彊也。去私欲、從義，公也。故學無私黨，不是其所能，攻所不能。【釋曰】《大戴·官人》篇曰：「强其所不足。」

君子愛日以學，及時以行，【注】孔檢討廣森云："「學如不及，唯日不足。」元謂：及時，及少壯時也。【釋曰】馬總《意林》作「及時而成」。知少壯時者，本篇云："「三十、四十之間而無執，則無執矣；五十而不以善聞，則無聞矣。」難者弗辟，易者弗從，唯義所在，【注】學者患求高名而畏避難能之事，故君子苟知義之所在，雖難，必勉强行之。若事易行而可立虛名者，君子不爲也。【釋曰】孔檢討云："「辟，音避。」元案：文瀾閣本作「難者勿辟」。日旦就業，【注】《曲禮》曰："「所習必有業。」【釋曰】《文選·閒居賦》注引此二句無「日」字。《群書治要》「旦」作「且」，今不從。夕而自省，【注】省，察也。曾子曰："「吾日三省吾身。」《國語》曰："「士朝而受業，晝而講貫，夕而習復，夜而計過，無憾而後即安。」【釋曰】「省」訓本《爾雅》。思以殁其身，亦可謂守業矣。【注】思將終身行之，若「子路終身誦之」是也。【釋曰】聚珍板訛「業」爲「義」。

君子學必由其業，問必以其序，問而不決，承間觀色而復之，雖不說，亦不彊爭也。【注】《曲禮》曰："「請業則起。」曾子問王言，孔子不應。曾子懼，肅然摳衣下席，曰："「弟子知其不孫也，得夫子之閒也難，是以敢問也。」孔子不應。曾子懼，退負序而立。孔子曰："「參，汝可語明王之道與？」曾子曰："「不敢以爲足也，得夫子之閒也難，是以敢問。」此承間復問之義也。【釋曰】「王言」見《大戴記》首篇。

君子既學之，患其不博也；【注】博，大通也。孔門論學，首在於博。孔子曰："「君子博學於文，約之以禮。」達巷黨人以「博學」深美孔子。孔子又曰："「博學之，審問之。」顔子曰："「夫子循循然善誘人，博我以文，約我以禮。」子夏曰："「博學而篤志。」孟子曰："「博學而詳説之。」故先王遺文有一未學，非博也。曾子博學，罕可見知，然如今《儀禮》十七篇，儒者已苦難讀，曾子時《禮經》在魯，篇弟必十倍於今，而《曾子問》一篇皆窮極變禮，非曾子不能問，非孔子不能答，然則正禮無不學習可知。此博學可窺之一端。故聖賢之學，不避難以就易，不避實以蹈虛，故顔、曾文學之博，同於游、夏，但不以此成名，與孔子同。故曾子聰明睿智，惟孔子可稱爲「魯」。【釋曰】「博」訓本許氏《説文》。**既博之，患其不習也；**【注】曾子自省曰：「傳不習乎？」孔子曰：「學而時習之。」《學記》曰：「視博習。」**既習之，患其不知也；既知之，患其不能行也；既能行之，患其不能以讓也。**【注】盧僕射云：「貴不以己能而競於人。」【釋曰】《周髀算經》：「陳子曰：『夫道術所以難通者，既學矣，患其不博；既博矣，患其不習；既習矣，患其不能知。』」《説苑·説叢》篇曰：「君子博學，患其不習；既習之，患其不能行之；既能行之，患其不能以讓也。」日本國唐魏徵《群書治要》引《曾子》作「既習之，患其不知也」，今從之，今各本皆作「無知也」。《群書治要》又作「既能行之，患其不能以讓也」，此唐初古本，今亦從之，今本皆作「貴其能讓也」。**君子之學，致此五者而已矣。**【注】致，致密也。【釋曰】「致」訓本《禮器》鄭氏注。

君子博學而孱守之，【注】孱，迮也。曾子美顔子曰：「以能問於不能，以多問於寡，有若無，實若虛。」孟子曰：「曾子守約。」【釋曰】《説文》：「孱，迮也。」迮小乃博之反，若訓「謹」，義與此遠。《群書治要》「孱」作「淺」，注云：「《大戴》『淺』作『孱』。」**微言而篤行之，**【注】篤，厚也。孔子曰：「篤行之。」【釋曰】「篤」訓本《爾雅》。孔子曰「篤行之」，本《中庸》。徐幹《中論·貴驗》篇引「微言而篤行之」，以爲孔子之言。**行欲先人，言欲後人，**【注】盧僕射云：「君子欲訥於言而敏於行。」【釋曰】《群書治要》作兩「欲」字，今本皆作兩「必」字。**君子終身守此悒悒。**【注】悒悒，不安也。【釋曰】「悒」訓本《説文》。閣本「悒悒」下有「也」字。

行無求數有名，事無求數有成；【注】盧僕射云：「數，猶促速。」元謂：行無避難急名之心，不求促速而自有名；事無狗私欲速之心，不求促速而自有成。孔子曰：「無欲速，欲速則不達。」曾子曰：「君子功先成而名隨之。」【釋曰】曾子言見《説苑・雜言》篇。身言之，後人揚之；身行之，後人秉之。【注】揚之，謂揚其名。《孝經》曰：「立身行道，揚名於後世，以顯父母。」秉，執也。秉之，謂執其成。《詩》曰：「誰秉國成。」《孝經》曰：「君子言思可道，行思可樂，德義可尊，作事可法。」【釋曰】「秉」訓本《爾雅》。君子終身守此憚憚。【注】憚憚，勞心也。【釋曰】「憚」與「怛」通。《詩・齊風》曰：「勞心怛怛。」閣本「憚憚」下有「也」字。

君子不絶小、不殄微也，【注】微，幽也。盧僕射曰：「殄，亦『絶』也。」元謂：人有小學微善，皆知而稱之。【釋曰】《爾雅》：「幽，微也。」行自微也，不微人；人知之，則願也；【注】微，匿也。善行可秉，故願人知。【釋曰】《爾雅》：「微，匿也。」人不知，苟吾自知也。【注】孔檢討云：「屈原曰：『不吾知其亦已兮，苟余情其信芳。』」元謂：孔子曰：「人不知而不愠。」又曰：「不病人之不己知也。」君子終身守此勿勿也。【注】盧僕射云：「勿勿，猶勉勉。」【釋曰】《禮記・祭義》「勿勿乎」鄭注云：❶「勿勿，猶勉勉也。」《詩・邶風》「黽勉同心」，《韓詩》作「密勿同心」；《詩・十月之交》「黽勉從事」，《漢書・劉向傳》引作「密勿從事」：

❶ 「乎」，阮元校刻《十三經注疏》本《禮記・祭義》作「諸」。

「勉」、「勿」通也。《説文》：「勿，以趣民，❶故遽稱勿勿。」是「黽勉」、「趣」、「遽」同有勿勿之義。《制言中》篇曰：「無勿勿於賤。」與此義不相背而適相成也。

君子禍之爲患，辱之爲畏，見善恐不得與焉，見不善者恐其及己也，【注】與，及也。孔子曰：「見善如不及，見不善如探湯。」【釋曰】「與」訓本《儀禮·士昏禮》鄭氏注。孔檢討云：「與，音豫。」盧注引《論語》作「見惡如探湯」。丁教授杰云：「宋人以『未善』訓『惡』，以『惡』訓『不善』，等第混淆，盧氏已開其端。」是故君子疑以終身。【注】疑禍辱及身，善不得與，不善及己。

君子見利思辱，見惡思詬，【注】恐爲人所辱詬也。詬，罵也。【釋曰】《群書治要》「惡」作「難」，今不從。「詬」訓爲「罵」者，《左》哀八年「曹人詬之」、襄十七年「閉門而詬之」杜注。嗜欲思恥，忿怒思患，【注】狗嗜欲者必得恥，縱忿怒者必及患。孔子曰：「一朝之忿，忘其身，以及其親。」君子終身守此戰戰也。【注】戰戰，恐也。曾子誦《詩》曰：「戰戰兢兢，如臨深淵，如履薄冰。」【釋曰】「戰戰」訓本《毛傳》。

君子慮勝氣，【注】以思慮勝其血氣也。盧僕射云：「君子有三戒。」思而後動，論而後行，行必思言之，【注】行此事，必可以言之於世。言之必思復之，【注】盧僕射云：「《論語》曰：『信近於義，言可復也。』」元謂：太叔文子曰：「君子之行，思其終也，思其復也。」思復，謂思覆行之，絶無偏敝。【釋曰】文子語

❶ 「以」，通行本《説文》作「所以」。

見《左》襄二十五年。「復」義見《論語》孔注。❶ 思復之，必思無悔言，【注】覆行若有偏敝，則悔其前言矣。亦可謂慎矣。【注】《緇衣》孔子曰：「故言必慮其所終，而行必稽其所敝，則民謹於言而慎於行。《詩》云：『慎爾出話，敬爾威儀。』」

人信其言，從之以行；人信其行，從之以復；【注】從之復行，無偏敝。復宜其類，【注】宜，讀若《詩》「宜爾子孫」、「宜其家人」。類，謂朋類，即信言行之人。《孝經》引《詩》曰：「孝子不匱，永錫爾類。」❷類宜其年，【注】年，謂久遠可行也。《孝經》曰：「非先王之法言不敢道，非先王之德行不敢行。」先王言行傳今久矣，君子言行信今傳後亦如之。【釋曰】閣本「年」作「言」。案盧注此引《詩》「樂只君子，萬壽無期」，則周時盧所見本是「年」字，閣本誤也。亦可謂外內合矣。【注】行內言外。孔子曰：「君子言顧行，行顧言。」

君子疑則不言，未問則不言，【注】疑者闕之，故孔子曰：「吾猶及史之闕文也」，「多聞闕疑，慎言其餘，則寡尤」。未問不言者，孔子曰：「不憤不啟，不悱不發。」【釋曰】《荀子·大略篇》襲此，訛作「未問則不立」。兩問則不行其難者。【注】善問者如攻堅木，先其易者，後其節目；善待問者如撞鐘，叩之以小者則小鳴，叩之以大者則大鳴。故待問者如有兩問，亦不先以難者彊之行。【釋曰】「攻木」、「撞鐘」二義，本

❶ 「復義」，初印本作「復訓」，經解本作「覆訓」。

❷ 「孝子不匱，永錫爾類」，《孝經》無此引文。

《禮記·學記》。

君子患難除之，財色遠之，流言滅之。【注】流者，無根源之謂，若管叔流言於國。【釋曰】「無根源」義本《荀子·致士篇》「流言、流説、流事、流謀、流譽」楊倞注。❶ 禍之所由生，自孅孅也，是故君子夙絶之。【注】孅，鋭細也。孔檢討云：「夙，早也。《金人之銘》曰：『涓涓不壅，終爲江河；豪末不札，將尋斧柯。』」【釋曰】「孅」訓本《説文》。《漢書·食貨志》曰：「古之治天下，至孅至悉。」《荀子·大略篇》襲此曰：「流言滅之，貨色遠之，禍之所由生也，生自纖纖也，❷是故君子蚤絶之。」「纖」從糸。❸

君子己善，亦樂人之善也；己能，亦樂人之能也；【注】《秦誓》所謂「人之有技，若己有之」。反是，則媢嫉以惡。己雖不能，亦不以援人。【注】援，引也。己雖不能，望人能之；反是，則引人同入於不能，忌人之長，恐形己短。【釋曰】「援」訓本《説文》。

君子好人之爲善，而弗趣也；【注】盧僕射曰：「不促速之。」元謂：恐其畏難反退，故曰：「優而柔之，使自求之。」【釋曰】「優柔」二句本《大戴記·入官》篇。《群書治要》「趣」作「趍」。惡人之爲不善，而弗

---

❶ 「士」，初印本和經解本皆作「仕」。通行本《荀子》目録多作「仕」，而當篇多作「士」。

❷ 「自纖纖」，底本原作「且孅孅」，初印本同，經解本作「自孅孅」，《荀子》作「自纖纖」，據此及下文「從糸」改。

❸ 「纖」，底本原作「孅」，初印本和經解本同，據《荀子》「且孅孅」作「自纖纖」和下文「從糸」改。

疾也；【注】孔子曰：「人而不仁，疾之已甚，亂也。」故顯加人以小人之名，又不能退，退而不能遠，徒疾之太甚者，必激爲亂。【釋曰】《後漢書·郭太傳》注引鄭君康成《論語》注曰：「不仁之人，當以風化之。若疾之已甚，是益使爲亂也。」案：此有鑒於漢末黨禍爲言，唐、宋、明之禍同之。疾其過而不補也，【注】疾其過者，君子自病其過也。王編修引之云：「補，讀爲遂，遂古文鏥，字形相近之譌也。」賈誼《過秦論》曰：「始皇遂過而不變。」【釋曰】盧注云：「補，謂改也。」此語與下「補則不改矣」相背，且以「疾其過」之「其」字屬人不屬己，則此意又與上「惡人之爲不善，而弗疾也」相背。又此句「而」字爲反轉，與下句「而不伐也」「而」字例同。故元謂：此二句乃君子自治之力，與篇首「君子攻其惡，求其過」二「其」字屬君子己身而言之例同。朱學士筠謂：「補，猶文也。」此訓無據，王説較確。「鏥」字，《説文》古文。飾其美而不伐也。【注】《檀弓》曾子有「盡飾之道」。《禮器》曰：「禮飾回，增美質。」有功曰伐，故自美其功曰伐。【釋曰】《左》莊二十八年「且旌君伐」注：「伐，功也。」伐則不益，補則不改矣。【注】自稱其美，則無進益；自遂其過，則不改悔。顏子曰：「願無伐善。」孔子曰：「過而不改，是謂過矣。」【釋曰】盧學士文弨謂此句當作「補則不復矣」，亦誤解「補」字也。

君子不先人以惡，不疑人以不信，【注】盧僕射云：「謂不億不信，不逆詐。」不説人之過，【注】説，述也。謂不揚人之過。【釋曰】盧注釋「説」爲「解説」。孔注謂：「彼有過者方畏人非議，我從而爲之辭説，則彼將無意於改，是成人之過矣。」元案：此取義太深，非曾子本意也。訓「説」爲「述」，義本《釋名》。又案：盧注四字，元本無，盧學士據程榮本增入。而成人之美，【注】孔子曰：「君子成人之美，不成人之惡。」【釋曰】《群書治要》有「而」字，今本皆無。存往者，在來者，【注】盧僕射云：「在，猶存也。」孔檢討云：「存、在，皆察也。察人往行來行，知其過改否。」【釋曰】「存」、「在」訓「察」本《爾雅》。朝有過夕改則與之，夕有過朝改則與之。君子義則有常，善則有鄰，【注】與，許也。有常，無變更也。盧僕射云：「德不孤。」【釋曰】「與」訓見《漢書·司馬遷傳》注。見其一，冀其二；見其小，冀其大；苟有德焉，亦不求盈於人也。【注】孔檢討云：「雖冀人爲善之心無窮，然其人止有小德一善者，亦不責難求備。」

君子不絶人之歡，不盡人之禮，【注】《曲禮》曰：「君子不盡人之歡，不竭人之忠，以全交也。」來者不豫，往者不慎也，【注】凡事豫則立，不豫則廢。今來者之事不能豫立，由於不知戒慎往事，故孔子曰：「往者不悔，來者不豫。」【釋曰】孔子言見《儒行》。戴校從方本改「慎」作「嗔」，非是。去之不謗，【注】去友不毁，去國不怨。就之不賂，【注】不以利交，不以禄仕。亦可謂忠矣。【注】忠於君友，即夫子貫行忠恕之道。

君子恭而不難，安而不舒，遜而不諂，寬而不縱，惠而不儉，直而不徑，亦可謂無私矣。【注】難、舒、諂、縱，乃恭、安、遜、寬之過也。尚儉者罕能惠也，欲惠于人，不能儉也。徑，如句股之弦也。【釋曰】《周禮·野廬氏》：「掌縣之横行徑踰者。」❶徑亦有直義，但路之方正者必迂遠，若如句股取弦之邪直

❶ 「掌縣」，《周禮》作「禁野」。

爲徑，則速捷，故鄭氏注曰：「徑踰，射邪趨疾，越隄渠也。」各本皆作「亦可謂知矣」，舊校云：「知，一作『無私』。」閣本作「無私矣」，義長，今從之。

君子入人之國，不稱其諱，不犯其禁，【注】盧僕射云：「諱，國諱。禁，國禁。」孔檢討云：「故獻子譏於具、敖，孟氏問於麋鹿。」【釋曰】「具、敖」見《晉語九》及《左》桓六年。不服華色之服，【注】天子、諸侯、卿、大夫、士之服皆有采色，不貴質也。華者，奢僭之服，故曾子寢疾，卧大夫華簀，易之乃歿。《孝經》曰：「非先王之法服不敢服。」【釋曰】知「華」爲「奢僭」，引《檀弓》以證之者，以下「奢」、「倨」知之。不稱懼惕之言，【注】懼惕，危厲也，言其國之隱患也。孔子曰：「邦有道，危言危行；邦無道，危行言孫。」【釋曰】包咸《論語注》曰：「危，厲也。」故曰：與其奢也，寧儉；與其倨也，寧句。【注】「句」義見《考工記》。孔檢討云：「過於矩爲倨，不及矩爲句。」元謂：倨者，僭之過也，如朱紘繡黼、丹朱中衣，皆華色之服，奢而倨也。【釋曰】孔檢討云：「句，音鉤。」可言而不信，寧無言也。【注】徒稱懼惕之言，其國不信，反致禍患。曾子曰：「入是國也，言信乎群臣，則留可也。」【釋曰】自「故曰」至「言也」三句相連，上二句冒「華色之服」爲言，下一句冒「懼惕之言」爲言。曾子語見《説苑·説叢》篇。

君子終日言，不在尤之中；小人一言，終身爲罪矣。【注】《孝經》曰：「言滿天下無口過。」【釋曰】《群書治要》「罪」下有「矣」字，各本皆無。

君子亂言而弗殖，【注】殖，生長也。【釋曰】「殖」訓本《左》昭十八年杜注。弗，閣本作「勿」。神言弗致也，【注】盧僕射云：「怪、力、亂、神，子所不語。」元謂：致，如送詣也。【釋曰】「致」訓本《説文》。《春秋》成九年：「如宋致女。」明人本「言」下有「而」字。道遠日益云。【注】「云」乃「矣」字之誤，《荀子》襲此語作「矣」。楊倞云：「爲道久遠，自日有所益。」《曾子疾病》篇曰：「與君子遊，如長日加益而不自知也。」其言「日益」，義與此同。【釋曰】各本皆有「云」字，馬驌《繹史》引此妄删「云」字，戴校從之，非是。《荀子》語見《大略篇》。衆信弗主，靈言弗與，【注】盧僕射云：「僉議所同，不爲主。」元謂：位非君卿，不當主衆信。極知鬼神曰靈。與，讀如「百工與居」之「與」。【釋曰】靈，戴從《大典》改作「黔」。注「靈」義本《逸周書·謚法解》。「與」讀見《考工記》，音豫。人言不信、不和。【注】孔檢討云：「和，讀『唱和』之『和』。」

君子不唱流言，不折辭，【注】孔子曰：「大人不倡游言。」折，如「折獄」之「折」，窮折人之辭也。【釋曰】孔子言見《緇衣》。「流」、「游」古字通借。不陳人以其所能，【注】陳，列也，多列所能示人也。【釋曰】「陳」訓見《玉篇》。言必有主，行必有法，【注】有主有法，如曾子主法孔子。親人必有方。【注】方，猶常也。有子曰：「因不失其親，亦可宗也。」【釋曰】「方」訓本《集解》引《論語》「遊必有方」鄭注。多知而無親，【注】孔檢討云：「知，所知也。言汎愛衆而不能親師。」❶【釋曰】「多知」以下三句，《荀子·大略篇》襲之。博學而無方，【注】方，猶常也。博學而無常，則徒博無主法矣。好多而無定者，君子弗與也。【注】好

❶ 「師」，《大戴禮記補注》作「仁」，語本《論語·學而》「汎愛衆而親仁」，義長。

學雖多，遷徙無定，用心躁也。君子多知而擇焉，博學而算焉，【注】知人雖多，所親必擇；學執雖博，所行必算。算，選也，撰也。曾皙曰：「異乎三子者之撰。」【釋曰】「算」字與「選」、「撰」義通。《漢書·公孫賀傳》、《車丞相傳》竝引《論語》作「斗筲之人何足選」。《詩》「不可選也」傳訓爲「數」，亦「算」義也。《周禮·大司馬》「撰車徒」，後鄭讀爲「算」。故《論語》「三子之撰」，「撰」亦爲選擇學術之義，與此同也。多言而慎焉。【注】多言者，壯而論議，老而教誨。博學而無行，進給而不讓，【注】博學於文，不能約之以禮，則爲無行之人矣，故君子通儒以爲深戒。給，謂捷給。躁於進者不能讓，將爲小人，小人可與事君也與哉？其未得之也，患得之；既得之，患失之；苟患失之，無所不至矣。【釋曰】「給」訓本《仲尼燕居》鄭注。好直而俓，儉而好僿者，君子不與也。【注】孔檢討云：「俓，即徑字。」元謂：俓，弦邪直也。僿，窒塞不通也。過儉者，不通禮。曾子曰：「國儉，則示之以禮。」【釋曰】《史記·上林賦》「俓陵赴儉」，❶「俓」字从人，孔所本也。朱高安本作「僿」，各本作「倥」。倥，字書無此字，蓋盧注「僿，窒也」之訓，後因爛脫而顛倒之。閩本作「塞」者，亦「僿」之半字，且據此可知宋以前本作「僿」也。《史記·高祖本紀》贊：「救僿莫若以忠。」「僿」字之義可見矣。曾子「國儉」之語，見《檀弓》。王給事念孫云：「當作『好儉而俓』，今字倒也。」夸而無恥，彊而無憚，好勇而忍人者，君子不與也。【注】夸，張布也。忍人，謂忍於害人。【釋曰】「夸」訓本《漢書·司馬相如傳》注郭璞說。亟達而無守，【注】盧僕射云：「亟，數也。」元謂：慕通達者不能守禮，其敝也廢事而

---

❶「儉」，《史記》作「險」。

奢鄙。【釋曰】孔云：「亟，急也。急於求通達。」元案：此義過在求而不在達，今本文中無「求」字，故不從其說。不能守禮之敝，若晉人清言誤國是也。好名而無體，【注】好虛名而無實踐之行。【釋曰】《說文》：「禮，履也。」《大孝》篇曰：「禮者，體此者也。」皆實踐之義。忿怒而爲惡，【釋曰】殷本作「忿怒而無惡」。足恭而口聖，【注】足恭，以足便辟爲恭容也。口聖，自言聖也。《詩》曰：「具曰予聖。」孔子曰：「君子不失足於人，不失色於人，不失口於人。」【釋曰】「足」義本《論語》孔注。孔子言本《表記》。而無常位者，君子弗與也。【注】無常位，無方、無定也。巧言而無能，小行而篤，難爲仁矣。【注】孔子曰：「巧言令色，鮮矣仁。」能，耐也。賢者堅於事，故能也。小行，即子夏所言「致遠恐泥」之「小道」。篤，膠也，固也。【釋曰】《說文》「能」本獸名，以其堅彊，故稱「能」。「能」與「耐」音相轉，故《漢書·晁錯傳》「能寒」、「能暑」，師古注讀「能」爲「耐」；《禮運》「聖人耐以天下爲一家」，鄭注讀「耐」爲「能」也。《爾雅》：「篤、膠，固也。」各本皆作「巧言令色，能小行」，惟閩本作「巧言而無能」，閩本是也。各本蓋有缺爛之字，校者臆以「令色」二字補之耳。閩本作「難爲仁矣」，《論語》曾子曰「難與竝爲仁矣」，詞例與此同。各本皆作「於仁」，「於」乃「爲」形近之訛。又案：舊讀皆以「篤」字連下四字斷句，其義難通。嗜酤酒，好謳歌，巷遊而鄉居者乎！吾無望焉耳。【注】酤，買也。盧僕射云：「《尚書大傳》曰：『古者聖帝之治天下也，五十以下非烝社不敢遊飲，唯六十以上遊飲也。』」【釋曰】《詩·小雅》「無酒酤我」箋云：「酤，買也。」《淮南·氾論訓》云「出於屠酤之肆」，是此義也。鄉居，高安本作「鄉飲」。李章典云：「六十以上遊飲，即《小戴記·王制》所云『膳飲從於遊可也』。」《周禮·司虣》云：「禁其以屬遊飲食於市者也。」出入不時，言語不序，安易而樂暴，【注】安於簡易，樂於暴戾。懼之而不恐，說之而不聽，雖有聖人，亦無若何矣。臨事而不敬，居喪而不哀，祭祀而不畏，朝廷而不恭，【注】畏於鬼神，恭於君卿。則吾無由知之矣。三十、四十之間而無執，則無執矣；【注】執，六執，禮、樂、射、御、書、數也。孔子曰：「吾不試，故藝。」又曰：「吾何執？執御乎？執射乎？」孔子以詩、書、禮、樂、射、御教，弟子蓋三千焉，身通六藝者七十有七人。今三十、四十之間無執，則學不能及矣。無執者，不能學周禮威儀，不能通詩歌鐘律，不能閑習射御，不識六書形聲，不明九章算數。【釋曰】「藝」字，《說文》本作「埶」，「艸」、「云」皆後人所加。「無藝」，❶閣本兩作「無執」，「執」之訛也。「即無執」，❷《子略》、《意林》並作「則無執」，今據改爲「則」。❸五十而不以善聞，則無聞矣；【注】孔子曰：「四十、五十而無聞焉，斯亦不足畏也已。」【釋曰】舊本脱「則無聞」三字，馬總《意林》、高似孫《子略》及閣本皆有之。聞，去聲。朱子《論語集注》作「則不聞矣」，是讀「聞」爲平聲矣。七十而無德，雖有微過，亦可以勉矣。【注】勉，讀爲免。《漢書·薛宣》、《谷永傳》皆以「勉」爲「免」，古字可互借也。可免者，言不足責。【釋曰】閣本作「免」者，汪晫不解，妄改之。其少不諷誦，其壯不論議，【注】詩、書、禮、樂諸藝文，皆當諷誦。古今爲學之道，當論議。【釋曰】《荀子·大略篇》襲此曰：「少不諷，壯不論議。」其老不教誨，

---

❶「藝」，據上下文當作「執」。

❷「即無執」，依文義，其上當有「則無執，今本多作」七字。

❸「則」，原誤作「執」，據初印本、經解本及上下文改。

亦可謂無業之人矣。【注】孔子曰：「少而不學，長無能也；老而不教，死無思也。是故君子少思長，則學；老思死，則教。」【釋曰】孔子之言，《荀子·哀公篇》所引。❶ 少稱不弟焉，恥也；壯稱無德焉，辱也；老稱無禮焉，罪也。【注】孔子曰：「幼而不孫弟，長而無述焉，老而不死是爲賊。」過而不能改，倦也；行而不能遂，恥也；慕善人而不與焉，辱也；弗知而不問焉，固也；【注】倦，罷也。遂，達也。固，謂鄙固。【釋曰】罷，音疲，訓本《説文》。「遂」訓本《月令》鄭注。「固」訓本《哀公問》鄭注。「倦」，殿本改作「倦」。說而不能，窮也；喜怒異慮，惑也；【注】《曾子制言》篇曰：「闇惑終世，❷是窮民也。」孔子曰：「既欲其生，又欲其死，是惑也。」不能行而言之，誣也；非其事而居之，矯也；【注】矯，詐僞也。【釋曰】「矯」訓本《漢書·高后紀》、《嚴安傳》注。道言而飾其辭，虚也；【注】稱道人言，加以虚飾。無益而厚受禄，竊也；【注】不能辭富居貧，尸位受厚禄，是竊矣。【釋曰】元本、程本、殿本皆作「厚受禄」。《晏子·雜篇下》亦有「厚受禄」語。盧校本作「食厚禄」，非也。《荀子·大略篇》襲此云：「無益而厚受之，竊也。」好道煩言，亂也；殺人而不戚焉，賊也。【注】煩，讀爲忿。煩言，忿争之言。《春秋左氏傳》曰：「嘖有煩言。」賊，殘賊也。【釋曰】煩、忿一聲之轉，故《本孝》篇曰「煩言不及于己」，《大孝》篇曰「忿言不及于己」。又《左傳·定四年傳》杜注曰：「煩言，忿争。」人言不善而不違，【注】盧僕射云：「色順之也。」近

---

❶ 「《荀子·哀公篇》所引」，今查引文在《荀子》之《法行篇》。

❷ 「闇惑終世，是窮民也」，下文《曾子制言上》作「惑闇終其世而已矣，是謂窮民也」。

於說其言；【注】雖非心說其言，而近於說之。說其言，殆於以身近之也；【注】殆，讀如顔子「殆庶幾」之「殆」。孔檢討云：「殆，幾也。」元謂：說其言，非身爲不善，然近於爲不善。【釋曰】盧注訓「殆」爲「危」，孔注已正之。殆於以身近之，殆於身之矣。【注】近於爲不善，則將身爲不善矣。人言善而色葸焉，近於不說其言；【注】孔檢討云：「葸，畏難也。」不說其言，殆於以身近之也；殆於以身近之，殆於身之矣。【注】不說其言，非身爲不善也，然近於爲不善；近於爲不善，則將身爲不善矣。【釋曰】盧僕射注謂次節「近」字當作「遠」字，非也。孔檢討仍讀爲「近」字，是也。蓋兩節「以身近之」，皆屬之不善者爲言，非屬之言善言不善之人也。戴庶常校改「近之」爲「遠之」、「身之」爲「反之」，皆非是。次節「近」、「身」二字，亦同是一意，而略分淺深。若改「近」爲「遠」，則「身」字終難再改。故目者心之浮也，言者行之指也，作於中，則播於外也。【注】浮於外，如孟子察人眸子瞭眊。【釋曰】浮，《韓詩外傳》作「符」。元本「則」作「而」。故曰：以其見者，占其隱者。故曰：聽其言也，可以知其所好矣；觀說之流，可以知其術也；【注】占，若卜也。流，謂言流於口。《詩》曰：「巧言如流。」盧僕射曰：「術，心術也。」久而復之，可以知其信矣；觀其所愛親，可以知其人矣。【注】有子曰：「信近於義，言可復也。因不失其親，亦可宗也。」臨懼之而觀其不恐也，怒之而觀其不惛也，喜之而觀其不誣也，【注】盧僕射云：「惛，亂也。」王給事念孫云：「誣，讀爲輕，字形近而訛也，《文王官人》之義也。」【釋曰】人喜則意態輕浮，故《文王官人》篇曰：「喜之，以觀其不輕。」❶近諸色而觀其不踰也，飲食之而觀其有常也，【注】孔子曰：「居處不淫，飲食不溽。」【釋曰】孔子言見《儒行》。利之而觀其能讓也，【注】《樂記》曰：「見利而讓，義也。」居哀而觀其貞也，【注】謚法：外内用情曰貞。故樂正子春母死，五日不食，曰：「自吾母而不得吾情，吾惡乎用吾情。」【釋曰】謚本《逸周書·謚法解》。❷樂正子春事見《檀弓》。居約而觀其不營也，【注】約不惑亂，乃爲安貧。【釋曰】《大戴記·文王官人》「煩亂之而志不營」注：「營，猶亂也。」《淮南·精神訓》「物無能營」注：「營，惑也。」勤勞之而觀其不擾也。【注】擾，煩也。「臨懼」以下皆《文王官人》之法，乃人與觀人者適處之境，非觀人者故設之境。【釋曰】宋本作「動」，元本作「勤」，元本義長。「擾」下各本有「人」字，衍也。閣本無「人」字，今據删。「擾」訓本《説文》。君子之於不善也，身勿爲可能也，色勿爲不可能也；色也勿爲可能也，心思勿爲不可能也。【注】孔檢討云：「言君子之屏去不善，無所勉强於心色之間，是人所難能也。」色也，「也」字衍。丁教授杰云：「『也』、『色』二字易訛，校者正『也』爲『色』，而又衍『也』字。」【釋曰】《群書治要》「身勿爲」下有「可」字，從之，今本皆無之。《治要》又無「色也」下八字，「心」下

❶ 「喜之，以觀其不輕」，今查，《大戴禮記·文王官人》作「喜之以物，以觀其不輕」，《逸周書·官人解》作「喜之，以觀其輕」。

❷ 「謚本《逸周書·謚法解》」，今查，《逸周書·謚法解》祇有「清白守節曰貞」，「大慮克就曰貞」，「不隱無克曰貞」。

無「思」字，此蓋魏徵刪節本文，不可從。太上樂善，其次安之，【注】盧僕射云：「太上，德之最上者。」其下亦能自彊也。【注】勉强爲善。【釋曰】《群書治要》有「也」字，今本皆無。仁者樂道，智者利道，【注】《中庸》曰：「或安而行之，或利而行之，或勉强而行之，及其成功，一也。」《論語》曰：「仁者安仁，智者利仁。」愚者從，弱者畏。【注】愚者徒從不能爲，弱者欲爲而畏難。不愚不弱，執誣以彊，亦可謂棄民矣。【注】自執誣説，彊不爲善。孔檢討云：「彊，讀『屈彊』之『彊』。」太上不生惡，其次而能夙絶之，其下復而能改。【注】孔檢討云：「復，貳也。夙絶之，則不貳過也。貳而改之，猶無過也。」【釋曰】《群書治要》「絶之」下、「能改」下無兩「也」字，今本皆有。王給事云：「『次』下脱『生』字。上云『禍之所由生，自孅孅也，是故君子夙絶之』，此處脱『生』字無疑。」元案：《曾子》文法有以「而」字直接上文者，如上「而無常位」是也，故「生」字亦未敢遽增。復而不改，殞身覆家，大者傾社稷，是故君子出言鄂鄂，行身戰戰，亦殆勉於罪矣。【注】殞，殁也。鄂，與「咢」通借。鄂，言相逆也。勉，讀爲免。《論語》：「曾子曰：『士不可以不弘毅，❶任重而道遠。』」《孝經》孔子曰：「富貴不離其身，然後能保其社稷，而和其民人。《詩》曰：『戰戰兢兢，如臨深淵，如履薄冰。』」【釋曰】《群書治要》作「傾社稷」，今本「傾」下皆多「覆」字。《群書治要》「愕愕」上、「戰戰」上無兩「以」字，今本皆有「以」字。《説文》無「諤」字。諤，俗字也，本作「咢」。遻、迕，皆相逆之義，故曰「言相逆」。《韓詩外傳》曰：「願爲鄂鄂之臣。」《史記·趙世家》所引不誤，今本作「諤」，誤也。鄭

❶「弘」，原作「宏」，當因避諱而改，今據《論語》回改。下同此者不再出校。

氏《坊記注》云：「子於父母，尚和順，不用鄂鄂。」《釋文》：「本又作諤。」諤，俗字也。《漢書·韋賢傳》作「咢咢」。勉，讀免，義見前。是故君子爲小由爲大也，居由仕也，【注】孔檢討云：「由，古通以爲『猶』字。」元謂：孔子曰：「《書》云：『孝于惟孝，友于兄弟，施于有政。』是亦爲政。」【釋曰】作「孝于」者，從漢石經。備則未爲備也，而勿慮存焉。【注】王給事云：「勿慮，都凡也，猶言大凡。」【釋曰】王訓見《廣雅》及《經義述聞》。事父可以事君，事兄可以事長師；【注】長，謂公卿。孔子曰：「出則事公卿，入則事父兄。」《孝經》曰：「事兄弟，故順可移於長。」【釋曰】閣本作「長師」，是也。各本皆倒作「師長」。使子猶使臣也，使弟猶使承嗣也；【注】孔檢討云：「承，丞也。《左傳》曰『請承嗣』，讀爲司。丞司者，官之偏貳，故弟視之。臣則私臣，自所謁除也，可以子視之。」元謂：司，臣司，事於外者。【釋曰】《説文》承从丞省。《大戴·朝事》「大夫爲丞擯」，《小戴》作「承」；《文王世子》「有疑丞」，《大戴·保傅》篇作「承」。是二字又相通借。《書·高宗肜日》「王司敬民」，《史記》作「嗣」，「嗣」、「司」通也。鐘鼎文亦多通借。《墨子·尚賢上》篇云：「輔相承嗣。」中篇云：「承嗣輔佐。」皆「司」之借也。「司」訓本《説文》。閣本「承」作「臣」，非是。能取朋友者，亦能取所予從政者矣。【注】予，讀如「與」。所予從政，謂家臣也。賜與其宮室，亦猶慶賞於國也；忿怒其臣妾，亦猶用刑罰於萬民也。【注】《孝經》曰：「治家者，不敢失於臣妾，而況於妻子乎？」宮室，指妻子所處而言。【釋曰】《荀子·大略篇》襲此文曰：「賜予其宮室，猶用慶賞於國家也；忿怒其臣妾，猶用刑罰於萬民也。」楊倞云：「宮室，妻子也。」孔檢討云：「此『與』字與上『予』字互誤。」元謂：二字古人每通，非誤也。是故爲善必自内始也。内人怨之，雖外人亦不能立也。【注】立，立名也。《孝經》曰：「君子之事親孝，故忠可移於君；事兄弟，故順可移於長；居家理，故治可移於官。是以行成於内，而名立於後世矣。」居上位而不淫、臨事而栗者，鮮不濟矣。【注】盧僕射云：「淫，大也。」元謂：栗，懼也。濟，成也。《孝經》曰：「在上不驕，高而不危；制節謹度，滿而不溢。」《論語》孔子曰：「必也臨事而懼、好謀而成者也。」【釋曰】栗與慄通，《爾雅》曰：「懼也。」《左·僖廿年傳》「以人從欲，鮮濟」杜注：「濟，成也。」先憂事者後樂事，先樂事者後憂事。【注】家國皆同，其理不爽。昔者天子日旦思其四海之内，戰戰惟恐不能乂也；諸侯日旦思其四封之内，戰戰惟恐失損之也；大夫、士日旦思其官，戰戰惟恐不能勝也；庶人日旦思其事，戰戰惟恐刑罰之至也。是故臨事而栗者，鮮不濟矣。【注】盧僕射云：「乂，治也。」元謂：四封，四境也。《孝經》：「天子之孝，德教加於百姓，刑於四海；諸侯之孝，保其社稷；卿、大夫之孝，守其宗廟；士之孝，守其祭祀；庶人之孝，謹身節用。」此曾子「臨事而栗」之道。【釋曰】孔云：「勝，平聲。」《群書治要》「乂」下、「損之」下、「勝」下皆有「也」字，今本皆無之。又《群書治要》「大夫」下無「士」字，「栗」作「慄」，今不從之。君子之於子也，愛而勿面也，【注】盧僕射云：「不形於面。」元謂：父貴嚴。使而勿貌也，【注】盧僕射云：「不以貌勞徠之。」導之以道而勿强也。【注】導以道，謂教子以通藝制行。勿强，謂不責善。曾子子曾元、曾申皆賢，曾申受《春秋》於左丘明，受《詩》於子夏。【釋曰】「君子」以下三句，《荀子·大略篇》襲之。《春秋》説本劉向，《詩》説本《經典·敘録》。宮中雍雍，外焉肅肅，兄弟憘憘，朋友切切，【注】宮中，室内也。外，門外也。雍雍，和也。肅肅，敬也。憘憘，悦也。切切，言相切直也。【釋曰】「雍」、「肅」訓本《爾雅》。「憘」訓本《説文》。《論語》曰：「朋友切切偲偲。」馬注云：「相切責之貌。」此未得「切切」之義。元謂：《爾雅》曰：「丁丁、嚶嚶，相切直也。」郭注以爲「喻朋友切磋相正」。此義得之。蓋「切」者，以刀刌物使正之義也。遠者以貌，近者以情。【注】不賢能之友，當遠者；賢能之友，當近者。孔檢討云：「所疏尚文，所親尚質。」友以立其所能，而遠其所不能。【注】能，賢能也。立賢能之友而友之也。曾子曰：「以友輔仁。」苟無失其所守，亦可與終身矣。【注】賢能之友無失所守，即可與終身爲友，此守約之道。

凡一千七百八十六字。【釋曰】舊校本記云：「凡一千七百六十字。」其與今字數不合者，傳寫有衍脱也。孔本比舊校多二十七字。元今校定，凡一千七百八十六字。

曾子十篇卷二

曾子本孝

曾子本孝【注】「本孝」者，取此篇首句之義名篇。此篇論孝以忠爲本也。《大戴禮記》弟五十，今爲《曾子》弟二。

曾子曰：忠者，其孝之本與！【注】事父母以忠實爲本，不以虛飾干譽，且事親、事君、事長、交友皆貴忠，故曾子曰：「爲人謀而不忠乎？」孔子曰：「孝，德之始也；弟，德之序也；信，德之厚也；忠，德之正也。參也，中夫四德者矣。」孔子曰：「忠恕違道不遠，施諸己而不願，亦勿施於人。君子之道四，吾未能一焉：❶所求乎子以事父，未能也；所求乎臣以事君，未能也；所求乎弟以事兄，未能也；所求乎朋友先施之，未能也。庸德之行，庸言之謹，有所不足，不敢不勉，有餘不敢盡，言顧行，行顧言，君子胡不慥慥爾。」孔子曰：「參乎！吾道一以貫之。」曾子曰：「唯。」子出，門人問曰：「何謂也？」曾子曰：「夫子之道，忠恕而已矣。」所謂「一貫」者，事君親、處世，皆以此忠恕行之。此聖賢讀書立身之實行，曾子學於孔子者也，非有獨傳之心、頓悟之道也。貫，行事也。一，讀若「壹是皆以修身爲本」之「壹」。壹，專也，皆也。孔子之道，皆以忠恕行之。孔子告子貢曰「予一以貫之」，亦謂專務實行，非但學識，與告曾子之「一貫」無異。【釋曰】孔

❶「吾」，《中庸》作「丘」。

子許曾子四德之言，見《大戴禮·衛將軍文子》篇。孔子言「忠恕違道不遠」，見《禮記·中庸》篇。引之者，欲明曾子所言一貫忠恕之道，即《中庸》孔子所言，豪無區别。故聖賢之道在乎庸，非有獨傳之心法、言下之大悟也。合觀《孝經》、《論語》、《中庸》、《曾子》，其平易近人、誠實力行之道，可見無事高論矣。《論語》「一貫」，乃孔子曰：「吾道皆以此行之。」門人不知所行爲何道，故曾子曰：「忠恕而已矣。」所謂「忠恕」，即《中庸》之「忠恕」也。故孔子又告子貢曰：「賜也，女以予爲多學而識之者與？」對曰：「然，非與？」曰：「非也，予一以貫之。」觀此，則「一貫之」當訓爲「皆行」，其義更顯。告子貢與告曾子，非有二義也。若以孔子之道萬殊皆本於一，曾子默悟而貫通之，此理實入於禪，且又何解於子貢之「一貫」也？訓「貫」爲「行事」者，《爾雅·釋詁》：「貫，事也。」《廣雅》：「貫，行也。」《詩·碩鼠》「三歲貫女」，《周禮·職方》「使同貫利」，《論語·先進》「仍舊貫」，傳注竝訓爲「事」。《漢書·谷永傳》云「以次貫行」，《後漢·光武十五王傳》云「奉承貫行」，皆行事之義。《論語》「仍舊貫」，比義尤近也。「一」與「壹」義通，故兩字經、史、子中竝訓爲「專」，又竝訓爲「皆」。《後漢·馮緄傳》、《淮南·説山訓》、《管子·心術》篇皆訓「一」爲「專」。《大戴·衛將軍》、《荀子·勸學》《臣道》、《後漢·順帝紀》皆訓「一」爲「皆」。《荀子·大略》、《左》昭廿六年、《穀梁》僖九年、《禮記·表記》《大學》皆訓「壹」爲「專」。至於「一」、「壹」二字通借之處，經、史、子中不可勝舉矣。

孝子不登高，不履危，庳亦弗憑，不苟笑，不苟訾，【注】盧僕射云：「敬父母之遺體，故跬步未敢忘其親。」孔檢討云：「庳，卑也。弗憑卑者，不臨深也。」元謂：不苟笑者，君子樂然後笑。訾，不思稱意也。【釋曰】庳，宋本訛作「痺」。引《論語》「樂然後笑」者，用《曲禮》鄭注義也。「訾」訓本《説文》。

隱不命，【注】張惠言云：「在隱幽之處，不以言命，恐惑衆人。」臨不指，【注】如登城不指，車中不指。故不在尤之中也。【注】有尤必辱親。《曲禮》曰：「爲人子者，不登高，不臨深，不苟呰，不苟笑。孝子不服闇，不登危，懼辱親也。」孝子惡言死焉，【注】死之言澌，滅也。【釋曰】《荀子·大略篇》襲曾子此言曰：「流言止焉，惡言死焉。」楊倞注云：「鄭康成曰：『死之言澌，澌謂消盡也。』」「死」之訓「澌」，漢人通語，《白虎通》、《釋名》皆然，不獨鄭注也。盧注解爲「死且不行」，非是。流言止焉，美言興焉，【注】美言，善言也。【釋曰】「善」與「美」同義。故惡言不出於口，煩言不及於己。【注】煩，讀爲忿。煩言，忿争之言。《禮記·大學》曰：「言悖而出者，亦悖而入。」【釋曰】讀「煩」爲「忿」者，《小戴記》云：「一出言而不敢忘父母，是故惡言不出於口，忿言不反於身。」故孝子之事親也，居易以俟命，不興儉行以徼幸。【注】臧鏞堂云：「儉，讀爲險，古字通也。」元謂：易，猶平安也。俟命，聽天任命也。興，起也。險，傾危也。徼，要也。此《禮記·中庸》孔子之言，曾子即以爲事親之道。【釋曰】臧云：「明程榮本作『不興儉行以徼幸』，『儉』與『險』通。《左》襄廿九年傳『險而易行』，《史記·吴世家》作『儉』。」元案：校者或據《中庸》改「儉」爲「險」，且删「行」字，不可從。《困學紀聞》卷五引作「不興險行以僥倖」。「易」、「俟命」、「險」三解，皆本《中庸》鄭注。「興」訓本《爾雅》。「徼」訓本《左》昭二年杜注。孝子游之，暴人違之。【注】王給事云：「游，讀由。」元謂：由之，謂素位而行。曾子曰：「思不出其位。」違之，謂興險徼幸。【釋曰】「游」、「由」通借。出門而使，不以或爲父母憂也。【注】奉君師親使出門，不以疑惑貽父母之憂。【釋曰】《戰國·秦策》及《史記·甘茂列傳》、劉向《新序》竝載曾某殺人、曾母投杼之事，皆諸子設言，而不顧有背於道。讀曾子此言，可知彼之僞也。險塗隘巷，不求先焉，以愛其身，以不敢忘其親也。【注】盧僕射曰：「身者，親之枝也，可不敬乎？」元謂：曾子曰：「舟而不游，道而不徑，能全支體，以守宗廟。」【釋曰】曾子言見《吕氏春秋·孝行覽》。孝子之使人也，不敢肆行，不敢自專也。【注】肆，遂也。曾子養曾晳，徹酒肉，必請所與，況使人，敢專乎？《春秋左氏傳》曰：「專命則不孝。」【釋曰】「肆」訓本《小爾雅》。父死，三年不敢改父之道。【注】盧僕射云：「故曰：『三年無改於父之道，可謂孝矣。』」元謂：《論語》：「曾子曰：『吾聞諸夫子：孟莊子之孝也，其他可能也，其不改父之臣與父之政，是難能也。』」又能事父之朋友，又能率朋友以助敬也。【注】《孝經》曰：「故得人之歡心，以事其親。」率者，子率己之朋友也。君子之孝也，以正致諫；【注】君子者，盧僕射云：「謂卿、大夫。」元謂：《孝經》曰：「父有争子，則身不陷於不義。」正，謂正道。【釋曰】盧注「謂」字，今本訛作「諫」字，盧召弓學士改。士之孝也，以德從命；【注】德命則從，非德亦諫。荀子曰：「孝子所以不從命者有三：從命則親危，不從命則親安，孝子不從命，乃衷；從命則親辱，不從命則親榮，孝子不從命，乃義；從命則禽獸，不從命則修飾，孝子不從命，乃敬。故可以從而不從，是不子也；未可以從而從，是不衷也。明於從、不從之義，而能致恭敬、忠信、誠慤，❶以慎行之，則可謂大孝矣。」【釋曰】見《荀子·宥坐篇》。❷庶人之孝也，以力惡食。【注】孔

❶「誠」，《荀子》作「端」。

❷「見《荀子·宥坐篇》」，今查，引文在《荀子》之《子道篇》。

檢討云：「惡食，言養以甘美，自食其惡者也。」元謂：《孝經》曰：「庶人之孝，用天之道，❶分地之利，謹身節用，以養父母。」任善，不敢臣三德。【注】任善，用賢也。盧僕射云：「謂王者之孝。三德，三老也。《白虎通》曰：『不臣三老，崇孝。』」故孝子之於親也，生則有義以輔之，【注】義輔，謂諫也。盧僕射云：「諭於道。」【釋曰】宋本無「子」有「之」，高安本無「之」有「子」，閣本作「子之」。死則哀以莅焉，祭則莅之以敬，如此而成於孝子也。【注】《孝經》曰：「孝子之喪親也，哭不偯，禮無容，言不文，服美不安，聞樂不樂，食旨不甘，此哀戚之情也。爲之宗廟，以鬼享之；春秋祭祀，以時思之。」【釋曰】閣本作「祭則列之以敬」，孔本作「祭祀則莅之以敬」。

凡二百三十四字。【釋曰】舊校無字數，孔氏定爲二百三十四字，元今亦定爲二百三十四字。

曾子立孝【注】此用篇首「立孝」二字爲名。《大戴禮記》弟五十一，今爲《曾子》弟三。

曾子曰：君子立孝，其忠之用也，禮之貴也。【注】忠則無僞，故能愛；禮以行愛，故能敬。《孝經》曰：「禮者，敬而已矣。」故敬爲孝之要道。【釋曰】《群書治要》有兩「也」字，今本皆無。故爲人子而不能孝其父者，不敢言人父不能畜其子者；爲人弟而不能承其兄者，不敢言人兄不能順其弟

❶「用」，初印本和經解本皆作「任」，《十三經註疏》本《孝經》作「用」，古文本《孝經》作「因」。

者；爲人臣而不能事其君者，不敢言人君不能使其臣者。【注】忠恕相因，此言忠即恕道也，即孔子所謂：「忠恕違道不遠，君子道四，❶某未能一也。」❷曾子曰：「夫子之道，忠恕而已矣。」亦此義也。戴吉士曰：「順，讀若訓，假借字也。」【釋曰】閣本及宋、元本作「順」，盧校本改「順」作「訓」者，丁教授云：「乃戴吉士所改，非盧之舊也。」《廣雅》：「訓，順也。」同音相假，義亦近也。《群書治要》「臣者」下無「也」字，今本皆有之。故與父言，言畜子；與子言，言孝父；與兄言，言順弟；與弟言，言承兄；與君言，言使臣；與臣言，言事君。【注】順，亦讀若訓。盧僕射曰：「《士相見禮》曰：『與君言，言使臣；與大夫言，言事君；與老者言，言使弟子；與幼者言，言孝父兄；❸與衆言，言慈祥；與莅官者言，❹言忠信也。』」【釋曰】今《儀禮》文「慈祥」上有「忠信」二字，敖繼公據此注以《儀禮》爲衍字，非也。古人引經，每多損益字句，未可遽據以相删補。「順」字義見上。❺君子之孝也，忠愛以敬，反是亂也。盡力而有禮，莊敬而安之，【注】忠則必愛，有禮故敬。子夏曰：「事父母能竭其力。」子游問孝，子曰：「今之孝者是謂能養，至於犬馬皆能有養，不敬，何以别乎？」《孝經》曰：「愛敬盡於事親。」又曰：「慈愛恭敬，安親揚名。」【釋曰】莊，閣本

---

❶「子」下，通行本《中庸》有「之」字。

❷「某」，通行本《中庸》作「丘」。

❸「孝」下，《儀禮·士相見禮》有「弟於」二字。

❹「莅」，《儀禮·士相見禮》作「居」。

❺「上」，原誤作「土」，據初印本、經解本及文義改。

作「恭」，《群書治要》無此字。按：此當是漢人避諱，或改之，或刪之。微諫不倦，聽從不怠，【注】不義則諫，義則聽從也。孔檢討云：「微諫，幾諫也。」【釋曰】《群書治要》無「而」字，今本作「而不怠」。懽欣忠信，咎故不生，可謂孝矣。【注】孝者，子與父母樂而不憂，誠而不僞，是以家室和平，無咎故也。咎，災也。故，謂可憂之事也。孟子云：「兄弟無故。」《詩》曰：「妻子好合，如鼓瑟琴。兄弟既翕，和樂且耽。宜爾室家，樂爾妻帑。」子曰：「父母其順矣乎！」《孝經》曰：「明王得萬國之懽心，以事其先王，是以天下和平，災害不生，禍亂不作。」【釋曰】《文選·嵇叔夜〈幽憤詩〉》注引此作「可爲孝矣」。「咎，災」訓本《說文》。訓「故」爲「憂事」者，《檀弓》鄭注云：「大故，謂喪憂。」盡力而無禮，則小人也。致敬而不忠，則不入也。【注】小人，愚民也。入，納也。敬而不忠，則不能納諫於親。孔檢討云：「敬而未安，是色莊也。」【釋曰】《說文》曰：「入，內也。」「內」與「納」同。《群書治要》「力」下有「而」字，今本無。是故禮以將其力，敬以入其忠，【注】將，猶送也。入，亦納也。【釋曰】「將」訓本《爾雅》。飲食移味，居處溫愉，【注】移之言羨也。溫，柔也。愉，樂也。曾子養曾皙，必有酒肉，問有餘，必曰有。曾子養曾皙，常以皓皓，是以曾皙眉壽。孔子曰：「孝子之有深愛者，必有和氣；有和氣者，必有愉色；有愉色者，必有婉容。」【釋曰】「移」「羨」訓本《禮記·郊特牲》鄭注。「酒肉」語出《孟子》。「眉壽」語出《大戴·衛將軍文子》篇孔子所言。❶「溫，柔」、「愉，樂」訓皆本《爾雅》。孔子言見《禮記·祭義》。著心於此，濟其志也。【注】張惠言云：「志，謂忠與禮也。」元

---

❶「孔子」，據《大戴禮記·衛將軍文子》，當作「子貢」。

謂：飲食居處，未可盡孝道，然處心於此，亦可以成其忠禮之志也。丁教授云：「著之言處也。」【釋曰】「著」訓本《樂記》「樂著大始」鄭注。《釋文》：「著，直略反。處，昌呂反。」子曰：「可入也，吾任其過；不可入也，吾辭其罪。」【注】此曾子述孔子之言，以證入忠之義。「人」當爲「入」字之誤也。入，納也，謂納忠諫於親也。臧鏞堂云：「親本可納諫，此吾不能先諭親於道之過也；若不可納，此吾忠敬不足動親之罪也。」元謂：辭者，自以爲辭。【釋曰】「可入也」，自是曾子引孔子之言，以證己言入忠孝之義。各宋本皆訛爲「人」字，戴校殿本以爲「入」字，是也。然未可徑改，故改字讀之。《詩》云「有子七人，莫慰母心」，子之辭也；【注】《詩·衛風·凱風》之三章，❶此七子自引罪以爲辭也。「夙興夜寐，無忝爾所生」，言不自舍也。不恥其親，君子之孝也。【注】《詩·小雅·小宛》之三章。❷舍，釋也。自釋其過，則親任之矣。孔檢討云：「不使父母有可恥之行，所謂『無忝』也。」【釋曰】「舍」、「釋」每相通借。是故未有君而忠臣可知者，孝子之謂也；未有長而順下可知者，弟弟之謂也；【注】盧僕射云：「《孝經》曰：『以孝事君則忠，以敬事長則順。』」元謂：此下皆曾子之言。長，謂公卿。子曰：「出則事公卿，入則事父兄。」未有治而能仕可知者，先脩之謂也。【注】《中庸》曰：「思脩身，不可以不事親；思事親，不可以不知人。」又曰：「知所以脩身，則知所以治人。」故孝子善事君，弟弟善事長，君子壹孝壹弟，可謂知終矣。【注】壹，無貳

---

❶ 「《詩·衛風·凱風》之三章」，今查，此引詩在《詩經·邶風·凱風》之四章。

❷ 「《詩·小雅·小宛》之三章」，今查，此引詩在《詩經·小雅·小宛》之四章。

心也，專也。知終，謂知其終身。【釋曰】《立事》篇末曰：「亦可與終身矣。」義與此同。《群書治要》「故」下無「曰」字，今本皆有。又「弟弟」作「悌弟」，今不從之。又今本作「一孝一弟」，《群書治要》作「壹孝壹弟」，「壹」字義長，當是淺人改爲「一」字。《左傳》文三年「與人之壹也」杜預注云：「壹，無貳心。」《禮記·大學》「壹是皆以脩身爲本」鄭氏注：「壹是，專行是也。」

凡三百二十七字。【釋曰】舊校本有「凡三章」三大字，下有「新別」二小字，又云「凡三百二十四字」。孔校本比舊本多二字，疑「子曰」二字衍文。元謂：未可遽從，今定爲三百二十七字。

曾子大孝【注】此篇論孝以尊親爲大，義本《孝經》，兼天子、諸侯、卿、大夫、士而言，當時學者奉爲法言，故《小戴記》、《吕覽》皆綴緝成書，《祭義》及《孝行覽》多從此篇采出。《大戴禮記》弟五十二，今爲《曾子》弟四。

曾子曰：「孝有三：大孝尊親，其次不辱，其下能養。」【注】尊親者，孝子之至，莫大乎尊親，如大舜以天下養，周公嚴父以配天，士大夫立身行道，揚名於後世，以顯父母。不辱者，不恥其親，不災其身。養者，謂養志。【釋曰】曾子言學與孝，不敢及天子、諸侯之事，然《孝經》受業，備聞孔子之教，故篇中「大孝」及「塞天地」、「衡四海」、「博施備物」，皆兼天子、諸侯爲言。今故引《孟子》、《孝經》之義，以證之也。不辱，蓋亦兼親與己身而言，《小戴記》作「弗辱」。知「養」爲「養志」者，下文曾子不敢自居於孝，故知與「直養」有別。公明儀問於曾子曰：「夫子可謂孝乎？」【注】鄭司農云：「公明儀，曾子弟子。」【釋曰】此用《小戴》鄭注。《小戴》經文作「夫子可以爲孝乎」。曾子曰：「是何言與！是何言與！君子之所謂孝者，先意承志，諭父母以道。【注】盧僕射云：「凡言於事，親未意，則先善舉之；親若有志，則承而奉之。」元謂：諭，猶諫也。【釋曰】以道，《小戴》作「於道」。宋汪晫本《曾子》從《小戴》録出，故亦作「於道」。盧注「凡言於事」，戴校本改爲「凡言與事」，王給事疑爲當作「凡言事於」，今皆不從。宋本「敬而奉之」，今本或作「承而奉之」。「諭」、「諫」訓本《廣雅》。參直養者也，安能爲孝乎？【注】言特養口體，不敢居三者之孝，然孟子曰：「若曾子，則可謂養志也。」【釋曰】「直」、「特」古音義相通。《詩》「實維我特」，《韓詩》作「直」。

身者，親之遺體也。行親之遺體，敢不敬乎？故居處不莊，非孝也；事君不忠，非孝也；莅官不敬，非孝也；朋友不信，非孝也；戰陳無勇，非孝也。五者不遂，災及乎身，敢不敬乎？

【注】不莊、不忠、不敬、不信、無勇，皆易致禍害，受刑罰，毀傷身體，辱及其親。故孟子曰：「事孰爲大？事親爲大。守孰爲大？守身爲大。」高誘云：「莅，臨也。」杜欽云：「不孝，則事君不忠，涖官不敬，戰陳無勇，朋友不信。」班固云：「大辱加於身，支體毀傷，即君不臣，士不交。」孔子曰：「我戰則克。」鄭司農云：「遂，成也。」【釋曰】《小戴記》「身者」上别出「曾子曰」三字，又「身者」作「身也者」，「行親」作「行父母」，「居處」上無「故」字，「災及乎身」作「烖及於親」，《禮記釋文》「本又作『烖及於身』」，《大戴》舊校本亦云「身，一作『親』」，宋本或作「災及其身」。又「五者不遂」，《吕覽》作「五行不遂」。《吕氏春秋·孝行覽》「信」作「篤」，高誘曰：「篤，信也。」「及乎身」亦作「及於親」。注引高誘説者，《吕覽注》也；杜欽説者，《漢書·杜欽傳》疏中語，即本《曾子》也；班固説者，《白虎通·喪服》篇也。孔子言見《禮器》。鄭司農説見《小戴注》，《吕覽》高注亦同。

「陣」字乃六朝以後俗字，故依《小戴》改之。故烹熟鮮香，嘗而進之，非孝也，養也。【注】烹，烹肉。熟，熟穀。鮮，讀爲羶，肉氣也。香，穀氣也。【釋曰】《小戴》作「烹熟羶薌」，無「故」字。《大戴》舊校本云：「鮮，一作『羶』。」今按：「烹熟」、「薌」應作「亨孰」、「香」，「鮮」乃「羶」之音近假借字。《説文》「羶」義屬肉，「香」義屬穀，固宜分別。《郊特牲》鄭注讀「羶薌」爲「馨香」，義各有取也。進，《小戴》作「薦」。君子之所謂孝者，國人皆稱願焉，曰：『幸哉！有子如此。』所謂孝也。【注】立身行道，尊親揚名，故國人皆稱願之。孔子曰：「孝哉閔子騫！人不閒於其父母兄弟之言。」❶【釋曰】《小戴》無「皆」字，「焉」字作「然」字，「也」下有「已」字。鄭氏《小戴記注》讀「然」爲「而」，非也。「然」乃「焉」音近假借字。《禮記・檀弓》「穆公召縣子而問然」，《論語》「羿、奡不得其死然」，皆「焉」字之借也。民之本教曰孝，【注】盧僕射云：「《孝經》曰：『夫孝，德之本也，教之所由生也。』」【釋曰】民，《小戴》作「衆」。其行之曰養。【注】盧僕射曰：「謂致衣食，省安否。」【釋曰】《小戴》無「之」字。養可能也，敬爲難；敬可能也，安爲難；安可能也，久爲難；久可能也，卒爲難。父母既没，慎行其身，不遺父母惡名，可謂能終也。【注】安，寧也。卒，終也。《孝經》曰：「終於立身。」又曰：「脩身慎行，恐辱先也。」【釋曰】《小戴》及《吕覽》皆無「久爲難」以下七字。《大戴》舊校本云：「慎，一作『順』，《吕覽》作『敬』。又『終也』，《小戴》作『終矣』。」訓「安」爲「寧」者，《漢書・揚雄傳》云「孝莫大於寧親」，師古注云：「寧，安也。」訓「卒」爲「終」，本《爾雅》。夫仁者，仁此者

❶「兄」，《論語・先進》作「昆」。

也；義者，宜此者也；忠者，中此者也；信者，信此者也；禮者，體此者也；行者，行此者也；彊者，彊此者也。樂自順此生，刑自反此作。【注】「此」皆指孝而言。古人讀字，若分緩急，其義即殊。仁此、宜此、中此、信此、體此、行此、彊此，皆于本字分緩急聲，而異其音者也。「仁此」之「仁」，讀如「相人偶」之「人」。中，讀如「億則屢中」之「中」。「信此」之「信」，讀如「不我信兮」之「信」。孔穎達云：「順從孝道，則身和樂；違反孝道，則刑戮及身。」【釋曰】古人不分四聲，惟分緩急。音分緩急，其意即殊。故此七言，「義」、「禮」既别爲「宜」、「體」二音，則知其餘音亦必不同矣。「仁此」之「仁」讀如「相人偶」之「人」者，本《禮記·中庸》鄭注。「信」讀如「不我信兮」者，《詩·邶·擊鼓》鄭箋「信」不改義，而讀與「洵」相韻，知古人亦分兩聲也。又《小戴》「仁者」上無「夫」字。「體此」，《小戴》、《吕覽》竝作「履此」。「忠」、「行」二句，《小戴》無之。「反」，《吕覽》作「逆」，「生」、「作」下皆有「也」字。「中」，戴本作「忠」，非。孔穎達説本《小戴記正義》。

夫孝者，天下之大經也。【注】仁、義、忠、信、禮、行、彊，皆本乎孝，故曰「大經」。【釋曰】《小戴》無此句。

夫孝，置之而塞於天地，衡之而衡於四海，【注】盧僕射云：「置，猶立也。衡，猶横也。」元謂：《孝經》曰：「孝弟之至，光於四海。」光，猶横也。【釋曰】《小戴》於「夫孝」上多「曾子曰」三字，「衡」作「溥」。元按：《大戴》是也。「置」有「立」義，《詩·商頌·那》「置我鞉鼓」，「置」讀曰「植」。植，立也。《論語》「置其杖」，漢石經「置」作「植」。《淮南子·原道訓》云：「夫道者，植之而塞於天地，横之而彌於四海，施之無窮，而無所朝夕。」其語亦從此采去。解《孝經》之「光」爲「横」者，《尚書》「光被四表」，《漢書》皆作「横被四表」，《孝經》又言「無所不通」，又引《詩·文王有聲》，義皆與此同，則彼「光」字爲「横」義無疑。古「桄」、「横」、「擴」皆有横而充之之義。戴東原吉士歷舉「光」、「横」相通之字，尚遺《孝經》此句也。施諸後世而無朝夕，【注】盧僕射云：「言常行也。」元謂：無一日不行也。推而放諸東海而準，推而放諸西海而準，推而放諸南海而準，推而放諸北海而準。《詩》云：『自西自東，自南自北，無思不服。』此之謂也。【注】四夷、八蠻、七閩、九貉、五戎、六狄，此《周禮·職方氏》所服四海也。盧僕射云：「放，猶至也。準，猶平也。《詩·大雅·文王有聲》之詩也。」【釋曰】「四海」之數，《周禮·職方氏》、《小戴·明堂位》、《爾雅·釋地》各有不同。盧僕射《大戴記·用兵》篇注謂：「《職方》爲周所服之數，《明堂》爲來朝之數，《爾雅》爲夏所服之數。」雖無據，尚爲近理。而盧氏於此篇注言「九夷、八蠻、七戎、六狄」，數又不同，更無據。今據《職方氏》注此。孝有三：大孝不匱，【注】盧僕射云：「《詩》云『孝子不匱，永錫爾類』也。」元謂：匱，竭也。【釋曰】「匱」訓本《詩》毛傳。中孝用勞，【注】鄭司農云：「勞，猶功也。」【釋曰】「勞」「功」本《小戴》鄭注，盧注沿用之。小孝用力。博施備物，可謂不匱矣；【注】孔檢討云：「此王者之孝。德教加於百姓，形於四海，『博施』之謂也；四海之内，各以其職來祭，『備物』之謂也。」尊仁安義，可謂用勞矣；【注】孔檢討云：「大夫、士之孝。」慈愛忘勞，可謂用力矣。【注】孔檢討云：「庶人之孝。」元謂：《小戴記》「慈」上有「思」字，是也。鄭司農云：「思父母之慈愛己，而自忘己之勞苦。」【釋曰】此注據《小戴》「思」字補其意也。《小戴》「慈愛」爲弟一句，「博施」爲弟三句，與此相反。愛，宋別本訛爲「受」。父母愛之，喜而不忘；父母惡之，懼而無怨；【釋曰】喜而不忘，《小戴》作「喜而弗忘」，唐石經《禮記》作「嘉而不忘」。石經誤，不可從。《孟子·萬章》

篇曰：「父母愛之，喜而不忘；父母惡之，勞而不怨。」蓋本《曾子》。又《文選・陸士衡〈弔魏武帝文〉》注《尸子》引曾子之言曰：「父母愛之，喜而不忘；父母惡之，禮而無咎。」❶與此亦有異同，而義皆相成。父母有過，諫而不逆；【注】鄭司農云：「順而諫之。」盧僕射云：「當柔聲下氣也。」父母既歿，以哀祀之。加之如此，謂禮終矣。」【注】孝子祀親必哀，故《祭義》曰：「霜露既降，君子履之，必有悽愴之心，非其寒之謂也。春，雨露既濡，君子履之，必有怵惕之心，如將見之。樂以迎來，哀以送往。」《孝經》曰：「春秋祭祀，以時思之。」加之如此，謂加既終之禮於三孝也。曾子曰：「慎終追遠，民德歸厚矣。」又曰：「孝子之身終，終身也者，非終父母之身，終其身也。」【釋曰】《小戴》作「父母既歿，必求仁者之粟以祀之，此之謂禮終」，《小戴》義遜於此。盧氏注謂「哀」爲三年之服，「祀」爲春秋之祭，非是。曾子「終身」之言見《內則》。樂正子春下堂而傷其足，傷瘳，數月不出，猶有憂色。【注】樂正子春，曾子弟子。《春秋公羊傳》曰：「樂正子春之視疾也，復加一飯，則脱然愈；復損一飯，則脱然愈；復加一衣，則脱然愈；復損一衣，則脱然愈。」【釋曰】《小戴》無「傷瘳」二字。《吕覽》無「其」字，「傷瘳」作「瘳而」。謂樂正子爲曾子弟子者，本《小戴・檀弓》鄭注。《公羊傳》見昭十九年，言加損皆得宜也。門弟子問曰：「夫子傷足瘳矣，數月不出，猶有憂色，何也？」樂正子春曰：「善如爾之問也。吾聞之曾子，曾子聞諸夫子，【注】聞諸夫子，「夫子」，孔子。【釋曰】《吕覽》作「門人問之曰：『夫子下堂而傷足，瘳而數月不出，猶有憂色，敢問其故？』」《小戴》作

❶ 「禮」，《文選・陸士衡〈弔魏武帝文〉》注作「懼」。

「夫子之足瘳矣」，又重疊「善如爾之問也」六字。《呂覽》作「善乎而問之」，「夫子」作「仲尼」，又「曰」字以下十三字無之。曰：『天之所生，地之所養，人爲大矣。父母全而生之，子全而歸之，可謂孝矣；【注】盧僕射云：「《孝經》曰：『天地之性，人爲貴。人之行，莫大於孝也。』」元謂：「生之」、「歸之」，皆指「性」、「行」而言。【釋曰】《呂覽》「歸之」下無「可謂孝矣」句。不虧其體，可謂全矣。』【注】曾子有疾，召門弟子曰：「啟予足，啟予手。《詩》云：『戰戰兢兢，如臨深淵，如履薄冰。』而今而後，吾知免夫，小子！」【釋曰】引《論語·泰伯》篇爲證。《呂覽》「其體」下多「不損其形」四字，「可謂全矣」作「可謂孝矣」。故君子頃步之不敢忘也。今予忘夫孝之道矣，予是以有憂色。」【注】虧，損也。頃，讀爲跬，聲近假借也。跬，一舉足也。【釋曰】《小戴》於「體」字下多「不辱其身」四字，又作「頃步而弗敢忘孝也」，無「夫」字，無「矣」字，「色」下多「也」字。《呂覽》作「君子無行咫尺而忘之。❶予忘孝道，是以憂」。訓「虧」爲「損」者，義本《說文》。讀「頃」爲「跬」者，本鄭氏《祭義注》。「頃」與「跬」古音相近而借，故《荀子·勸學篇》作「蹞」，《漢書·息夫躬傳》作「窺」，皆假借也。「跬」字之義，散見《司馬法》、《方言》、《小爾雅》。故君子一舉足不敢忘父母，一出言不敢忘父母。一舉足不敢忘父母，故道而不徑，舟而不游，不敢以先父母之遺體行殆也。【注】徑，步邪趨險也。司馬相如賦曰：「徑峻赴險。」孔檢討云：「浮行水上曰游，潛行水中曰泳。」《呂覽》：「曾子曰：『父母生之，子弗敢殺；父母置之，子弗敢廢；父母全之，子弗敢闕。故舟而不游，道而

---

❶「尺」，《呂氏春秋》作「步」。

不徑，能全支體，以守宗廟，可謂孝矣。』」盧僕射云：「殆，危也。」【釋曰】「徑」與「游」對，言人徑之，非路徑實字也，故引《上林賦》以明其義。《小戴》鄭司農注此亦曰：「徑，步邪疾趨也。」盧注引「行不由徑」，非是。《小戴》「一」作「壹」，無「也」字，第二「舉足」下有「而」字。一出言不敢忘父母，是故惡言不出於口，忿言不及於己。然後不辱其身，不憂其親，則可謂孝矣。【注】忿，恨怒也。曾子曰：「戒之，戒之，出乎爾者，反乎爾者也。」【釋曰】「忿」訓本《玉篇》。《小戴》「一」作「壹」，「出言」下有「而」字，「及於己」作「反於身」，孔疏云：「定本作『及』字。」又無「然後」、「矣」三字，❶「憂」作「羞」。曾子言見《孟子》所引。草木以時伐焉，禽獸以時殺焉。夫子曰：「伐一木，殺一獸，不以其時，非孝也。」【注】非孝者，暴天地生物之仁，違王者用物之義。《周禮·山虞》曰：「中冬斬陽木，中夏斬陰木。」《王制》曰：「豺祭獸，然後田獵。鳩化爲鷹，然後設罻羅。」盧僕射云：「夫子，孔子。」【釋曰】此節二十八字，《小戴》在「孝有三」之前，「謂也」之後。

凡六百八十二字。【釋曰】舊校本有「凡三章」三大字，「新別」二小字，又云：「凡六百五十五字。」孔云：「今多二十八字。案：『草木』以下二十八字，《小戴》原在『此之謂也』下，疑《大戴》舊本脱此章，故未計入字數，後人從別本校補，遂附之篇末，不與前文相屬。」元今定爲六百八十二字。

---

❶ 「矣」，據通行本《禮記》當作「則」。

曾子事父母【注】此篇論幾諫及事兄使弟之道。《大戴禮記》弟五十三，今爲《曾子》弟五。

單居離問於曾子曰：「事父母有道乎？」【注】盧僕射云：「單居離，曾子弟子也。」【釋曰】單居離事不見於他書。**曾子曰：「有，愛而敬。父母之行，若中道則從，若不中道則諫；諫而不用，行之如由己。**【注】親中道，則子從；不中道，則子諫。諫而親不用，則親行之不中道，如由己致之，代親受過，更思復諫也。《孝經》曰：「父有爭子，則身不陷於不義。故當不義，則子不可以不爭於父。」**從而不諫，非孝也；諫而不從，亦非孝也。**【注】《孝經》曰：「故當不義，則爭之，從父之令，又焉得爲孝乎？」强諫而不從，不善諫也，亦非孝道。**孝子之諫，達善而不敢爭辨。爭辨者，作亂之所由興也。**【注】盧僕射曰：「《內則》曰：『父母有過，下氣怡色，柔聲以諫之；❶若不入，起敬起孝，説則復諫。』」元謂：達善者，但達善道于親，而不敢强爭强辨。**由己爲無咎則寧，由己爲賢人則亂。**【注】諫親者，但求因諫而親免於過，若謂由己之諫，使不賢之親轉爲賢人，則是揚親過而自立名，大亂之道。**孝子無私憂，無私樂，父母所憂憂之，父母所樂樂之。孝子唯巧變，故父母安之。**【注】孝子唯知有親，故憂樂相同。孟子曰：「舜五十而慕，人悦之好色，富貴，無足以解憂者，惟順於父母，可以解憂。」巧變者，若「舜在牀琴，象憂

❶「之」，《禮記》及《大戴禮記》盧辯注皆作「諫」，當屬下讀。

亦憂，象喜亦喜」。【釋曰】孟子言見《萬章》。今本皆脱「無私憂」三字，丁教授云：「方正學《遜志齋集·讀曾子》篇引此有三字，今據以補此。然則宋本《曾子》明初尚未亡也。」若夫坐如尸，立如齊，弗訊不言，言必齊色，此成人之善者也，未得爲子之道也。」【注】坐如祭尸之位，立如致齋之時，皆莊敬也。上問下曰訊。齊色，整齊顔色也。成人，謂學有成立之人。《祭義》曰：「嚴威儼恪，非所以事親也，成人之道也。」【釋曰】「訊」訓本《公羊》僖十年何休學。「齊色」之義，本《冠義》曰「禮義之始，在於正容體，齊顔色」。又案：《曲禮》之言，多從諸子記録出，「若夫坐如尸，立如齊」八字，正録《曾子》而删其下文，又失删「若夫」二字耳。鄭司農注《小戴》，以「夫」爲丈夫，誤矣。舊校云：「一本無『者』字。」單居離問曰：「事兄有道乎？」曾子曰：「有。尊事之，以爲己望也；【注】爲己所表望。【釋曰】孔云：「尊事，《通解》作『尊視』。」兄事之，不遺其言。【注】盧僕射云：「奉其所令。」元謂：兄，讀若況。況，若尊大之然，言謂兄所命言。【釋曰】兄本是兄，非比他人而兄事之，曷爲言「兄事」？蓋古人讀字，每有緩急之别，兄讀爲緩聲，則爲況，故《白虎通》曰：「兄，況也。」《釋名》曰：「兄，荒也。荒，大也。」《詩·大雅》「倉兄填兮」、「職兄斯引」皆讀爲怳，是此義也。此節下文「則兄事之」，亦同此例。兄之行若中道，則兄事之；兄之行若不中道，則養之。【注】孔檢討云：「孟子曰：『中也養不中。』」元謂：養，容也。【釋曰】《廣雅》：「容，養飾也。」「容」、「養」聲轉義同。《説文》「容」字，不但从谷，谷亦當爲聲。古音東、冬、屋、沃每相關通，故《詩·車攻》以「同」韻「調」，《常棣》以「戎」韻「務」，是其驗也。《爾雅》「東風謂之谷風」，「谷」讀若「容」。容，養也。《老子》「谷神不死」，「谷」字即「容」之假借字，故河上公訓爲「養」，此古義也。養之内，不養於外，則是越之也；養之外，不養於內，則是疏之也：是故君子內外養之也。」【注】內，謂家室。外，謂朝廷、交游。越之，謂揚其過於外也。【釋曰】《爾雅·釋言》曰：「越，揚也。」單居離問曰：「使弟有道乎？」曾子曰：「有，嘉事不失時也。【注】盧僕射云：「謂冠、娶也。」弟之行若中道，則正以使之；【注】盧僕射曰：「正以使之以弟道。」弟之行若不中道，則兄事之。【注】兄，讀兄弟之兄。兄事之者，亦如事兄之道養之也。中養不中，賢兄之道也。【釋曰】此非兄而兄事之，故急讀如本字。詘事兄之道，若不可，然後舍之矣。」【注】詘，猶屈也。詘事兄之道於弟，猶不可化，則舍之。舍，釋也。洪震煊云：「釋之以須其後。」【釋曰】詘、屈，舍、釋，古義皆相同。洪說本《禮記·學記》鄭注。《學記》曰：「雖舍之可也。」鄭注云：「舍之須後。」鄭言暫釋之以俟其後，非決棄之，此義是也。盧注「怒罰之」，非是。曾子曰：「夫禮，大之由也，不與小之自也。【注】孔檢討云：「自，亦由也。」言禮貴由其大者，不謂能由其小者。與，謂也。《小正傳》曰：『其必與之獸。』」❶【釋曰】閣本「不」上多「以」字。飲食以齒，【注】盧僕射云：「以長幼也。」力事不讓，辱事不齒，【注】勞苦之事，先代長者。卑賤之事，不推長者。【釋曰】丁教授云：「《吳語》『危事不齒』，意與此同。」此段補論事兄之道，非論使弟之道。孔注曰「不以齒長辭辱事」，非也。注「勞苦」句，見《荀子·修身篇》。執觴觚杯豆而不醉，【注】洪震煊云：「觴觚，飲器也。」一升曰爵，二升曰觚，三升曰觶，四升曰

❶ 「獸」，孔廣森《大戴禮記補注》作「獻」。

角，五升曰散，總名曰爵，實之曰觴。杯豆，亦飲器。《玉藻》曰：「母没而杯圈不能飲焉。」《考工記》曰：「飲一豆酒。」【釋曰】「一升」至「曰觴」，此《禮記》疏所引《韓詩》説也。引《玉藻》、《考工記》以明四者皆飲器，别於盧注也。和歌而不哀。【注】不以己之私，致長者不樂。「飲食」以下五事，皆禮之小者。夫弟者，不衡坐，不苟越，【注】重申禮小之義。孔檢討云：「《曲禮》曰：『竝坐不横肱』，『先生書策、琴瑟在前，坐而遷之，戒勿越』。」【釋曰】「夫弟者」三字，重申禮小，與下「未成於弟」相應。孔謂「當在『飲食以齒』之上」，似非。不干逆色，趨翔周旋，俛仰從命，不見於顔色，未成於弟也。」【注】干，犯也。兄有逆色，不犯之。孔檢討云：「行而張拱曰翔」；不見顔色，「言勞而無愠」；「『禮不與小之自』」：以上諸事，皆禮之小者，故未成於弟之道也」。【釋曰】「干，犯」本《左・文四年傳》「其敢干大典」注。

凡三百六十三字。【釋曰】此篇舊校無字數，孔氏定爲三百六十一字，元今定爲三百六十三字。

曾子十篇卷三

曾子制言上【注】制言，有裁制之言，可以爲法也。分上、中、下三篇。《大戴禮記》弟五十四，今爲《曾子》弟六。【釋曰】「制」訓本《國語·晉語》注。

曾子曰：「夫行也者，行禮之謂也。【注】「夫行」之「行」，急讀之。【釋曰】上「行」，去聲；下「行」，平聲。**夫禮，貴者敬焉，老者孝焉，幼者慈焉，少者友焉，賤者惠焉。**【注】孔子見冕衣裳者，雖少必作，過之必趨，敬貴也。孝，畜也。老者畜養之。惠，仁也。【釋曰】孔子事見《論語·子罕》。「孝，畜」訓本《祭統》。「惠，仁」訓本《説文》。《群書治要》「少」作「小」，今不從之。**此禮也，行之則行也，立之則義也。**【注】「則行」之「行」，急讀之。行既立，則可以爲義，以宜其類。【釋曰】上「行」，平聲；下「行」，去聲。「宜類」見《立事》篇。**今之所謂行者，犯其上，危其下，衡道而彊立之，**【注】盧僕射云：「衡，横也。」元謂：不循正道，矯彊自立。【釋曰】此「行」字，去聲。**天下無道，故若；**【注】盧僕射云：「且自如也。」**天下有道，則有司之所求也。**【注】孔檢討云：「求，拘罪人也。《淮南子》曰：『求不孝不弟，戮暴傲悍而罰之。』」**故君子不貴興道之士，而貴有恥之士也。**【注】興道，謂以殊行起名譽者。**若由富貴興道者與貧賤，吾恐其或失也；若由貧賤興道者與富貴，吾恐其羸驕也。**【注】或失，謂或不能自守。

羸，當爲「贏」字之誤也。【釋曰】盧注「或」爲「惑」，今不從。戴校作「贏」。夫有恥之士，富而不以道，則恥之；貧而不以道，則恥之。【注】富不以道，若驕吝無禮；貧不以道，若怨諂無守。弟子毋曰『不我知也』。鄙夫鄙婦相會於廧陰，可謂密矣，明日則或揚其言矣。故士執仁與義而明行之，未篤故也，胡爲其莫之聞也？【注】此戒弟子，勿以無聞譽而自懈其脩也。隱微鄙事，欲人不知尚不能，何況持仁義之道明行於世，豈終無聞？若其無聞，行未篤也。【釋曰】此節意在勸弟子：篤行仁義，自有人知。「鄙夫鄙婦」四句，反其辭設譬，非言弟子爲惡而自謂人不知也。孔云：「廧，隸書『牆』字。」《群書治要》作「毋曰」，今作「無曰」。又《治要》作「故士執仁與義而不聞，行之未篤也」。案：此是魏徵删節本文之故，不可從。殺六畜不當，及親，吾信之矣；使民不時，失國，吾信之矣。【注】殺畜不當其時，必將殘忍爲亂，禍及其親；不愛民而妨民事，必將煩役瀆武，民心盡叛。故蓬生麻中，不扶自直；白沙在泥，與之皆黑。【注】此勗弟子取多賢友也。蓬，蒿；麻，枲也。沙，水散石也。泥，塗泥。蓬性屈亂，故郭象曰：「蓬非直達者。」「直」、「黑」相韵。【釋曰】《史記·三王世家》索隱引《荀子》曰：「蓬生麻中，不扶自直；白沙在泥，與之皆黑。」《洪範》正義引《荀子》「泥」作「涅」，「皆」作「俱」。《説苑·説叢》篇曰：「蓬生枲中，不扶自直；白沙入泥，與之皆黑。」《論衡·程材》篇曰：「蓬生麻閒，不扶自直；白紗入緇，不染自黑。」又《率性》篇重引此，惟弟四句「染」作「練」。《孟子》趙岐《章指》亦引此四句，作「諺曰」。凡此語皆本《曾子》也。「蓬」、「沙」訓本《説文》。「麻」訓本《爾雅》。郭説見《莊子·逍遥遊》篇注。《群書治要》「蓬」上有「故」字，從之；「自直」作「乃直」，今不從之。是故人之相與也，譬如舟車然，相濟達也，己先則援之，彼先則推之，是故人非人不濟，馬非馬不走，土非土不高，水非水不流。【注】此言仁道也。仁者，人也，如人相人偶也。蓋人非人不濟，必相人偶，乃成仁道，故仁者，仁此者也。走，讀如「來朝走馬」之「走」。走，疾趨之也。【釋曰】「仁」訓本《禮記·中庸》鄭氏注。案：《中庸》「仁者，人也」之訓最精，鄭氏注爲「相人偶」，乃「仁」字最古之義，觀《曾子》此節，足以發之；泛訓爲「愛」，義不足，且非制字之本也。《詩·緜》「來朝走馬」，《孟子》引同，毛傳無解，箋云：「言其辟惡早且疾也。」《玉篇》「趣」字引《詩》曰「來朝趣馬」，言早且疾也。此《玉篇》所引，非《詩經》字作「趣」，蓋鄭箋讀「走」若「趣」也。鄭箋必有「走讀若趣趣疾也」七字，六朝以前有之。《玉篇》引鄭箋所讀若「趣」字，而誤連爲《詩》本字，隋唐之間又脱去鄭箋七字，故陸《釋文》無「趣」音。不然，《棫樸》「左右趣之」傳曰「趣，趨也」，箋云「促疾於事」，設《緜》經字爲「趣」，毛不容無以訓之。且鄭箋彼「趣」爲「疾」，益可知此讀「走」爲「趣」也。《逸周書·文儆解》云：「壤非壤不高，水非水不流。」君子之爲弟也，行則爲人負，無席則寢其趾。【注】盧僕射云：「分重合輕，班白不任，弟達於道路也。」元謂：坐用席，卧用衽，席有首尾，尊者易知，無席而欲寢尊者，則必安其趾於衽。《士昏禮》曰：「御衽于奥北止。」止，同「趾」，足也。【釋曰】古人之席有首尾，故《公食大夫禮》云：「莞席尋卷自末。」故易知也。引《士昏禮》者，藉以明寢尊者之趾也。使之爲夫人則否。【注】此「夫」字及下「夫杖」「夫」字，皆「老」字形近之訛，篆字「老」作「耂」。言當使之人，其年或老則止。近市無賈，在田無野，行無據旅。【注】此皆言安老之義。老者，雖近市，不買賣；雖在田，不野宿。據旅，猶《周禮》「羈旅」。言老者雖行路，不羈據旅舍。「負」、「趾」、「否」及「賈」、「野」、「旅」，各以三字爲韻。【釋曰】《説文》曰：「賈，坐賣售也。」《周禮·地官·遺人》「羈旅」後鄭

注：「過行寄止者。」故書「羈」作「寄」，杜子春云：「『寄』當作『羈』。」又「旅」元本訛作「依」，戴本從之。**苟若此，則夫杖可因篤焉。**【注】以上皆申言「人非人不濟」之義。仁道也，安老如此，則凡老杖者，可因依篤厚矣。【釋曰】「因」訓本《吕覽·盡數》「因智而明之」注。「篤」訓本《詩·椒聊》毛傳。**富以苟，不如貧以譽；**【注】富而苟且無禮，不若安貧有令譽。**生以辱，不如死以榮。**【注】盧僕射云：「見危致命，死之榮也。」【釋曰】《列女傳》楚平伯嬴曰：「妾聞『生而辱，不如死而榮』。」此古語相同者。**辱可避，避之而已矣；及其不可避也，君子視死若歸。**【注】可避而不避，是殉名也；不可避而死，君子之榮也。曾子慎言遠害，務全其身，然當大節大義，則毅然視死如歸，百世後忠臣孝子之防，皆立於此，故曰：「可以託六尺之孤，可以寄百里之命，臨大節而不可奪也，君子人與？君子人也。」又曰：「士不可以不弘毅，任重而道遠。仁以爲己任，不亦重乎？死而後已，不亦遠乎？」孔檢討云：「董仲舒説春秋齊頃公不死於位，以曾子此義責之。」【釋曰】《吕氏春秋·士節》篇云：「遺生行義，視死如歸。」語本乎此。董仲舒説見《春秋繁露·竹林》篇，彼引此無「矣」字、「也」字，「辱」字下多「若」字。**父母之讎，不與同生；兄弟之讎，不與聚國；朋友之讎，不與聚鄉；族人之讎，不與聚鄰。**【注】讎，謂被人有意辱殺者。不與同生，言孝子所仇，不共戴天，生以辱，不如死以榮也。孔子曰：「居父母之仇，寢苫枕干，不仕，弗與共天下也；遇諸市朝，不反兵而鬭。居昆弟之仇，仕弗與共國，銜君命而使，雖遇之，不鬭。居從父昆弟之仇，不爲魁，主人能，則執兵而陪其後。」盧僕射云：「族人，謂絶屬者。」元謂：「聚鄉」比「聚鄰」爲疏。《大清律》：「父母爲人所殺，而子孫擅殺行凶人者，杖六十，其即時殺死者勿論。」案：此與孔子「居仇」之義微有不同者。春秋時，殺人者官

未必盡受理，且有國邑奔避也。【釋曰】「居仇」之說，《檀弓》、《曲禮》、《周禮·地官·調人》及此曾子所言，互有異同。然《周禮》、孔子、曾子之言，三者同義。惟《曲禮》錯出，不可從。此注所引，即《檀弓》孔子答子夏之言，與曾子合。案：《周禮·調人》曰：「凡過而殺傷人，以民成之。凡和難，父之仇辟諸海外，兄弟之讎辟諸千里之外，從父兄弟之讎不同國；君之讎眡父，師長之讎眡兄弟，主友之讎眡從父兄弟。」《周禮》此節，專言過殺，非本意殺，故調人得以使之遠避，平成之，與孔、曾所言有意辱殺之讎不同。猶《大清律》，謀殺人，故殺人，與戲殺、誤殺、過失殺傷人，有分別也。又《調人》曰「凡殺人有反殺者，使邦國交讎之」者，此言謀殺一人，恐此人子弟報讎，因復殺其子弟也。又《調人》曰「凡殺人而義者，不同國，令勿讎，讎之則死」者，此謂殺其謀殺君父之人爲義，其殺人君父之人之父兄子弟，不得再以此人爲讎，讎之則罪當死也。故《周禮》與孔、曾合，以爲不合者，誤解之耳。若《曲禮》言「兄弟之讎不反兵，交游之讎不同國」，及《公羊》「復百世之讎」，則太過，不合聖賢之道矣。

良賈深藏如虛，君子有盛教如無。【注】良賈不自衒其貨，君子不自矜其學，非有意匿之也，故曾子曰：「有若無，實若虛，昔者吾友嘗從事於斯矣。」「虛」、「無」相韵。【釋曰】此自是古語，而曾子述之。《史記·老子列傳》老子曰：「吾聞之，良賈深藏若虛，君子有盛教，❶容貌若愚。」同是此言，而有意晦藏之，此老、莊之學所以大異於孔、曾也。

弟子問於曾子曰：「夫士何如則可爲達矣？」【注】達，通也，通於學也。【釋曰】《群書治要》「可」下無「以」字，今本有之。

曾子曰：「不能則學，疑則

❶「有盛教」，《史記》作「盛德」。

問，欲行則比賢，雖有險道，循行達矣。【注】比賢，如見賢思齊焉。險道，難通之道。君子之學，難者弗辟也，率行既久，乃漸通達，無一旦通徹之效。【釋曰】「率」「循」訓本《爾雅》。「循」若循牆而走，循山而南，蓋積步成里，積里成百，始能漸次及遠。故顏子曰：「夫子循循然善誘人，博我以文，約我以禮。」此亦謂次第漸進。故聖門教學，與年漸進，非積學多年，而悟徹在一旦也。《群書治要》「循」作「脩」，字誤義短，今不從。今之弟子，病下人，不知事賢，恥不知而又不問，【注】孔檢討云：「病，病之也。下人，下於人也。子張問達，子曰：『慮以下人。』」欲作則其知不足，【注】臧鏞堂云：「知不足而欲作，孔子所謂不知而作也，孔、曾之學貴博，多聞擇善而從之，多見而識之，則知足矣。」【釋曰】知，平聲。是以惑闇；惑闇終其世而已矣，是謂窮民也。」【注】閔之也。曾子門弟子或將之晉，曰：「吾無知焉。」【注】孔檢討云：「無相知者。」曾子曰：「何必然？往矣！有知焉謂之友，【注】盧僕射云：「曰友之也。」無知焉謂之主，【注】盧僕射云：「且客之而已。」孔檢討云：「若主顏讎由之主。」且夫君子執仁立志，先行後言，千里之外皆爲兄弟；【注】言人親之若兄弟。曾子曰：「君子以文會友，以友輔仁。」盧僕射云：「故曰：『君子何患乎無兄弟也？』」【釋曰】《太平御覽》四百一十九引此無「立」字，無「爲」字，「弟」下有「也」字。《說苑》孔子曰：「效其行，脩其禮，千里之外視如兄弟。」苟是之不爲，則雖汝親，庸孰能親汝乎？」【注】汝親若兄弟然。盧僕射云：「庸，用也。孰，誰也。」

凡五百七十六字。【釋曰】舊校本有「凡三章」三大字，「新別」二字，又云：「凡五百七十字。」孔氏定爲五百六十四字，元今定爲五百七十六字。

曾子制言中【注】《大戴禮記》第五十五，今爲《曾子》第七。

曾子曰：君子進則能達，退則能静。【注】能，讀若耐。無矜滿惰佚之心，故耐顯達；無浮慕躁忿之志，故耐寧静。【釋曰】《説文》「能」訓「獸堅中，故稱賢能」。經籍中又多以「耐」爲「能」者，「耐」爲「能」假借字，耐事即能事，其義相同，其音略轉耳。豈貴其能達哉？貴其有功也。豈貴其能静哉？貴其能守也。夫唯進之何功？退之何守？【注】盧僕射云：「問君子進退，其功守何如？」是故君子進退有二觀焉。【注】盧僕射云：「言有二等可觀。」故君子進則能益上之譽，而損下之憂；【注】盧僕射云：「謂其功也。」元謂：忠實匡助，歸美於君，益上之譽也；興利除弊，教養及民，損下之憂也。不得志，不安貴位，不懷厚禄，負耜而行道，凍餓而守仁；【注】盧僕射云：「謂其守也。」元謂：道，猶路也。【釋曰】盧本作「懷」，宋、元本譌作「博」，《文選·楊子幼〈報孫會宗書〉》注引此作「懷」，從之。注「謂其守也」四字，宋本誤入正文，盧以上「謂其功也」注例此，改歸注。則君子之義也。【注】盧僕射云：「其功守之義。」【釋曰】此謂「其功守之義」，亦注文，而宋本誤入正文，孔氏以上二句注例此，改歸注，是也。王給事云：「『其』上似仍脱一『謂』字。」有知之，則願也；莫之知，苟吾自知也。【注】不自張其功守之義。吾不仁其人，雖獨也，吾弗親也。【注】知其人之不仁，己雖無友，亦不近之。故周公曰：「不如我者，吾不與處，損我者也；與吾等，吾不與處，無益我者也；吾所與處者，必賢於我。」【注】聖門論交，各有不同，故子夏曰：「可者與之，其不可者拒之。」子張曰：「君子尊賢而容衆，嘉善而矜不能。」曾子守約，其引周公遺言，與子夏相合，與子張不同，故曾子曰：「堂堂乎張也！難與竝爲仁矣。」【釋曰】各本皆以此三十七字，合前注「人而不仁，不足友也」八字，共四十五字，皆爲「吾弗親也」下盧氏注文。學者久已疑其不類矣，汪容甫疑「周公曰」以下皆是正文，是也，然無確據，故人罕從之。元案：《吕氏春秋·觀世》篇云：「周公旦曰：『不如吾者，吾不與處，累我者也；與我齊者，吾不與處，無益我者也。惟賢者必與賢於己者處。』」據此，可知此三十七字爲正文無疑矣。《吕覽》之文，多有從《曾子》竊去略加改易者，以此相較，明《吕》改《曾子》正文也。《吕覽》此節，與「雖獨弗親」不甚近切，盧不應引之；即引之，亦斷不能改易如此之多，又可知非盧襲《吕》，其非盧注文明矣，故今歸之正文。故君子不假貴而取寵，【注】假借貴要，取寵於君。不比譽而取食，【注】比，親合也。互相稱譽以干禄。【釋曰】「比」義本《射義》鄭注，❶去聲。直行而取禮，【注】盧僕射云：「行正則見禮也。」比説而取友，【注】志同道合，乃相親合而説。孔子曰：「有朋自遠方來，不亦樂乎？」【釋曰】舊校本云：「取，亦作『交』。」有説我，則願也；莫我説，苟吾自説也。【釋曰】説，同悦。故君子無悒悒於貧，無勿勿於賤，無憚憚於不聞；【注】悒悒，不舒之貌。勿勿，趣於賤而遽也。憚憚，勞心也。【釋曰】「悒」訓本《一切經音義》引《蒼頡篇》。《説文》曰：「勿，州里所建旗，所以

❶「鄭注」，據阮刻本《禮記正義》和《經典釋文》，當作「釋文」。

趣民，故遽稱匆匆。」「匆匆」有黽勉之義，黽勉者必「趣」、「遽」，義相成也。戴校「匆匆」爲「忽忽」，非是。「憚」義見《立事》篇。布衣不完，蔬食不飽，蓬户穴牖，日孜孜上仁。【注】疏，麤也，謂糲米也。孜孜，勤也。孔檢討云：「上，尚也。」【釋曰】疏，孔本作「蔬」，非是。孜，舊校本云：「一作『孳』。」「疏」義本《詩·大雅》「彼疏斯粺」鄭箋。知我，吾無訢訢；不知我，吾無悒悒。是以君子直言直行，不宛言而取富，不屈行而取位。【注】訢訢，喜也。宛，猶屈也。【釋曰】「訢」、「宛」義皆本《説文》。畏之見逐，智之見殺，固不難；詘身而爲不仁，宛言而爲不智，則君子弗爲也。【注】畏，惡也。言行見惡於君，故逐。言君子立朝事君，當正直不阿，與平居謹身慎言不同。此曾子之學也。【釋曰】汪容甫云：「此『畏』乃『仁』之訛。」孔檢討又直改正文爲「仁」，因下有「仁」、「智」兩節也。元謂：此不必改，「畏」之爲「惡」，聲轉義近，故《説文》、《廣雅》皆曰：「畏，惡也。」「惡」義正兼下「不受言行」二節爲言，且承上「直言直行」爲言。君子雖言不受，必忠，曰道；雖行不受，必忠，曰仁；雖諫不受，必忠，曰智。【注】君雖不受，臣必盡忠，乃所以爲「道」、「仁」、「智」。天下無道，循道而行，衡塗而僨，手足不揜，四支不被，《詩》云：「行有死人，尚或墐之。」則此非士之罪也，有士者之羞也。【注】盧僕射云：「衡，横也。僨，僵也。手足，即四支，説者申慇勤耳。」元謂：士見逐於君，窮死道路，必有爲之路冢者。此非士罪，乃有士者之恥。此勗士之勿以直言直行爲悔，所謂「生以辱，不如死以榮」。《詩·小雅·小弁》之六章。【釋曰】盧云：「宋、元舊本竝以注『手足』十一字入正文，又訛『即』爲『節』，今改正。」是也。戴校本、孔本竝謂《詩》詞十字亦注文，則非也。「則此」，戴據《永樂大典》本改作「此則」，今不從。凡戴所云「大典本」，似不足深據，故皆未從。「有士」，戴本改作「有土」，亦非。《詩》毛傳云：「墐，路冢也。」是故君子以仁爲尊。天下之爲富，何爲富？則仁爲富也。天下之爲貴，何爲貴？則仁爲貴也。【注】孟子曰：「夫仁，天之尊爵也。」「尊爵」兼下「富」「貴」爲言。曾子曰：「晉楚之富，不可及也。彼以其富，我以吾仁。」【釋曰】舊校云：「一作：『君子天下之爲仁，則以仁爲尊也；天下之爲富，則以仁爲富也；天下之爲貴，則以仁爲貴也。』」昔者，舜，匹夫也，土地之厚，則得而有之；人徒之衆，則得而使之：舜唯以得之也。是故君子將説富貴，必勉於仁也。【注】馬宗槤云：❶「以，用也。用仁得之也，君子必勉於所用之仁也。」元謂：人之言富貴者，必勉之以仁。【釋曰】汪容甫云：「『以』字是『仁』字之訛。」王引之云：「『以』下蓋脱『仁』字。」戴云：「《大典》作『仁』。」似未足據。馬説不改字，義可通，故從之。馬云：「古人辭質，此句承上文『以仁爲尊』，則『以』不須改。」昔者，伯夷、叔齊，仁者也，死於溝澮之間，其仁成名於天下。夫二子者，居河濟之間，非有土地之厚、貨粟之富也，【注】夷、齊，孤竹君之二子，兄弟交讓其國，餓死首陽山下。此言寧死而得仁，不以不仁得富貴。故孔子曰：「求仁而得仁，又何怨？」注溝曰澮，「死於溝澮」，猶曰經於溝瀆，即「衡塗而僨」也。河濟之間，今山東武定府濱州、海豐縣之間，孟子所謂「北海之濱」，夷、齊未至首陽時所居。【釋曰】《太平御覽》四百一十九引「伯夷、叔齊」下有「仁者也」三字，此宋本之最確可據者，且與上「匹夫也」三字同例，今各本皆脱，故補之。孫侍御志祖云：「《困學紀聞》引《曾子》『溝澮』作『濟

❶ 「槤」，初印本作「璉」，經解本作「連」。

澮』。」丁教授杰曰：「宋諱亦避『溝』字，或厚齋有意改之。」首陽山，《史記正義》凡五處，謂在蒲州及偃師者，皆非河濟之間。蓋河濟之間即北海之濱，初遜國時所居，至歸周後，始餓死首陽山。若王伯厚遷就爲一地，則不合矣。言爲文章，行爲表綴於天下。【注】凡樹臬以著望曰表，復繫物於表曰綴，皆所以正疆土及人行立者。【釋曰】綴者，以物聯物之名。故凡以木竿繫物，皆曰綴。《説文》：「叕，叕聯也，象形。」《禮記·郊特牲》曰：「郵表畷。」此言田間樹臬以正疆界，或「表」或「綴」，各以遠近爲數；通言之，「綴」可訓「表」，其實有繫物、不繫物之分，故《説文》又訓「畷」爲「兩陌間」也。❶ 至於人舞立行止之位，亦用之，《禮記》謂之「綴兆」。《尚書》之「綴衣」，亦謂以竿繫衣。《詩·曹風》「何戈與祋」，「祋」與「綴」音義相同，故《説文》解「祋」爲「高縣羊皮」也。揚州古銅盤銘内言田原之界，屢言「一表一表」，「表」即「綴」也。表，宋本訛作「喪」，朱本作「裘」。是故君子思仁義，晝則忘食，夜則忘寐，日旦就業，夕而自省，以殁其身，亦可謂守業矣。【釋曰】殁，宋本訛「役」，盧本改「殁」。「日旦」以下四句，與《立事》篇同，惟「省」下少一「思」字。

凡五百二十九字。【釋曰】舊校云：「凡四百八十字。」孔氏定爲四百七十九字，元今定爲五百二十九字。

曾子制言下

【注】此篇專言秉德安貧、不仕亂世之義。《大戴禮記》弟五十六，今爲《曾子》弟八。

曾子曰：天下有道，則君子訢然以交同；天下無道，則衡言不革。【注】訢，喜也。盧僕射

---

❶「間」，《説文解字》作「閒道」。

云：「衡，平也。」元謂：革，急也。謂孫其言以遠害。【釋曰】「訢，喜」本《説文》。「革」、「急」古同音，每相假借。《禮·檀弓》「夫子病革矣」，鄭讀爲「急」，是也。諸侯不聽，則不干其土；聽而不賢，則不踐其朝。【注】干，犯也。犯土，謂入其境。踐朝，謂受其爵。【釋曰】「干」訓本《説文》。是以君子不犯禁而入人境，【注】盧僕射云：「及郊，問禁請命。」【釋曰】「及郊」以下盧注六字，各本皆以爲正文，惟戴庶常改爲注，孔本從之。元案：此雖無據，而其迹之誤甚顯，故可從也。自「曾子曰：天下有道」以下，皆語語相偶，無散亂之句，故知「不通患」七字，正與「不犯禁」七字相對待以成文，此中斷不致羼入「及郊」六字也。「入人」字，宋本訛爲「入入」，盧學士校改，今從之。不通患而出危邑，【注】通，共也，猶交同也。邑之有危難者，不與交同共其難，而出於其間，故曾子避越寇。【釋曰】「出」有經過之義，故《曲禮》曰：「離立者不出中間。」言行過其中也。此篇曾子之意，主于處無道之世，不仕人國，遠害安貧，與謀人邦邑、危則亡之之義相遠。此句仍是承上爲言，「不通患」者，即「訢然交同」之反也。訓「通」爲「共」者，義本《後漢書·來歷傳》注。盧僕射注「師敗不苟免」，失曾子本義，故「通」字礙不可解，戴遂臆改爲「避」字，孔本從之，非也。邑，宋本訛「色」。「越寇」見下。則秉德之士不讇矣。【注】不讇亂國之君，以求爵邑。故君子不讇富貴，以爲己説；不乘貧賤，以居己尊。【注】不讇君卿，使説己。「乘」謂自出其上也。凡行不義，則吾不事；不仁，則吾不長。【注】不事，言不臣不義之諸侯。不長，言不臣不仁之公卿大夫。【釋曰】《周禮·天官冢宰》「乃施則於都鄙，而建其長」注：「長，謂公卿大夫王子弟之食采邑者。」奉相仁義，則吾與之聚群；

【注】盧僕射云：「相，助也。」元謂：相，❶承也。臣之以仁義承助其君者，則與之同朝。【釋曰】「奉」訓本《說文》。「相」訓本《爾雅》。鄉爾寇盜，則吾與慮。【注】爾，近也。與，讀如「未有與焉」之「與」。無仁義而近有寇盜，則吾與其禍是慮。故曾子居武城，有越寇，曾子去；寇退，曾子反。沈猶有負芻之禍，從曾子者七十人，未有與焉。孟子謂「曾子，師也，父兄也」，故去留無毀。【釋曰】事見《孟子·離婁下》。案：魯有兩武城，此武城乃曾子所寓之武城，在今山東沂州府費縣西南，與曾子所生之南武城在濟寧直隸州嘉祥縣南者不同。戴校本從《大典》「與」上加「不」字，今不從。國有道，則突若入焉；國無道，則突若出焉：如此之謂義。【注】突，猝然相見也。【釋曰】盧注于「入焉」下引《詩·秦風》「鴥彼晨風」二句爲注。此或以「鴥」字注「突」字耳，未必正文即是「鴥」字。戴氏直改爲「鴥」，未敢遽從。陸佃《埤雅》鸇類引《曾子》正文作「突」，可見宋以前「突」字本不誤。今注訓「突」爲「猝然相見」者，出入其國，決然甚速。《方言》曰：「江湘之間，凡猝然相見謂之棊相見，或曰突。」《說文》：「突，不順忽出也。」❷《廣雅·詁二》：「突，猝也。」夫有世，義者哉，曰仁者殆，恭者不入，慎者不見使，正直者則邇於刑，弗違則殆於罪。【注】夫有世，言有此亂世也。王引之云：「哉，讀爲栽，字訛也。」元謂：「曰」字衍，或爲「行」字之訛。入，讀爲納。言當世於行仁義者則栽危之，恭敬者不納其言，謹慎者不見使用，正直犯諫者近之於刑戮，賢者居其國弗去，必危罪矣。

---

❶ 「相」，據上下文義及通行本《說文解字》，當作「奉」。

❷ 「不順忽出」，《說文解字》作「犬從穴中暫出」。

孟子曰：「無罪而殺士，則大夫可以去；無罪而戮民，則士可以徙。」【釋曰】王引之云：「『世有』二字直貫至『刑』字，『義者』與『仁者』同，『仁』上『曰』字自是衍文，或是上注文『宜』下有小『也』字，而訛爲大『曰』字。」戴校删之，今未敢遽删。是故君子錯在高山之上，深澤之污，聚橡栗藜藿而食之生，耕稼以老十室之邑。【注】錯，藏也。污，水窊下也。橡，栩也，實可食。列子曰：「冬食橡栗。」藜草，似蓬。藿，豆葉。劉向曰：「曾子布衣緼袍，未得完；糟糠之食，藜藿之羹，未得飽。義不合，則辭上卿。不恬貧窮，安能如此？」許宗彦云：「生，謂食之而生。」【釋曰】「錯」訓本《廣雅》。「污」訓本《説文》。「橡」義本《廣雅》及《玉篇》、《周禮·掌染》鄭注。「列子」見《天瑞》篇。「藜」義見《漢書·司馬遷傳》注。「藿」義見《儀禮·公食大夫禮》鄭注。劉向説見《説苑·立節》篇。《莊子》言「曾子居衛，曳縱而歌商頌」，及《説苑》言「齊景公以下卿禮聘曾子」，皆未可據，故不以爲説。是故昔者禹見耕者五耦而式，過十室之邑則下，爲秉德之士存焉。」【注】五耦，十人也。秉德之士，謂貧隱不仕亂世者也。【釋曰】式，宋本譌「武」。

凡二百二十九字。【釋曰】舊校無字數，孔氏定爲二百二十八字，元今定爲二百二十九字。

曾子十篇卷四

曾子疾病

曾子疾病【注】此記曾子將卒之言，曾子曰：「鳥之將死，其鳴也哀；人之將死，其言也善。」《大戴禮記》弟五十七，今爲《曾子》弟九。

曾子疾病，【注】盧僕射云：「疾困曰病。」曾元抑首，曾華抱足。【注】「抑首」當如《説苑》作「抱首」，「華」當如《檀弓》作「申」，皆字形相近之訛。元與申，曾子二子。曾元嘗游於燕。申字子西，子夏以《詩》傳曾申，左丘明作《春秋傳》，亦授曾申。【釋曰】《説苑·敬慎》篇亦作「曾華」。《漢書·王吉傳》王駿曰：「子非華、元。」蓋漢人皆以爲「曾華」，惟《檀弓》曰「曾子寢疾，病，曾元、曾申坐於足」，作「申」字。《困學紀聞》曰：「楚鬭宜申、公子申皆字子西，則曾西之爲曾申無疑。」據此，則《孟子》趙岐注以曾西爲曾子之孫，亦誤也。《荀子·法行篇》作「曾元持足。」曾元游燕事見《荀子·大略篇》。《詩》傳、《春秋傳》語本《經典·敘録》。

曾子曰：「微乎！吾無夫顏氏之言，吾何以語汝哉？然而君子之務，蓋有之矣。【注】微，猶無，止辭也。《檀弓》曾子曰：「微與！其嗟也可去，其謝也可食。」孔檢討云：「顏氏，子淵也。」元謂：顏子死，弟子必有記言，惜今鮮傳。有君子之務，謂後之所言。【釋曰】蓋，閣本如此，今本皆作「盡」。「然而」二句，《説苑》作「雖無能，君子務益」。夫華繁而實寡者，天也；言多而行寡者，人也。鷹隼以山爲卑，而曾巢其上；魚鼈黿鼉以淵爲淺，而蹷穴其中：卒所以得之者，餌也。是故君子苟無以利害義，則辱何由至哉？【注】鷹隼，皆鷙鳥。曾，與增同。王編修引之云：「蹷，讀爲撅，掘也。」盧僕射云：「生生之厚，動之死地也。」【釋曰】《群書治要》無「曾」字，「淵」作「川」，「蹷」作「窟」，「卒」下有「其」字，「德」下無「之」字，「無以」作「毋以」，今皆不從之。「隼」从隹，俗本又加「鳥」，今改正。《荀子·法行篇》「隼」作「鳶」，「曾」作「增」，「蹷穴」作「堀説」。《説苑》十「鷹隼」作「飛鳥」，「曾」作「層」，十六又作「鷹鷲」，作「增巢」，「蹷穴」作「穿穴」。《御覽》九百廿六引《曾子》「隼」作「鶚」，「山」上多「太」字，❶「卑」作「下」，「曾」作「增」。《荀子·法行篇》引《曾子》曰：「君子苟能無以利害義，則恥辱亦無由至矣。」注以「曾」爲「增」者，《爾雅》「曾，重也」。孟子曰：「曾益其所不能。」王引之云：「《逸周書》『貑有蚤而不敢以撅』，『撅』與『蹷』同。」《左傳》云：「闕地見泉。」❷闕、蹷、撅同義也。《荀子》作「堀」，「堀」即「掘」，尤可證之。盧注舊本皆爲「生生」，惟盧本誤爲「求生」，孫侍御志祖云：「『生生之厚，動之死地』二句，全用《老子》。」丁教授杰云：「《抱朴子·知止》篇：『生生之厚，殺我生生矣。』」親戚不説，不敢外交；近者不親，不敢求遠；小者不審，不敢言大。【注】孔檢討云：「古者謂父母爲親戚。《春秋左傳》伍尚曰：『親戚爲戮。』」元謂：不順乎親，不信乎朋友矣。曾子曰：「内疏而外親，不亦反乎？」【釋曰】《説苑·建本》篇作：「親戚不説，無務外交；比近

❶ 「上」，原誤作「土」，據初印本、經解本改。
❷ 「見」，《左傳》作「及」。

不説，無務修遠。」《群書治要》「求遠」作「來遠」，今不從之。曾子語見《荀子·法行篇》，又見《韓詩外傳》二卷。

故人之生也，百歲之中，有疾病焉，有老幼焉，故君子思其不可復者而先施焉。親戚既歿，雖欲孝，誰爲孝乎？年既耆艾，雖欲弟，誰爲弟乎？故孝有不及，弟有不時，其此之謂與！【注】疾病老幼皆當仁愛，尤以孝弟爲先。不復者，謂父母兄長之年也。五十曰艾，六十曰耆。己之年耆艾，則兄長多故矣。曾子曰：「往而不可還者，親也；至而不可加者，年也。是故孝子欲養而親不逮也，木欲直而時不待也，是故椎牛而祭墓，不如雞豚逮親存也。」【釋曰】有老，宋本訛作「者老」。《群書治要》「復」上有「可」字，戴庶常校本據《大典》「復」上加「可」字，今從之，各本皆無「可」字。「爲孝」、「爲弟」下，《治要》有兩「乎」字，今從之，各本皆無。「艾」、「耆」訓見《曲禮》。曾子語見《説苑》卷二。

言不遠身，言之主也；行不遠身，行之本也。言有主，行有本，謂之有聞矣。【注】曾子之學，皆本於身，不求言行於虛遠之地。以身爲言行所從出，故曰省其身。有聞者，如子路有聞。【釋曰】此下劉本有注文「知身是言行之基，可謂聞矣」十一字，或訛入正文。聞，平聲。君子尊其所聞，則高明矣；行其所聞，則廣大矣。高明廣大，❶不在於他，在加之意而已矣。【注】董仲舒《對策》引《曾子》此言，欲武帝尊所聞而行之，卒能推明孔氏，抑黜百家。儒學帝治，無不同也。【釋曰】《漢書·董仲舒傳》引《曾子》「廣大」作「光大」，「光」乃「廣」音近假借字；傳中「行其所聞」作「知」，「加之意而已」無「矣」字，皆董《策》所刪改。《群書治要》「加」

❶「大」，原誤作「太」，據初印本、經解本及上下文改。

上無「在」字，「意」作「志」，今不從。與君子游，苾乎如入蘭芷之室，久而不聞，則與之化矣；與小人游，貸乎如入鮑魚之次，久而不聞，則與之化矣：是故君子慎其所去就。【注】苾，馨香也；蘭，蕑也；芷，白茝也：皆香草。王編修引之云：「『貸』乃『膱』字之訛，『膱』乃膏液敗臭也。」元謂：鮑者，糗乾之。次，舍也。【釋曰】《文選·辨命論》注引《大戴禮》此文，「貸」作「臭」，「次」作「肆」，皆不可從。《家語·六本》篇云：「與善人居，如入芝蘭之室，久而不聞其香，❶即與之化矣；與不善人居，如入鮑魚之肆，久而不臭，亦與之化矣。」此王肅妄改《曾子》書，以爲孔子對曾子之言，不可從。「貸乎如入鮑魚之次」，《群書治要》作「膩乎如入魚次之室」，今不從之。戴本據《大典》改「貸」爲「膩」者，亦非。馬總《意林》誤作「戲」，《文選》注引作「臭」，亦誤。蓋古本作「膱」字，「貸」、「膩」、「戲」皆形近之訛。《考工記·弓人》注：「樴，讀爲『脂膏膱敗』之『膱』。」《釋文》引吕忱云：「膱，膏敗也。」「膱」與「膱」音義亦同。若王肅之改爲「臭」，直妄改以示異耳。「苾」訓本《説文》。「蘭」義本《詩·鄭風》毛傳義。芷，《説文》曰：「虈也」，「虈，楚謂之蘺，晉謂之虈」，與江蘺有異。「芷」即「茝」，古今字也。《家語》改「蘭芷」爲「芝蘭」，按「芝」爲神草，與「芷」不同，尤失古義矣。「糗」義本《周禮·籩人》鄭注。「次」義本《左》襄廿六年杜注。《文選·辨命論》注引「就」下有「者也」二字。又《太平御覽·交友》引《曾子》「次」亦作「肆」，「久而不聞其香」、「久而不聞其臭」，多「其香」、「其臭」四字。與君子游，如長日加益，而不自知也；與小人游，如履薄冰，每履而下，幾何而不陷乎哉？【注】日

---

❶ 「聞」，初印本和經解本皆作「臭」。

行出赤道北，不覺其長。【釋曰】戴氏校殿本改盧注「如日之長」爲「如身之長」，則讀正文「長」字爲上聲矣。然《漢書·董仲舒傳》云：「積善在身，猶長日加益，而人不知也；積惡在身，猶火之銷膏，而人不見也。」董以「火」對「日」爲言，則此正文言日晷之長無疑，未可遽改盧注也。吾不見好學盛而不衰者矣，吾不見好教如食疾子矣，【注】食，謂乳養之也。【釋曰】閣本無「盛」字。「食」義本《禮記·内則》鄭注。孔云：「食，音飤。『子』字下宋本脱『者』字，從《大典》增。」元謂：諸宋元本皆無「者」字，未可遽增。吾不見日省而月考之其友者矣，【注】孔子曰：「就有道而正焉。」吾不見孜孜而與來而改者矣。」【注】與，許也。來學而改過者，許而教之，勤引後進也。孔子曰：「與其進也。」【釋曰】汪晫本此後尚有「官怠於宦成，病加於少愈，禍生於懈惰，孝衰於妻子。察此四者，慎終如始，《詩》曰：『靡不有初，鮮克有終。』」三十八字，乃據《説苑·敬慎》篇續入，非《大戴》曾子十篇中文也。又丁教授杰曰：「此末句盧注云：『謂擇善而改非也。』似本文『來』字爲『采』字之訛，故盧以『擇』訓之。」姑存此説，未敢遽改。

凡三百八十五字。【釋曰】舊校無字數，孔氏定爲三百八十五字，今元定爲三百八十五字。

曾子天員【注】此篇言聖人察天地陰陽之道，制禮樂以治民，所言多《周易》、《周髀》、《禮經》、《明堂》、《月令》之事。首言「天員」之道，遂以名篇。《大戴禮記》弟五十八，今爲《曾子》弟十。【釋曰】程榮本作「員」，盧、戴本皆作「圓」。「員」古字，「圓」俗字也，今改正。

單居離問於曾子曰：「天員而地方者，誠有之乎？」曾子曰：「離，而聞之云乎？」【注】單居離，曾子弟子。盧僕射云：「而，猶汝也。汝聞，則言之也。」單居離曰：「弟子不察，此以敢問也。」

曾子曰：「天之所生上首，地之所生下首。【注】天動地静，故人物動者屬天，其首恒在上；艸木静者屬地，其首恒在下。地上空虚無土之處皆天，故凡動者皆天所生；艸木甲坼而生，以根爲首，枝爲末也。人以頭爲首，故《説文》曰：「髮，根也。」《易》曰：「本乎天者親上，本乎地者親下。」臨海周治平云：「人物有息以接天氣，故上首；艸木有根以承地氣，故下首。」【釋曰】「此以」，戴本據《大典》改爲「以此」，非是。《大戴》屢有「此以」文法，《四代》篇、《虞戴德》篇皆見之。謂「無土皆天」者，《易》曰：「天在山中。」上首之謂員，下首之謂方。【注】盧僕射云：「因謂天地爲方員也。《周髀》曰：『方屬地，員屬天，天員地方也。』」元謂：謂之者，謂其道，非謂其形也。如誠天員而地方，則是四角之不揜也。【注】方員同積，則員者必不能揜方之四角。今地皆爲天所揜，明地在天中，天體渾員，地體亦員也。《曾子》及《周髀》本言「地員」，自周末疇人子弟散在四夷，古法始微。《周髀》曰：「日運行處極北，北方日中，南方夜半；日在極東，東方日中，西方夜半；日在極南，南方日中，北方夜半；日在極西，西方日中，東方夜半。」據此，則知周時説地體亦渾員，所由準北極高下，分里差時差，以驗交食，蓋天實具渾天之法也。梅徵君文鼎云：「地員可信，《大戴禮》有曾子之説。」【釋曰】元西域扎馬魯丁造西域儀象，有所謂苦來亦阿兒子，漢言地理志也。其製以木爲圓球，七分爲水，其色緑；三分爲土，其色白；畫江、湖、海貫串於其中，兼作小方井，以計幅員之廣袤，道里之遠近。此即元明以來西説地圓之祖。西説之精詳者，見熊三拔《表度説》。其意以地體渾圓，在天之中；若令地球不在天中，則在地之景必不能隨日周轉，且遲速不等矣。今春秋二分，日輪六時在地平上，爲晝；六時在地平下，爲夜。非在正中而何？地體本圓，故一日十二辰，更迭互見，如正向日之處得午時，其正背日之處得子時，處其東三十度得未時，處其西三十度得巳時，相去二百五十里而差一度，又七千五百里而差一時。若以地爲方體，則惟對日之下者其時正，處左處右者必長短不均矣。西域此説，即《曾子》「地圓」之意，亦即《周髀》「日行」之意，非創解也。梅徵君《天學疑問》曰：「西人言：水地合一圓球，而四面居人，其地度經緯正對者，兩處之人以足版相抵而立。其説可從與？曰：以渾天之理徵之，則地之正圓無疑也。是故南行二百五十里，則南星多見一度，而北極低一度；北行二百五十里，則北極高一度，南星少見一度。若地非正圓，何以能然？所疑者，地既渾圓，則人居地上，不能平立也，然吾以近事徵之，江南北極高三十二度，浙江高三十度，相去二度，則其所戴之天頂即差二度，各以所居之方爲正，則遥看異地，皆成斜立；又況京師極高四十度，瓊海極高二十度，若自京師而觀瓊海，其人立處皆當傾跌。而今不然，豈非首戴皆天，足履皆地，初無欹側，不憂環立歟？然則南行而過赤道之表，北行而至戴極之下，亦若是矣。」元謂：置丸猪脬胱中，吹氣足，閉之，丸可居中。置丸水盎中，急旋其水，丸必居中。此地爲天大氣包舉之驗也。地上數百丈，風與氣即急勁，況直上千萬里哉？故人與水在地不傾落者，天氣包舉之，準平繩直，人水不知也。西洋有謂地心本重、人物各願就地心之重，得附麗不脱之説。此説理仍未足。且來，吾語汝。參嘗聞之夫子曰：天道曰員，地道曰方；【注】且來者，呼之使姑且來也。以下皆述孔子之言。盧僕射云：「道曰方員耳，非形也。」元謂：《易·説卦》曰：「乾爲天，爲圜。」《文言》曰：「坤至静而德方。」皆言其道也。聖人因方員以治天下，故《周髀》以笠寫天，立周天之度；禹用矩測高、深、遠，以治山川也。【釋曰】謂此下皆孔子言者，讀其文皆成一章，未嘗有曾子之言間雜其中也。《文選·宋玉〈對楚王問〉》注引《曾子》曰「吾聞諸夫子曰『羽蟲之精者曰鳳』」云云，是唐人皆讀以後之言屬之孔子也。《周髀算經》曰：「古者包犧立周天之度。」又曰：「方屬地，圓屬天，天圓地方。方數爲典，以方出圓，笠以寫天。」又曰：「平矩以正繩，偃矩以望高，覆矩以測深，卧矩以知遠。」又曰：「故禹之所以治天下者，此數之所生也。」元案：以笠寫天，蓋天也。渾天之象即寓蓋天，故渾、蓋之法相通也。方曰幽，員曰明。【注】地道幽，天道明，故以爲天地之名。《易》曰：「仰以觀於天文，俯以察於地理，是故知幽明之故。」【釋曰】《文選·盧子諒〈時興詩〉》注、《太平御覽》卷二引此皆無「而」字，❶是唐宋舊本，爲可據。今本「幽」下有「而」字，删之。明者，吐氣者也，是故外景；幽者，含氣者也，是故内景。【注】天陽吐氣，而其景在外；地陰含氣，而其景在内。《易》曰：「坤含弘光大。」又曰：「含萬物而化光。」【釋曰】盧僕射云：「景，古通以爲『影』字。」故火日外景，而金水内景。【注】日與火屬天，其景外照，月星從之；金與水屬地，其景内照，故鏡能含景。吐氣者施，而含氣者化，是以陽施而陰化也。【注】人物生於地，然非得日氣不生，故《周髀》曰：「北極下不生萬物，中衡左右，冬有不死之草。」【釋曰】《淮南子·天文訓》襲此節文曰：「天道曰圓，地道曰方；❷方者主幽，圓者主明。明者，吐氣者

---

❶ 「《文選·盧子諒〈時興詩〉》注」，今查《文選·盧子諒〈時興詩〉》注僅引「天道曰圓，地道曰方」，以之爲「曾子曰」。

❷ 「曰」，原誤作「白」，據初印本和經解本改。

也，是故火曰外景；幽者，含氣者也，是故水曰内景。吐氣者施，含氣者化，是故陽施陰化。」陽之精氣曰神，陰之精氣曰靈。神靈者，品物之本也，【注】品，衆庶也。《易》曰：「大哉乾元！萬物資始，乃統天；雲行雨施，品物流形」，「至哉坤元！萬物資生，乃順承天；坤厚載物，德合無疆，含弘光大，品物咸亨」。此天地神靈，所以陽施陰化，成品物之形，故爲品物之本。【釋曰】「品」訓本《説文》。而禮樂仁義之祖也，【注】祖，始也。《禮記》曰：「天高地下，萬物散殊，而禮制行矣；流而不息，合同而化，而樂興焉。春作夏長，仁也；秋斂冬藏，義也。仁近於樂，義近於禮。樂者敦和，率神而從天；禮者别宜，居鬼而從地。禮樂極乎天而蟠乎地，行乎陰陽而通乎鬼神。」【釋曰】「祖」訓本《爾雅》。《記》文見《樂記》。而善否治亂所興作也。【注】班孟堅曰：「人函天地陰陽之氣，有喜怒哀樂之情。天稟其性而不能節也，聖人能爲之節，而不能絶也，故象天地而制禮樂，所以通神明、立人倫、正性情、❶節萬事者也。人性有男女之情、妒忌之别，爲制婚姻之禮；有交接長幼之序，爲制鄉飲之禮；有哀死思遠之情，爲制喪祭之禮；有尊尊敬上之心，爲制朝覲之禮。正人足以副其誠，邪人足以防其失。故昏姻之禮廢，則夫婦之道苦，而淫僻之罪多；鄉飲之禮廢，則長幼之序亂，而争鬬之獄蕃；喪祭之禮廢，則骨肉之恩薄，而背死忘生者衆；❷朝覲之禮廢，則君臣之位失，而侵凌之漸起。故孔子曰：『安上治民，莫善於禮；移風易俗，莫善於樂。』政目行之，刑目防之。」仲舒

❶「性情」，《漢書·禮樂志》作「情性」。

❷「生」，《漢書·禮樂志》作「先」。

曰：「王者欲有所爲，宜求其端於天。天道大者在於陰陽，陽爲德，陰爲刑，天使陽常居大夏，而以生育長養爲事；陰常居大冬，而積於空虚不用之處：吕此見天地之任德不任刑也。」【釋曰】班、董説皆見《漢書·禮樂志》。

陰陽之氣，各從其所，則静矣。【注】近於日爲陽，遠於日爲陰；夏多陽，冬多陰；南多陽，北多陰；晝多陽，夜多陰：是「其所」也。【釋曰】從，各本作「静」，或作「盡」，惟高安本作「從」。

偏則風，俱則靁，交則電，亂則霧，和則雨，陽氣勝則散爲雨露，陰氣勝則凝爲霜雪，陽之專氣爲雹，陰之專氣爲霰。霰雹者，一氣之化也。【注】臨海周治平云：「萬物各有本所，故得其所則安，不得其所則强，及其强力已盡，自復居於本所焉。本所者何？如土最重，重愛卑，性居下；火最輕，輕愛高，性居上；水輕於土，在土之上；氣重於火，在火之下。然水比土爲輕，較火氣爲重；氣比火爲重，較水土爲輕。以是知水必下而不上，氣必上而不下矣。蓋水之情爲冷濕，火之情爲燥熱，土之情爲燥冷，氣之情爲濕熱，其情皆有偏勝，各隨其勝所。火氣偶入水土之中，必不得其安，而欲上行；水土因氣騰入氣火之域，亦必被强而欲下墮：各居本所矣。日光照地，與氣上升，偏於燥則發爲風。火與土俱挾氣上升，阻於陰雲，難歸本所，火土之勢，上下不得，亦無就滅之理，則奮迅決發，激爲雷霆。與氣交合，迸爲火光，居於本所，故云『交則電』。日氣入地，鬱隆騰起，結而成雲，上至冷際，爲冷情所化，因而成雨，正如蒸水，因熱上升，騰騰作氣，上及於蓋，蓋是冷際，即化爲水，下居本所。故雨者，冷熱二氣相和而成也。若濕氣既清且微，是陽勝也，升至冷際，乃凝爲露。三冬之月，冷際甚冷，是陰勝也，雲至其處，既受冷侵，一一凝沍，皆是散圓，即成雪矣。露之爲霜，其理略同。蓋氣有三際，中際爲冷，上近火熱，下近地温，冷際正中，乃爲極冷。夏月之氣，鬱積濃厚，決絶上騰，力專勢鋭，逕至極冷之深際，驟凝爲雹，人冷愈深，變合愈驟，結體愈大矣，故雹體之大小，又因人冷之淺深爲差等，非如冬月雲氣，徐徐上升，漸至冷之初際，而結體甚微也。故夏月雲足促狹，隔塍分壟，而晴雨頓異焉；冬時氣升冷際，化而成雨，因在氣中摩盪，故一一皆圓，初圓甚微，以漸歸并，成爲點滴，未至本所，又爲嚴寒所迫，即下成霰矣。故雹霰者，皆陰陽專一之氣所結而成者也。」【釋曰】周生深于天算，兼習西洋之法。此乃融會中西之説爲之，其理甚明，故載用之。毛蟲毛而後生，羽蟲羽而後生，毛羽之蟲，陽氣之所生也。介蟲介而後生，鱗蟲鱗而後生，介鱗之蟲，陰氣之所生也。【注】孔檢討云：「毛羽外見故陽，介鱗水伏故陰也。」唯人爲倮，匈而後生也，【注】倮者包生。「包」訛爲「匈」。許慎曰：「包，象人褢妊。」《月令》曰：「中央土，其蟲倮。」倮蟲，人也。陰陽之精也。【注】人秉陰陽之精以生，故圓頂方趾。毛蟲之精者曰麟，羽蟲之精者曰鳳，介蟲之精者曰龜，鱗蟲之精者曰龍，倮蟲之精者曰聖人。【注】盧僕射云：「麟、鳳、龜、龍，所謂『四靈』。」元謂：《易本命》曰：「鳥魚皆生於陰，而屬於陽，故鳥魚皆卵。介鱗夏食冬蟄，齕吞者八竅而卵生，咀噍者九竅而胎生，四足者無羽翼。❶有羽之蟲三百六十，而鳳皇爲之長；有毛之蟲三百六十，而麒麟爲之長；有甲之蟲三百六十，而神龜爲之長；有鱗之蟲三百六十，而蛟龍爲之長；倮之蟲三百六十，而聖人爲之長：此乾坤之美類，禽獸萬物之數也。」【釋曰】《周禮·大司徒》「土會之法」鄭注「毛物」、「贏物」，義與此異。高誘《呂覽》、《淮南子》注「倮蟲」、「毛蟲」，義亦與此

❶ 「四足」，「四」字原模糊，「足」字幾無，據初印本、經解本及通行本《大戴禮記·易本命》補。

異。當以《曾子》及《易本命》義爲長也。龍非風不舉，龜非火不兆，此皆陰陽之際也。【注】盧僕射云：「龜龍爲陰，風火爲陽，陰陽會也。」孔檢討云：「《白虎通義》曰：『龜非火不兆，以陽動陰也。』」【釋曰】朱本脱「也」字。《永樂大典》本「不兆」下多「鳳非梧不棲，麟非藪不止」十字，於陰陽之義無涉，戴本從之增入，非《曾子》本文也。「際」字，元本作「會」。兹四者，所以聖人役之也，【注】孔檢討云：「役，使也。聖人以四靈爲畜也。」【釋曰】朱本作「所以役聖人之精也」，宋本作「所以役聖人之也」，盧本作「所以役於聖人也」，惟元本作「所以聖人役之也」，戴本、孔本從之。是故聖人爲天地主，爲山川主，爲鬼神主，爲宗廟主。【注】盧僕射云：「鬼神，百祥也，❶因外祀，故在宗廟之上也。」孔檢討云：「主，祭主也。」聖人慎守日月之數，以察星辰之行，以序四時之順逆，謂之厤；【注】日行一度爲一日，其數簡明，爲諸曜之主。月有朔望之數。聖人必慎守日月之度數，而後可察五星、恒星之行。星，五星也。辰，十二舍恒星也。四時順逆者，分至日躔之贏縮也。冬至之後，日行贏度爲太過；夏至之後，日行縮度爲不及：皆失其中，故謂之逆。春秋二分，日行平度，漸適其中，故謂之順。順逆有數，四時皆定，此聖人所序也。今欽天監贏縮之法，即孔子所言順逆也。故堯「命羲和，欽若昊天，厤象日月星辰」，「歲三百有六旬有六日，以閏月定四時，成歲」。以授舜，曰：「咨！爾舜，天之厤數在爾躬。」舜亦以命禹。周武王訪箕子，以五紀明其法。周公問商高，以述《周髀》。此聖人所以治天也。【釋曰】日，日行一度，一歲一周天，雖有贏縮，不失其常，最爲

❶ 「祥」，《大戴禮記》盧辯注作「神」。

簡明。月，日行十三度有奇，二十七日零一周天，其行有遲疾入轉，有入交遠近，有泛會，有實會，有視會，有正交，有中交，皆以所歷之日互相消長，而得其行度之真率，而後晦朔弦望、交食淺深之數可得。由此以察星辰之行。星，五星也。五星之行亦有遲疾，入限有合伏、衝伏，有退留、順留，有晨夕見、晨夕不見，有淩犯交食，皆由日月之度數，察而知其行度不齊之率。辰，乃十二宫恒星分界之名也。恒星每年有行分，因生歲差，故曰星辰之行，亦以日月之數知其行率。今欽天監所用新法，日月五星，各有本天高卑遠近之行，因生加減。如日之行度凡三種：曰平行，曰本輪行，曰均輪行。月之行度凡九種：曰平行，曰自行，曰均輪行，曰次輪行，曰次均輪行，曰交行，曰最高行，曰距日行，曰距交行。五星之行凡十有二類：土、木、火各有平行，爲一類；而金、水即以太陽之平行，是爲一類；土、木、火、金之次輪心，皆行倍引數，爲一類；而水星之次輪心，則行三倍引數，是獨爲一類；土、木、金、水之次輪半徑皆有定數，爲一類；而火星之次輪在本天最高則大，最卑則小，又視太陽在最高則大，最卑則小，是獨爲一類；土、木、火皆行距日度，爲一類；而金、水自有行度，又爲一類；土、木、火皆有本天，與黄道相交，以生緯度，次輪斜交本天，其面又與黄道平行，能加減其緯度，爲一類；而金、水之本天，即爲黄道，本無緯度，因次輪斜黄道以生緯度，又爲一類；土、木、火皆有合有衝，爲一類；而金、水則有合，有退合，而無衝，是又爲一類也。蓋新法雖始於西人，實即古法之贏縮也。由孔子「順逆」之言求之，知贏縮即所謂「順逆」也。「堯命」以下，用《史記·律書》及《漢書·律志》義也。❶

❶「律書」，《史記》作「曆書」；「律志」，《漢書》作「律曆志」：皆因避諱而改。

載十二管，以宗八音之上下清濁，謂之律也。【注】黄帝吹解谷之竹，以爲黄鍾之宫，制十二管：黄鍾、太蔟、姑洗、蕤賓、夷則、無射爲六律，林鍾、南吕、應鍾、大吕、夾鍾、中吕爲六吕。「宗」讀爲察，「也」讀爲吕，皆字之誤也。八音，土、竹、皮、匏、絲、石、金、木也。凡樂，中聲之上，則有半律，是爲清聲；中聲之下，則有倍律，是爲濁聲。【釋曰】宋本皆作「宗」字，乃「察」字形近之訛。《後漢書·明帝紀》注引《大戴禮》曰：「聖人截十二管，以察八音之清濁，謂之律吕。」此所引「察」字本不誤。高安本作「索」字，更誤矣。又《後漢書》注「律」下爲「吕」字，今各本或作「律也」，或無「也」字，實皆「吕」字空格，後人或妄加「也」字，或闕疑少一字也。律居陰而治陽，厤居陽而治陰，律、厤迭相治也，其間不容髮。【注】地效以響，故律候地氣；天效以景，故厤測天時。律居地以治天，故十二律應十二月，以律起厤；厤居天以治地，故儀象日月星辰，以授民時。迭，更也。不容髮，言其密。司馬遷云：「律厤更相治，間不容翲忽。」【釋曰】《文選》枚乘《上書諫吴王》注引此，「髮」下有「矣」字。「地效」、「天效」二語，見《後漢書·律志》。❶《史記·太史公自序》曰「居陰治陽，居陽治陰」云云，以「更」代「迭」，以「翲忽」代「髮」也。聖人立五禮以爲民望，【注】五禮，吉、凶、賓、軍、嘉。【釋曰】本《周禮·春官·大宗伯》。制五衰以别親疏，【注】凡喪服，上曰衰，下曰裳。五衰者，斬衰、齊衰、大功、小功、緦麻，凡五等，由親而疏，皆衰也。【釋曰】義見《儀禮·喪服》鄭注。和五聲之樂以導民氣，【注】聞宫音，使人温舒而廣大；聞商音，使人方正而好義；聞角音，使人惻隱而愛人；聞徵音，使人樂善而好

---

❶ 「律志」，《後漢書》作「律曆志」，因避諱而改。

施；聞羽音，使人整齊而好禮。【釋曰】義見《史記·樂書》。合五味之調以察民情，【注】孔檢討云：「凡酸人肝，苦人心，甘人脾，辛人肺，鹹人腎。五味失調，則各偏一藏，故五情之發，亦不得其正。」正五色之位，【注】孔檢討云：「位青於東，朱於南，白於西，黑於北，黃位中焉。」成五穀之名，【注】盧僕射云：「五穀，黍、稷、麻、麥、菽也。」【釋曰】孔云：「盧注依《月令》文。」序五牲之先後貴賤：【注】盧僕射云：「五牲，牛、羊、豕、犬、雞。先後，謂四時所尚也。」元謂：《月令》春羊，夏雞，中央牛，秋犬，冬彘。諸侯之祭牲牛，曰太牢；大夫之祭牲羊，曰少牢；士之祭特牲豕，曰饋食。【注】此諸侯、大夫、士宗廟之祭也。太牢者，牛、羊、豕三牲，舉牛以該羊豕。少牢者，羊豕二牲，舉羊以該豕。士祭惟豕，故曰「特牲」也。饋食者，饋孰也。大夫少牢，亦饋食。茲徒言士饋食者，大夫既舉少牢，略言饋食也。天子之大夫，祭如諸侯，用太牢；天子之士，祭如大夫，用少牢。【釋曰】凡言太牢皆三牲，言少牢皆二牲，故《禮記·郊特牲》曰：「郊特牲而社稷太牢。」明太牢兼三牲之名也。今云牛曰太牢，羊曰少牢，明舉一以該其餘耳。「饋食」義見《儀禮》。《曲禮》曰：「大夫以索牛，士以羊豕。」此言天子之大夫如諸侯，士如大夫也。無禄者稷饋，稷饋者無尸，無尸者厭也。【注】無禄者，兼大夫、士失位及庶人而言。《王制》曰：「大夫、士宗廟之祭，有田則祭，無田則薦。庶人春薦韭，夏薦麥，秋薦黍，冬薦稻；韭以卵，麥以魚，黍以豚，稻以雁。」鄭司農云：「士薦牲用特豚，大夫以上用羔。」曰「稷饋」者，稷爲疏食，舉最粗者，以該麥、黍、稻，明不足言牲也。厭者，不成祭，徒取厭飫之通名。厭祭有二，皆無尸。一爲大夫、士宗廟之祭，未迎尸以前飫神爲陰厭，尸出之後飫神爲陽厭。一爲殤祭，不立尸，不舉，無肵俎，無元酒，不告利成，爲陰厭；凡殤與無後者，祭於宗子之家，爲陽厭。一爲此篇孔子所言，無禄者，稷饋無尸也，無尸者不成祭禮，準于厭，故亦得稱厭，不分陰陽，闕明文也。【釋曰】孔子此文，但言「無尸」者皆可稱爲「厭」，其義自兼《儀禮》特牲、少牢兩饋食之厭而言，非但如《曾子問》殤祭之厭也。孔注但舉殤祭，其義未足。今兼用《儀禮》注及《曾子問》經注注之。蓋無尸者不成祭，徒取厭飫，皆可謂之厭，故孔子直謂無禄、無尸之祭名厭，非取殤祭之厭爲無禄者譬也。宗廟曰芻豢，山川曰犧牷，【注】盧僕射云：「牛羊曰芻，犬豕曰豢，色純曰犧，體完曰牷。宗廟言芻豢，山川言犧牷，互文也。山川謂岳瀆，以方色角尺，其餘用尨索也。」割列禳瘞，是有五牲。【注】割者，割牲體，宗廟正祭也。列者，疈辜，祭蜡嗇也。禳者，冬春候禳，磔牲攘惡氣也。瘞者，祭山林薶其牲。【釋曰】「列」，《説文》从歺刀，即今「裂」字。《周禮·大宗伯》「以疈辜祭四方百物」鄭司農注云：「披磔牲以祭。」後鄭云：「疈牲胷。」《郊特牲》曰：『八蜡以祀四方。』又曰：『蜡祭司嗇也，祭百穀以報嗇也。』」❶《禮記·月令》云：「九門磔禳，以畢春氣。」又「冬大儺」，亦磔禳。又《周禮·夏官·小子》之「侯禳」，《春官·雞人》之「面禳」，皆磔牲以攘惡氣也。謂「瘞」爲薶牲者，《周禮·大宗伯》「以薶沈祭山林川澤」後鄭注云：「山林曰薶，順其性之含藏。」此之謂品物之本，禮樂之祖，善否治亂之所由興作也。」【注】「四靈」、「律厤」以下，皆聖人法天地神靈，以治人物之道。

凡五百八十八字。【釋曰】舊校無字數，孔氏定爲五百九十一字，元今定爲五百八十八字。

---

❶ 「穀」，《周禮·大宗伯》注、《禮記·郊特牲》皆作「種」。

《儒藏》精華編選刊

即出書目(二〇二三)

白虎通德論
誠齋集
春秋本義
春秋集傳大全
春秋左氏傳賈服注輯述
春秋左氏傳舊注疏證
春秋左傳讀
道南源委
桴亭先生文集
復初齋文集
廣雅疏證
龜山先生語録
郭店楚墓竹簡十二種校釋
國語正義
涇野先生文集
康齋先生文集
孔子家語　曾子注釋
禮書通故
論語全解
毛詩後箋
毛詩稽古編
孟子正義
孟子注疏
閩中理學淵源考
木鐘集
群經平議

三魚堂文集　外集
上海博物館藏楚竹書十九種校釋
尚書集注音疏
詩本義
詩經世本古義
詩毛氏傳疏
詩三家義集疏
書疑　東坡書傳　尚書表注
書傳大全
四書集編
四書蒙引
四書纂疏
宋名臣言行録
孫明復先生小集　春秋尊王發微
文定集

五峰集　胡子知言
小學集註
孝經注解　温公易説　司馬氏書儀　家範
揅經室集
伊川擊壤集
儀禮圖
儀禮章句
易漢學
游定夫先生集
御選明臣奏議
周易口義　洪範口義
周易姚氏學